ライブラリ 心理学を学ぶ ❋ 9

産業と組織の心理学

池田 浩 編

サイエンス社

監修のことば

　心理学はたくさんの人が関心をもって下さる学問領域の一つといってよい
と思います。「試験勉強しなきゃいけないのに，ついついマンガに手が伸び
ちゃって……」といったように，自分自身の心でありながら，それを上手にコ
ントロールすることは難しいものです。また，「あの人の気持ちを手に取るよ
うに正しくわかることができたらいいだろうな」と願うこともあったりします。
そんな日々の経験が，心理学を身近な学問に感じさせるのかもしれません。

　心理学への関心の高まりは，医学や脳科学，生命科学，進化論や生態学，教
育学や社会学，経営学など，多様な学術領域と連携した研究を活発にしました。
そして，人間の心と行動について驚くほどたくさんのバラエティに富んだ研究
成果を生み出してきています。また，適正な教育や司法の実践，充実した医療
や福祉の構築，健全な組織経営や産業現場の安全管理など，さまざまな社会問
題の解決を図るときに鍵を握る知識や見識を示す領域として，心理学はその存
在感を高めています。国家資格「公認心理師」の創設は，心理学の社会への浸
透を反映しています。

　本ライブラリは，幅広い心理学の領域をカバーしながら，基本となる専門性
は堅持しつつ，最近の研究で明らかにされてきていることも取り入れてフレッ
シュな内容で構成することを目指しました。そして，初めて心理学を学ぶ人に
も理解していただきやすいテキストとなるように，また，資格試験の勉強にも
役立つことも考慮して，平易でわかりやすい記述や図解を心がけました。心理
学を体系的に学ぼうとする皆さんのお役に立てることを願っています。

監修者　山口裕幸
　　　　中村奈良江

まえがき

　本書『産業と組織の心理学』は,「ライブラリ 心理学を学ぶ」の一巻として,
企画,編集された産業・組織心理学のテキストです。

　産業・組織心理学が誕生してから100年あまりが経過しました。産業革命以
降,多くの働き手が工場などに集い,そこで組織的に働くようになってから,
生産性を左右する重要な要因として,労働者の「心理」に関心が寄せられるよ
うになりました。

　たとえば,テイラー(Taylor, F. W.)の科学的管理法のアプローチでは,
労働者は一生懸命に仕事をしすぎると仕事が失われてしまうと考え,みんなが
足並みをそろえて作業量を抑えるという「組織的怠業」が問題となっていまし
た。その後行われたホーソン研究では,工場の労働者に対するインタビューか
ら,環境条件だけでなく「誇り」や「人間関係」などの心理的要因によっても
生産性が大きく影響を受けていることをハーバード大学のメイヨー(Mayo, G.
E.)が明らかにしました。

　その後,組織を取り巻く環境は,時代に応じてさまざまな変化を遂げました。
その変化と連動しながら,産業・組織心理学においても,人的資源管理に関わ
る「採用」や「人事評価」,「キャリア」,生産性を左右する「リーダーシップ」
や「ワークモチベーション」,心の健康の問題として「メンタルヘルス」など
多様なテーマが取り上げられ,それに関わる理論や知見が蓄積されてきました。

　しかし,これらのテーマは,産業・組織心理学の領域においてけっして独立
して発展してきたわけではありません。心理学のなかでも,あえて社会心理学
や認知心理学,健康心理学などを基礎領域と位置づけるとすれば,産業・組織
心理学はそれらの基礎領域を基盤とし,そしてそれらの領域の理論や知見を産
業や組織場面に応用して発展してきた学問領域といえます。応用や実践を意識
しているところも特徴といえるでしょう。

　本書は,産業・組織心理学の誕生から現在に至るまでの歩みを明瞭に意識し
ながら,とくに組織で働く人々の心理や行動に関する上記のテーマを中心に,

学界において定説と評価されているものから，可能な限り最新の知見や動向を概説したものです。そのため，産業・組織心理学を学ぼうとする初学者から，これから組織で働こうとする若年者（大学生），仕事における心理的な側面を理解し，実践的に活かそうとする方々を主な読者対象としています。

　こうした方々に本書の内容をよりよく理解してもらうために，次のような工夫を施しました。

　第1は，学界（産業・組織心理学の世界）で広く認められた理論を確実におさえるとともに，各章の本文やコラムを活用しながら可能な限り新しい理論や知見，テーマも取り上げるように配慮しました。グループダイナミックスの祖であるレヴィン（Lewin, K.）はかつて，「よい理論ほど実践的なものはない」と説いているように，長年受け継がれた理論は，時代を超えた応用性を備えています。まずはそれらを平易に理解して頂くことを心がけて概説しました。また，それに加えて，比較的新しく，かつ今後広く展開するであろうと思われる理論や研究も紙幅が許す限り紹介するようにしました。

　第2は，多数の図表を盛り込むようにしたことです。わかりやすさを追求するため，平易な文章で説明するよう心がけるのはもちろんのこと，視覚的に理解しやすい図表を積極的に盛り込んで概説しました。

　そして第3は，本書の内容についてさらに理解を深めてもらうために，各章の最後には復習問題として発展的な課題を明示すると共に，参考図書を2，3冊紹介するようにしました。それらは各テーマの古典と評されるものから，評価の高い応用性のあるものばかりです。本書の内容を足がかりに，ぜひ学びの面白さを広げてほしいと願っています。

　なお，本書は，我が国の産業・組織心理学界で活躍する若手の研究者を中心に執筆しました。それに加えて，編者から執筆をお願いするにあたって学際性にも配慮しました。産業・組織心理学は心理学のなかの一領域として位置づけられますが，それだけでなく経営学（とくに組織行動論や人的資源管理論）とも密接に関連する分野です。そのような理由から，今回，心理学を専門にする研究者だけでなく，経営学を専門にする気鋭の研究者にも執筆陣に加わってもらいました。

　最後に，本書を執筆する機会を与えて下さった本ライブラリ監修者である山口裕幸先生，中村奈良江先生，そして本書を作成するに当たり編集作業に多大なご尽力を頂いたサイエンス社の清水匡太氏に心より御礼申し上げます。とくに清水氏には，原稿の執筆だけでなく編集作業も滞っているなか，辛抱強くお待ち頂き，また多くのご提案を賜りました。重ねて感謝する次第です。

2017 年 6 月

池 田　　浩

目　次

第 4 章　組織への適応と職務行動　　53

第 5 章　ワーク・モチベーション　　71

第1章

産業・組織心理学への招待

現代社会では，働く人の多くは，規模を問わず，公的（官公庁など）あるいは私的（民間の企業など）な「組織」に所属し，経営活動に携わっています。産業・組織心理学とは，そうした組織に関わるさまざまな人の心理や行動を科学的に研究する心理学の応用分野の一つです。本章では，これから産業・組織心理学という学問を学ぶ上で，産業・組織心理学が何を問題とし，どのような特徴をもっているのか，さらに学問が成立した歴史を概観していきます。

1.1　産業・組織心理学とは

産業・組織心理学は，「組織」に関わるさまざまな問題を研究の対象としています。ただし，「組織」を対象とした学問は，経営学などの「組織論」や「組織行動論」（コラム 1.1 参照）などとも密接に関わっています。産業・組織心理学とこれらの学問との大きな違いは，心理学を学問的な基礎としているところです。すなわち，組織に関わる人間の行動や心理を学問の対象としているところに大きな特徴があります。

また，産業・組織心理学は，心理学の中でも応用的な領域として位置づけられています。これは 2 つの意味が込められています。1 つ目は，産業・組織心理学の学問の背景として，現実の組織を想定していることです。2 つ目は，産業・組織心理学は，心理学のさまざまな基礎領域の理論や知見に支えられ，そしてそれらが応用されている，ということです。

本節では，まず産業・組織心理学の大前提となる「組織」とは何かを理解しながら，産業・組織心理学を構成する主要な研究テーマを示し，そして心理学における位置づけを明らかにしていきます。

コラム 1.1　産業・組織心理学と組織行動論

　本書において概説している「産業・組織心理学」は，経営学の「組織行動論」と密接に関連しています。両方のテキストや書籍を開くと，かなりのテーマや領域が同じであることに気づくでしょう。これら 2 つの分野はどのような関係をもち，どこが異なるのでしょうか。

　「産業・組織心理学」と「組織行動論」の領域は 1960 年代に確立しました。産業・組織心理学の歴史については本章で概説しているように，古くは経済心理学や産業心理学の流れをくみ，1960 年代以降に「組織」という集合体への関心の高まりから，「産業・組織心理学」が確立しました。

　一方で，「組織行動論」は経営学における一分野として発展した領域です。しかし，「組織行動論」が誕生した大きなきっかけは，第 2 次世界大戦後にアメリカの高等教育の一つとして多くの大学においてビジネススクールが設置されたことにあります。ビジネススクールでは，実務に役立つ科目として経営戦略やマーケティングなどが用意されていますが，その一つとして当時のアメリカの心理学や社会科学の分野で重視されていた「行動科学」を組織の問題として取り入れようとしたことから「組織行動論」という分野が生まれました（Porter & Schneider, 2014）。

　しかし，学問的な背景が行動科学であったため，「組織行動論」を担当する教員として，産業・組織心理学を専門とする多数の研究者が雇用されました。イエール大学の組織風土研究で著名なシュナイダー（Schneider, B.），ハーバード大学でチーム研究を牽引したハックマン（Hackman, J. R.），マサチューセッツ工科大学（MIT）でも当時臨床心理学を専門とし，それを活かして後に組織文化や組織開発の分野を開拓したシャイン（Schein, E. H.）など多数存在します。

　「組織行動論」が生まれたもう一つの影響は，アメリカ経営学会（Academy of Management 通称 AOM）の存在があります。AOM は 1930 年に設立されましたが，1960 年代にビジネススクールが設置されたのをきっかけに急激に拡大しました。その影響もあり，1971 年に「組織行動部門」が設置され，経営学における「組織行動論」という分野がはっきりと市民権を得るようになったといえます。

　それから 50 年弱経過した現在では，産業・組織心理学は心理学を専門に，そして組織行動論は経営学の専門として，異なる学問的な背景をもちながら日々発展していますが，ただし 2 つの学問分野が扱うテーマや問題にほとんど違いはみられません。事実，アメリカ産業・組織心理学会（Society for Industrial and Organizational Psychology；SIOP）とアメリカ経営学会（AOM）の組織行動部門の会員はほんと重複しているといわれています（Porter & Schneider, 2014）。

1.1.1 組織とは

　産業・組織心理学は，企業や病院，官公庁などの「組織」に携わる人間の行動や心理過程を問題としています。その組織では，公的あるいは私的組織に関わらず，例外なく何らかの取り組むべき「課題」を抱えています。たとえば，企業組織であれば，企業固有の経営理念の下に，経営課題を抱え，日々それに取り組んでいます。自動車会社であれば，自動車を製造し，それを販売することであり，また電力会社であれば電力を発電し，それを消費者に供給することです。また，病院組織であれば，心身の不調を患っている患者さんに対して必要な医療行為を提供することです。このように組織は，有形無形の商品やサービスを消費者（社会に）に提供するという課題を抱えています。

　経営課題は，組織によって実に多様性に富んでいることに気づかされますが，共通することは経営課題を果たすためには，さまざまな経営活動を伴うということです。先の電力会社でいえば，消費者に電力を安定的に供給することが課題であるとすれば，電力の発電やその保守という活動もあれば，電力を販売する営業活動も必要です。さらに直接的に電力とは関わらないものの，現場で働く従業員の採用や評価を行う人事，そして組織活動に必要な金銭を管理する経理や財務など，さまざまな部署や部門による経営活動が関わっています。このように経営活動を効率良く遂行するためには，職務の内容に応じて図1.1 に示

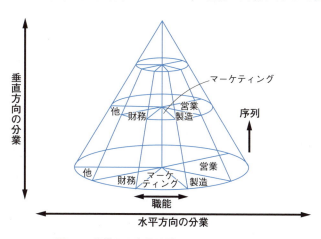

図 1.1　**組織の 3 次元モデル** (Schein, 1980)

すように水平方向での「分業」がなされるようになります。通常，部署や部門として組織を構成しています。

　さて，組織の規模が大きくなると，今度は水平方向の分業に加えて，垂直方向の分業も進みます。具体的には，各部門の成員を束ねるための「管理者」の存在が必要になります。さらに各部署や部門の管理者らをさらに束ねる上位の管理者も必要になります。これらを一般的に「階層性」とよびます。企業などで課長，部長，社長などとよぶのは，各階層を統括する管理者（リーダー）を指します。

　そうした組織は，組織目標を掲げながら，それぞれの経営課題を遂行しますが，必ずしも永続的に存続できるわけではありません。1983年に「日経ビジネス」（1983年9月19日号）が我が国の過去100年間にわたるトップ企業100社の変遷について分析したところ，「会社の寿命」はおよそ30年という結果を発表しました（日経ビジネス，1989）。組織も，私たち人間と同様に発達し，そして衰退していくことを如実に表しています。1983年から30年あまりが経過していますが，それまでの時代と比べて，インターネットの普及やバブル崩壊後に長く続いた景気の低迷，グローバル化，また2000年以降に規制緩和に伴って数多くのベンチャー企業が誕生したものの，ほとんどが短命に終わった背景を勘案すると，現在は30年よりもかなり短い寿命になっていると考えられます。これは，あらゆる組織も顧客をはじめ社会の評価を得ることができなければ永続的に存続することは難しいことを明確に示しています。しかし，一方で，長い歴史をもち，昔も今も輝く組織が多く存在していることを考えると，その時代の変化に適応，あるいは先取りする必要性も示しています。組織にとっては「環境変化への適応力」が重要な意味をもちます。

　なお，現代において顧客や消費者から継続的に評価を得ることは容易ではありません。高度経済成長期であれば，一度，消費者の心をつかむ商品やサービスを生み出すことができれば，それによって比較的長期にわたってその恩恵を受けることができました。たとえば，ファミリーコンピュータやウォークマンなどはその最たる例でしょう。しかし，現代は，消費者のニーズも成熟化し，なおかつライバルとなる組織も国内にとどまらず，グローバルに存在していま

す。組織にとって適応すべき「環境」そのものが複雑化しているといえます。

1.1.2 産業・組織心理学と心理学における位置づけ

1. 学問としての産業・組織心理学

　産業・組織心理学は，経営活動に関わるさまざまな人間の行動や心理過程を研究の対象とします。たとえば，組織が必要とする人材の採用，あるいはスタッフの頑張りや成果を適切に評価し，それに見合った処遇を行う人事考課制度，成果の良し悪しを左右するワークモチベーション，職場を司るリーダーシップ，消費者がどのように商品を選択するかに関わる消費者行動など多岐にわたります。これらの研究テーマを視野に入れながら，産業・組織心理学を定義すると「組織に関わる人間の行動と心理過程を科学的に明らかにする学問」と位置づけることができるでしょう。重要なポイントは，「組織に関わる人間」とは，組織で働く従業員や管理者はもちろんのこと，顧客（消費者）も含むことです。

2. 産業・組織心理学が扱う研究テーマ

　以上のことから，産業・組織心理学は，組織に関わる人間の行動と心理過程を扱う学問ですが，大きく4つの研究テーマに分けることができます（山口，2007）。

　1つ目は，人的資源管理（human resource management）です。組織で働く従業員を資源ととらえ，その資源を最大限活かすためにどのような人事評価や処遇などが，従業員の働くモチベーションを引き出し，そしてそれが組織の高い効率性や生産性につながるのかを明らかにするものです。また人的資源管理が扱うテーマはそれだけに留まらず，採用や選抜の方法，適性検査，人事評価，あるいはキャリア発達などの研究もなされています。

　2つ目は，組織行動（organizational behavior）です。組織の中で働く際の人間の行動の特徴やその背景にある心理状態を明らかにするものです。また，組織行動のテーマの関心は，1人の従業員に留まらず，組織は複数の部門や職場から成り立っていることから，集団内の人間関係やコミュニケーション，さらにはチームワークやリーダーシップなどについても盛んに研究が行われています。

　3つ目は，安全衛生（health and safety）です。これは，産業・組織心理学の名称の「産業」が意味する背景を色濃く受け継いでいますが，働く人々の安全と心身両面の健康を保全し，促進するための方略を多様な観点から検討する分野です。たとえば，職務ストレスやヒューマンエラー，安全工学などに関わる問題です。

　最後は，消費者行動（consumer behavior）です。このテーマは，顧客や消費者の視点を取り入れていることに大きな特徴があります。すなわち，消費者はどのようなときに購買意欲が高まるのか，その心理や行動の特性を明らかにすることや，商品の特徴を消費者に対して効果的に伝達し，消費を促進するにはどのような広告や宣伝が有効なのかについても検討します。具体的には，購買行動や心理的会計，宣伝・広告効果，商品選択・購買意思決定などを研究テーマとしています。

3. 心理学における位置づけ

　産業・組織心理学を構成する4つのテーマを概観してきましたが，そこにはさまざまな基礎心理学で得られた知見が基礎となっています。言い換えると，産業・組織心理学は，基礎心理学で支えられた応用的な心理学の分野と位置づけることができます。

　たとえば，図1.2には，代表的な研究テーマとその背景となる基礎心理学の領域との関連性を図示しています。たとえば，人的資源管理に含まれ，組織が

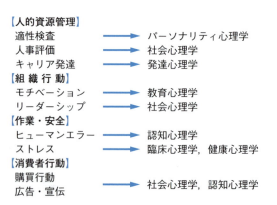

図1.2　産業・組織心理学の代表的な研究テーマとその背景となる基礎心理学の領域

必要とする人材を的確に採用する際に用いられる適性検査はパーソナリティ心理学の知見が土台となっています。また，採用における面接や入社後に定期的に行われる人事評価では，人が人を評価するため，そこにはさまざまなバイアスが影響します。そうしたバイアスを取り除き，可能な限り客観的な評価を行うためには，認知心理学や社会心理学の知見が必要不可欠です。

さらには，職場の人間関係やコミュニケーション，チームワーク，リーダーシップなどのテーマは伝統的に社会心理学において蓄積されてきた知見が大きく貢献しています。安全が求められる現場でなぜエラーや失敗が起きるのかを説明する際には認知心理学の知見が役立ちます。

また，組織で働く時間は，私たちの生涯の大半を占めることになります。組織で働くことをキャリア発達という視点から考える際には生涯発達心理学の知見が基礎となります。

他の領域との関連性はこれだけに留まらず，その意味でも産業・組織心理学は学際的な学問ともいえます。心理学が大きな基礎となっていますが，こうしたテーマについて実は経営学や人間工学なども密接に関わっていることにも留意しておく必要があるでしょう。

1.1.3 産業・組織心理学の特徴

産業・組織心理学は応用的な学問であると同時に，研究や理論と実践が密接に関わっていることが大きな特徴といえます。たとえば，アメリカの産業・組織心理学会（Society for Industrial and Organizational Psychology；SIOP）の会員は，2010 年時点で 6,924 名を数えますが，そのうちの 45％ は大学などの研究者で，残りは企業で働くコンサルタントや組織で活動する実務家といわれています（Porter & Schneider, 2014）。すなわち，企業などの組織を対象に研究を行うことを主な目的として，そこで得られた知見を還元する立場や組織の人事や採用などの実務を主な仕事とし，そこに活かすために研究知見を取り入れている立場の人も数多く存在するのです。

1.2 **産業・組織心理学の歩み**

　産業・組織心理学の学問への理解をさらに深めるために，その歩みについて概観してみましょう。産業・組織心理学は，産業や組織で働く人を主な対象としていますが，働く現場やそれを取り巻く環境は，この100年あまりで大きな変化を遂げていることは周知の通りです。そのため，産業・組織心理学という名称も時代とともに変更が重ねられ，30年ほど前になってようやく現在の「産業・組織心理学」という名称が定着しました。

　産業・組織心理学の歴史を振り返る上で，本章では大きく3つの時期に分けて概説していきます。最初は，産業・組織心理学という名称は存在しなかったものの，その学問の土台となった知見が多数生み出された時期としての「黎明期」（1890年代〜1940年代），現在の産業・組織心理学の学問の原型が作られ，その研究成果を社会に発表する学会や学術誌が作られ，さらには書籍なども多数刊行されるようになった時期としての「発展期」（1950年代〜1980年代），現在の産業・組織心理学が確立し，理論や方法論もさらに精緻化されるようになった時期としての「成熟期」（1990年代〜現在）と位置づけました（図1.3）。

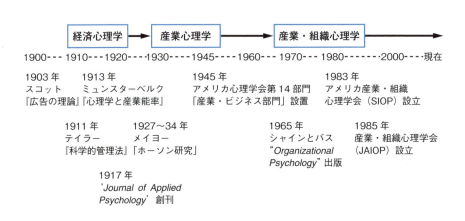

図1.3　産業・組織心理学の変遷と主な出来事

1.2.1　黎明期（1890年代〜1940年代）

1.　産業・組織心理学の礎を築いた2人の心理学者

　産業・組織心理学の誕生は1890年代にまで遡ることができます。心理学という学問は，ドイツのライプチヒ大学のヴント（Wundt, W. M.；1832-1920）によって世界で初めて心理学実験室が創設された1879年が誕生の年と位置づけられていますが，それからわずか10年あまりの時期です。当時，世界中から気鋭の学者が集まってヴントの下で心理学を学び，それによってさまざまな心理学の領域へと発展しました。同じように，ヴントの下で学んだミュンスターベルク（Münsterberg, H.；1863-1916）とスコット（Scott, W. D.；1869-1955）が心理学の知見を産業場面に応用することで，産業・組織心理学の礎を築きました。

　まず，ミュンスターベルクは，ドイツでヴントの下で学んだ後，ドイツのフライブルク大学で実験室を創設しました。その後，アメリカのハーバード大学に教授として移り，その時期から心理学を産業場面に応用するようになります。彼は，『心理学と産業能率（*Psychology and industrial efficacy*）』（1913）といった専門書を相次いで出版しました。彼はその中で経済の問題に心理学を適用する際に3つの要素について論じています。すなわち，「最適な人」「最良の仕事」「最高の効果」です。

　第1の「最適な人」とは，仕事に最適な人間をどのように選抜するか，また仕事に関わる適性を備えた人間をいかに選抜するか，あるいはどのような特性をもつ従業員をどこに配置するかです。これらのテーマは，現在では人事心理学や人的資源管理論の分野へと発展しています。

　第2は「最良の仕事」です。すなわち，良い仕事をするための条件や，適切に職務を遂行するための学習や訓練，心的条件への物的条件の適合化，単調・注意・疲労などです。これらは，作業心理学へと発展しています。

　第3は「最高の効果」です。たとえば，商品の陳列方法が購買に際してどのような効果をもつかなど，広告の効果やマーケティング，消費者心理，購買行動へと発展しました。

　こうしたアプローチを，ミュンスターベルクは「経済心理学」と名づけ，そ

の後の産業・組織心理学の発展に大きな影響を及ぼしました。

　スコットもまたヴントの下で学んだ後，ノースウェスタン大学で教鞭をとるようになります。彼の関心は，心理学の諸原理を広告活動に体系的に応用することにあり，後に『広告の理論 (*The theory of advertising*)』(1903) および『広告心理学 (*The psychology of advertising*)』(1908) を出版して「広告心理学」の発展に寄与しました。

2. 科学的管理法とホーソン実験

　ミュンスターベルクの経済心理学およびスコットの広告心理学が台頭する頃，産業・組織心理学の発展に影響を及ぼしたもう一つの動向として，テイラーの科学的管理法とメイヨーのホーソン実験をあげることができます。

　20世紀の初頭には，産業革命の影響を受けて工場では大量生産が主流となっていました。そこでは，ある工場に多くの労働者が作業に従事することになりましたが，そこで悩ましい問題が生じます。労働者は1日あたりの労働に対して賃金を獲得することになりますが，労働者の多くが楽をしてその場をやり過ごし，手を抜こうとしました。これは「怠業」として問題となっていました。実は労働者たちは一所懸命に速く作業を行うことで，労働者の仕事がなくなってしまうと信じ込んでいたのです。

　こうした問題に対して，エンジニアで後に経営者となったテイラー (Taylor, F. W.；1856-1915) は，雇用主である経営者に「限りない繁栄」をもたらし，そして働き手である労働者にとっても「最大限の豊かさ」(高い賃金に加えて，最大限の効率性，そして最良の仕事) をもたらすことを目指して「科学的管理法」とよばれるマネジメントを展開しました。

　当時の工場の作業は，労働者の経験則に委ねられ，かつ先述の怠業も手伝って，作業における「ムリ・ムダ・ムラ」が存在していました。それに対して，テイラーはさまざまな作業に対して，1人あたりの標準的な作業時間と作業量を計測し，それに基づいて設定された標準作業の実現度に応じて賃金を支払うマネジメントを展開したところ，工場の生産性と効率性は大幅に向上しました。こうしたことから，当時，この科学的管理法は注目を集め，多くの工場で取り入れられました。また，科学的管理法はマネジメントの基礎を築いたことから，

産業・組織心理学のみならず経営学の一分野である経営管理にも大きな影響を
もたらしました。

　科学的管理法が主流となっていた頃，ハーバード大学のメイヨー（Mayo, G.
E.：1880–1949）もまた，シカゴ郊外のウェスタン・エレクトロニック社のホ
ーソン工場を舞台に 1927 年から 1934 年にかけて科学的管理法に関する大規模
な実験を行いました。メイヨーらは，当初，工場で働く労働者の作業期間を短
くしたところ生産性が向上することを発見しました。この結果は，当初，作業
時間を短くしたことに伴う疲労の減少と考えられていました。ところが，さら
に作業時間を長くしたところ，驚いたことに生産性が向上したのです。この他
にも照明の明るさなど，環境条件を悪くしてもやはり生産性が向上しました。
この結果を受けて，メイヨーらは労働者に面接を実施したところ，「自分たち
が注目されている」という意識や「研究者に良い印象を与えよう」という欲求
が生産性に影響を及ぼしていることが判明しました。その他にも労働者同士の
人間関係なども生産性を左右する重要な要因であることも明らかになりました。
こうした効果は工場の名称にちなんで「ホーソン効果」とよばれるようになり
ます。

　これまでの科学的管理法のアプローチでは，生産性を左右する要因は，環境
条件（賃金，作業時間，休憩時間，照明など）であり，労働者の心理的側面は
まったく見逃されていました。しかし，ホーソン実験で得られた研究成果は，
労働者の心理的要因が生産性に大きな影響を及ぼすことを示しており，これを
契機に職務満足感やワークモチベーション，人間関係などの人間性を重視する
視点がもたらされたことは，産業・組織心理学の発展に大きな影響を与えまし
た。

3.　2 度の世界大戦と心理学

　皮肉なことに 20 世紀の前半に世界を震撼させた 2 度にわたる世界大戦もま
た，産業・組織心理学の発展に少なからず寄与することになります。1910 年
代の心理学における主要な関心は「個人差」にありました。すなわち，人間の
能力や欲求などの心理的特性の程度は一人ひとり異なり，それを明らかにする
ことに関心が向けられていました。

　他方で，第1次世界大戦時のアメリカでは学会や学問が戦争にいかに役立つか，すなわち学問の存在意義が問われるようになります。そうした中で，当時のアメリカ心理学会の会長であったヤーキーズ（Yerkes, R. M.；1876–1956）は，フランスのビネーとシモンが開発した知能検査を応用して集団式知能検査を開発し，それをアメリカ軍の兵士に適用することを試みます。戦争において軍隊を構成する際には，どのような兵士を選抜し，どの部隊に配置するかはきわめて重要な問題です。そうした要請から兵士の知的能力を測定する試みは画期的なものといえます。しかしながら，アメリカは人種のるつぼと称されるように多くの移民からなり，その中には英語を話せない人もかなりの割合存在していました。そこで，集団式知能検査でも，言語を用いた検査（α式）と言語を用いず記号や図形を用いた検査（β式）の両方を用いました。ただし，知的能力を適切に測定できているかなどの妥当性を含めて多くの批判も招きました。

　さらに第2次世界大戦では，航空機の開発が目覚ましく進展したものの，一方で事故も頻発していました。その原因として航空機を操縦する人間の特性を考慮せずに設計されていることが判明して安全やヒューマンファクターなどが重視されるようになり，人間工学や作業心理学の発展を後押ししました。

1.2.2　発展期（1950年代〜1980年代）

1.　学会の設立

　黎明期における先駆的な研究は，主に実験心理学や基礎心理学の知見や手法を産業場面に応用する取組みから始まりました。その意味で，かつて産業・組織心理学は「応用心理学」の一分野として位置づけられていました。実際，アメリカでは1937年に第1回アメリカ応用心理学会（American Association for Applied Psychology；AAAP）が開催され，その4つの部門の一つに「産業・ビジネス部門」が設けられていました。

　アメリカ応用心理学会は，その後1945年にアメリカ心理学会に吸収され，全19部門のうち，第14部門に「産業・ビジネス心理学部門（Division of Industrial and Business Psychology）」が設置されました。さらに，1962年にビジネスが削除され「産業心理学部門（Division of Industrial Psychology）」，

産業・組織心理学会スタート

産業・組織心理学会が十五日、東京・市谷の日本大学会館で設立総会を開き発足した。働く個人、集団の心や行動を踏まえて、企業の組織や経営の問題を学際的に研究するのが目的。経営学、社会学、心理学などこの研究者や企業の専門家百六十人と、日本電気、富士通、神戸製鋼所など法人九社が会員となっており、会長に豊原恒男国際商科大学教授を選んだ。

設立総会に続いて第一回大会に移り、「組織活性化のための新課題」『生涯キャリア設計の新展開』

など四つのシンポジウムを開いた。同会は今後、「人事」「組織行動」「作業」「市場」の四部門に分かれて運営、研究を進める。

従来、企業の組織、研究を進める。管理、効率といったマネジメント側の視点から論じられることが多かった。しかし既存事業の成熟化で新事業の創出、育成が経営課題となってきており、組織全体の中で個人の生きがい、活力をどう引き出していけるかが改めて問われ始めている。その意味で同会がめざす、働く側の視点からの研究は、産業心理学を原史として、"経営"の具体論を模索する試みともいえそうである。

図 1.4 産業・組織心理学会設立を報じた新聞記事 (日本経済新聞 1985 年 11 月 16 日朝刊)

1973 年には名称に「組織」が加わり「産業・組織心理学部門（Division of Industrial and Organizational Psychology)」に改められました。また、1983 年には法人化し Society of Industrial and Organizational Psychology（SIOP）となって現在に至っています。

我が国では、かつては日本でももっとも古い心理学の学会である「日本応用心理学会」で産業・組織心理学に関わる研究成果が発表されていましたが、そこから派生して、1985 年に「産業・組織心理学会」が設立されました（図 1.4）。現在、産業・組織心理学会では、「人事部門」「組織行動部門」「作業部門」「消費者行動部門」の 4 つの部門から構成されています。

2.「組織」を冠する書籍が多数出版

1950 年代末から 1960 年代初めには「組織」を冠する書籍が多数出版されるようになりました。それまでの「産業心理学」に加えて、組織とそこで働く人々に関心が広がっていったことを物語っています。

たとえば、科学的な研究に基づく書籍ではありませんが、組織がそこで働く管理者の生活をいかに支配しているかを如実に描写した書籍として、ホワイトによる『組織のなかの人間（上）——オーガニゼーション・マン——（*The or-*

ganization man)』（Whyte, W. H., 1956 岡部と藤永訳 1959）や，1978 年にノーベル経済学賞を受賞したサイモン（Simon, H. A.）の古典的書籍『オーガニゼーションズ（*Organizations*)』（March, J. G., & Simon, H. A., 1958 土屋訳 1977）などがあります。

　さらに，シャイン（Schein, E. H.）とバス（Bass, B. M.）もそれぞれ同じ時期（1965 年）に "*Organizational psychology*" というタイトルの書籍を出版しました。これらは「組織心理学」という名称のついた最初のテキストとして位置づけられています。

3. 産業・組織心理学に関する学術誌が刊行され始める

　産業・組織心理学に関わる研究成果を発表するための学術誌もこの時期に相次いで刊行されました。アメリカ心理学会が刊行している学術誌の一つで，現在もなお産業・組織心理学の研究成果を知る上でもっとも定評のある雑誌 "*Journal of Applied Psychology*（*JAP*)" はいち早く 1917 年に最初に刊行されました。

　その後，人事心理学などパフォーマンスなどの個人差に関わる研究論文を掲載している "*Personnel Psychology*（*PP*)" は 1948 年に出版されました。そして，1950 年代以降は「組織」を意識した学術誌が相次いで出版されるようになりました。1956 年に "*Administrative Science Quarterly*"，1958 年にはアメリカ経営学会が刊行する "*Academy of Management Journal*（*AMJ*)"，その後，1965 年に "*Organizational Behavior and Human Performance*" と続いています。

　我が国では，日本応用心理学会が刊行する「応用心理学研究」をはじめ，産業・組織心理学会による「産業・組織心理学」などが出版されています。

1.2.3　成熟期（1990 年代〜現在）

　産業・組織心理学に関わる学会や学術誌も定着し，現在もなお莫大な研究成果が蓄積されてきています。ただし，主要な研究テーマや理論，概念については，先の発展期（1950 年代〜1980 年代）に数多く提唱されたものの，1990 年代以降の成熟期では，かつての理論を凌駕する新しいものはほとんど出現して

いないのが現状です（渡辺，2012）。むしろ，それぞれの理論や概念について検証を重ねたり，発展させる研究が多く見受けられます（古川，1996）。

　他方で，研究を支える方法論については大きな進展がみられています。1990年代以降は，パーソナルコンピュータの普及も手伝い，統計的分析が大きな進展を遂げました。第1は，統計的な分析によって結論づけられた複数の研究をさらに分析し，総合的な結論を導く「メタ分析」です。産業・組織心理学に関わる研究成果がかなり蓄積されてきたため，数多くのテーマについてメタ分析を施した論文が提出されています。

　第2は，個人レベルや集団レベル，そして組織レベルなど異なるレベル間の因果関係を明らかにする「マルチレベル分析」です。産業・組織心理学は，組織で働く人間の心理過程や行動を扱う分野ですが，その学問の名称が意味するように，組織レベルの要因（経営理念，経営者のリーダーシップ，組織風土など）や職場集団レベルの要因（職場チームワークなど）が人間の心理過程や行動に大きな影響を与えます。マルチレベル分析を用いることで，産業・組織心理学が問題とする多様な現象を多角的かつ厳密に検証することが可能になってきています。

1.3　産業・組織心理学の動向と今日的課題

　産業・組織心理学は，組織とそこで働く人間に関わる学問であることから，そこで取り上げる研究課題は，組織内外の環境の変化に大きく依存します。

　まずはグローバル化に関わる問題です。これまで産業・組織心理学が暗黙の前提としていたことは，組織は他の組織の動向に影響を受ける開かれた存在であることでした。しかし，グローバル化によって，多くの組織は国境や人種を越えて構成されつつあります。そうした多様性が組織の活力に及ぼす影響などを調べる研究は今後ますます増えていくと思われます。

　また，我が国を始め先進諸国では，少子高齢化の波にさらされています。とくに我が国では，労働力が不足していることから，シニア世代の知恵と経験を活かすようなマネジメントが期待されています。

復習問題

1. 科学的管理法では，労働者の生産性をどのように上げようとしたか述べてください。

2. 産業・組織心理学において，心理的な要因に注目が集まるようになった研究を概説してください。

参考図書

山口裕幸・金井篤子（編）（2007）．よくわかる産業・組織心理学　ミネルヴァ書房

　産業・組織心理学に含まれる 4 つの領域について，主要なトピックごとに 2 ページないしは 4 ページにわたって丁寧かつわかりやすく解説されています。産業・組織心理学を初めて学ぶ人に最適な一冊です。

テイラー，F. W.　有賀裕子（訳）（1911/2009）．新訳 科学的管理法——マネジメントの原点——　ダイヤモンド社

　組織におけるマネジメントという視点を提供した歴史的名著。本書は，労働者の生産性を高めるためのマネジメントを展開するためには，相応の現場の労働者の観察，さらには人間理解が必要であることを説き，どのようなマネジメントが必要かを深く考えさせてくれます。また，科学的管理法は，時に「労働者を機械の部品のように扱っている」と誤解を生むことがありますが，この原典を読むことで，それが大きな誤りであることに気づかせてくれます。2009 年に復刻版が出版されたことから，ぜひとも読んでほしい一冊です。

古川久敬（1988）．組織デザイン論——社会心理学的アプローチ——　誠信書房

　産業・組織心理学の中でも，とくに組織行動や人的資源管理のトピックについて社会心理学的な視点から描写した意欲的な一冊です。著者の斬新な切り口は，出版から 30 年が経過しても新しさを感じさせます。

第 2 章

採用と面接

　私たちは幼少の頃から，製品・サービスの消費者でありユーザーとして，多くの組織と関わり続けてきました。ところが就職・採用を契機に，組織と私たちとの関わりは，消費者・ユーザーとしてのそれから，社員としてのそれへとシフトするのです。人によってタイミングの違いはあるでしょうが，就職・採用を境に，私たちは組織の境界線の外側から内側へと入り，内部者になっていくのです。

　その意味で，企業にとって採用とは，多くの候補者の中から，内部者として「ふさわしい」人を決定することに他なりません。組織と個人が，ある程度，長きにわたって関わることになる日本企業の場合，この「ふさわしい」人の見極めは，きわめて重要になりますし，それだけに担当者にとっては悩みの種でもあるのです。

2.1　採用活動とは

2.1.1　採用活動の意義と目的

　組織と個人の関わりは，数年から長ければ数十年にわたって続くわけですが，その両者の出会いを決定するのが採用活動です。採用活動とは「企業内の労働需要を満たすため，外部労働市場から労働力を調達する」（八代，2009）活動であり，企業にとって，少なくとも2つの意味があるといわれています。

　1つ目は，企業が設定した目標と経営戦略を実現するために，ある時点で不足している，あるいは将来時点で不足すると予想される分の人材を獲得する，というものです。中途採用のように，すでにある程度の職務能力を身につけている場合は，その時点で「何ができるか」ということが問われ，採用時点で職務能力を身につけていないことが多い新卒採用の場合には，「何ができるようになるのか」ということが問われるという違いはあるのですが，いずれにしても，目標や戦略の実現にとって必要な人材を確保するということが，企業が採

用活動を行うもっとも基本的かつ重要な理由であることに変わりはないでしょう。

　2つ目は，職場や組織の活性化です。組織論の古典的研究では，組織や職場に同じメンバーが長期にわたって所属し続けると，人々の間の活発なディスカッションや情報交換の頻度が下がり，外部に対して職場が閉塞的になり，人間関係における緊張感がなくなり，組織や集団が「緩んでいく」ということが報告されています（Katz, 1982）。これにはいろいろな理由があるのですが，一つには「慣れ」があります。私たちは誰でも，出会った当初はお互いに緊張感をもって接し，相手に不快な思いをさせていないかと気を遣い，必要であれば情報交換をして相手の気持ちを推し量ろうとするものです。しかし，やがてお互いに慣れ，言葉を交わさずともお互いの気持ちがわかるようになってくると，活発なディスカッションや情報交換を行うことをしなくなるのです。友人関係や恋人同士であればそれでもいいのかもしれませんが，企業組織では，それはけっして歓迎されるべきことではありません。

　もう一つ，集団への同質化への圧力による影響もあります。私たち人間は，異質な人よりも同質的な人，価値観や考え方の違う人よりもそれらが似た人，そして目標の異なる人よりも共通の目標をもつ人を好む傾向があります。そのため，新しく加入したメンバーには，その集団における価値観や考え方，目標を受容するように，暗に明に圧力がかけられることが多いでしょう。新しく加入したメンバーからすれば，集団になじむためにはそれを受け容れたほうがいいでしょうから，多くの場合，遅かれ早かれそこに染まっていくことになるわけです。その結果，メンバーが少しずつ均質化し，当初あった緊張感や活発なやりとりが，少しずつなくなっていくのです。「慣れ」や「同質化への圧力」によって均質化された集団は，一方でメンバーにとって居心地の良さをもたらしますが，他方でその集団からは，活発な意見交換やディスカッションのために必要な緊張感が奪われていきます。

　このように，組織や集団というのは，何もせず放っておくと，緊張感のない緩んだものになってしまうのです。新しいメンバーの加入は，職場や組織に対して緊張感と新しい息吹を吹き込むことで，こうした閉塞感と硬直性を打ち破

ってくれる役割を果たします。これが，企業が採用を行う2つ目の理由です。

　要するに，企業の目標と戦略の実現に貢献できる人材プールをそろえること，そしてその人材プールが緩み，硬直化するのを避け，組織や集団を活性化させ続けることこそが，採用の目的だといえるでしょう。

2.1.2　良い採用とは

　このように理解することで，「良い採用」とは何かということについても，自ずと理解できると思います。まず，企業の目標と戦略の実現に近づくためには，採用されなかった人に比べて高い仕事成果をあげるような人材を採用しなければなりません。もちろん，採用されなかった人と実際に採用された人の仕事成果を比較することは，現実的には難しいのですが，少なくとも，求職者の中からランダムに人を集めて選抜した場合に比べて，自社が採用した人材の優秀さの平均が高くなければ，採用活動をする意味はまったくないことになります。ランダムに採用した場合に比べて優秀な人材を採用できるからこそ，採用にかける多大なコストも正当化されるわけですから。したがって良い採用の1つ目の基準とは，「採用活動をまったく行わなかった場合と比べて，将来の時点でより高い仕事成果を収めることができる人材を獲得できているかどうか」ということになります。

　もちろん，高い仕事成果を収める人を採用することだけが，成功の唯一の基準ではありません。高い成果をあげるような優秀な人材は，他社への転職機会にも恵まれているでしょうし，本人もまたそのことを自覚していることが多いはずです。いくら高い成果をあげたとして，すぐに他へ移ってしまったのでは，採用にかけたコストは回収できません。そこで企業としては，その人材を会社へとコミットさせ，ある程度の満足を抱かせるためにはどうすればよいか，という観点から採用活動を設計しなければならないわけです。したがって良い採用の2つ目の基準として，「採用活動を行わなかった場合と比べて，人材が企業へとより強くコミットし，高い満足度を得て，中長期的に企業にとどまるかどうか」ということがあげられるでしょう。

　職場を活性化させるためにどのような人材を採用する必要があるか，という

問題についても考えなければなりません。アリゾナ大学のシュナイダー
(Schneider, B., 1987) によれば，企業がどのような文化や雰囲気，そして慣
行をもつかということは，そこにどのような人々が引きつけられ（attraction），
組織の中で選抜され（selection），そして淘汰が起こるか（attrition）によって
大きく影響されるといっています。企業にエントリーする求職者は，その企業
の経営者や人事担当者，リクルーター，そこから類推される企業の文化や雰囲
気などにひかれて，エントリーを決断することが多いでしょう。そのため，エ
ントリーしてくる人の母集団の中には，企業の既存のメンバーと似たような気
質，価値観，思考パターン，あるいは少なくともそれらと相容れるような気質，
価値観，思考パターンをもった個人が，多数含まれることになります。そして，
そうした人々は採用活動においてポジティブに評価され，反対に，その企業に
なじまない気質，価値観，思考パターンをもった人々は，採用の過程で排除さ
れやすいでしょう。その結果，企業が採用する人材は，かなりの程度均質化し
ている可能性が高いのです。仮に，何かの具合でそうした支配的な気質，価値
観，思考パターンをもたない人が企業に入ったとしても，入社後に時間をかけ
て行われる組織社会化（組織へとなじませる一連のプロセス），そして昇進に
おける選抜の中で同化されるか，あるいは離脱してしまいます。

　募集の段階で企業の内部者に似た人々がひきつけられ，その人たちが採用活

表 2.1　採用の目的と良い採用の基準

採用の目的	良い採用の基準
1. 企業が設定した目標と経営戦略を実現するために，不足している（将来時点で不足すると予想される）分の人材を獲得すること。	1. 採用活動をまったく行わなかった場合と比べて，将来の時点でより高い仕事成果を収めることができる人材を獲得できているかどうか。 2. 採用活動を行わなかった場合と比べて，人材が企業へとより強くコミットし，高い満足度を得て，中長期的に企業にとどまるかどうか。
2. 新しい人材の獲得によって，職場や組織を活性化させること。	3. 採用活動を行わなかった場合と比べて，組織を構成するメンバーに多様性が生じ，結果として組織全体が活性化しているかどうか。

動において選抜され（そうでない人々が排除され），組織における昇進の階段を上っていく。こうしたメカニズムがあるからこそ，時間の経過とともに人々が流動化しても，組織は組織らしくあり続けるのですが，それは他方で，組織を硬直化させ，閉塞的にさせるメカニズムでもあります。すでに述べたように，同じ場所に同じメンバーが長期間い続けることで，組織や集団からは緊張感が失われ，緩みが出てくるのです。

したがって企業としては，こうした硬直化，閉塞化を打ち破るために，採用する人材の気質，価値観，思考パターンを意図的に分散させ，人材の多様化を図っていく必要があります。つまり良い採用の3つ目の基準とは，「採用活動を行わなかった場合と比べて，組織を構成するメンバーに多様性が生じ，結果として組織全体が活性化しているかどうか」ということになります（表2.1）。

2.1.3 時間軸でみる採用活動

ではこのような目的を達成するために企業が行っている採用活動とは，具体的にはどのようなものなのでしょうか。ここでは企業の採用活動の時間的な流れと，そこで行われているマッチングの中身という2つの観点からみてみたいと思います（服部, 2016）。まず，時間的な流れから確認しておきましょう（図2.1）。

1. 募 集

本格的な採用活動に先立って，企業は，当該年度の採用に関してさまざまな計画を立案する必要があります。企業の戦略や景気動向などを踏まえつつ，今年度はどのような人材を採用したいのか，そのためにどんな方法で募集をし，どのような選考基準で，どのような方法を使ってそれを測定するのか。こうした点に関わる緻密な計画を立てることから，採用活動は始まるのです。

その上で行われるのが，募集活動です。企業が提示する募集情報をきっかけ

図 2.1　時間軸でみる採用の段階

に，自社に関心をもち，エントリーする意欲をもつ求職者を生み出し，以降の
フェーズのための求職者のプールを作り出すのです。

　我が国においては，多くの企業や求職者たちが就職ポータルサイトを活用し
ています。毎年，就職ポータルサイトがオープンするやいなや，採用する側の
企業はそこに当該年度の学生を対象とした募集情報を掲載し，同時に，各企業
のホームページや求人情報誌など，その他のチャネルを通じて同様の情報を発
信することになります。そのほかにも，大学の就職部，大学の研究室（ゼミナ
ール）を通じた募集，学生職業安定センターやハローワークを通じた募集など，
多様な募集ルートがあります。

　さてちょうど同じ頃，求職者たちも，就職情報サイトなどにおいて，自分た
ちにとって必要な情報の収集を始めることでしょう。求職者たちは，就職ポー
タルサイトやさまざまなセミナー，説明会や個人的な知り合いを通じて，募集
企業に関する情報を収集し，閲覧し，企業に対するエントリーの意思決定を行
っていることでしょう。場合によっては，企業が提供する製品やサービス，経
営者の認知，また学生たちが企業に対して抱いている企業イメージなども，ど
の企業にエントリーするかを決定する重要な要因となることでしょう。

2. 選　　抜

　募集段階で出会った求職者集団について，エントリーシートや履歴書，適性
検査や面接などを通じて，自社の社員として相応しい人を選び，内定を出すの
が，その次の選抜の段階になります。つまり選抜とは，募集段階で出会った求
職者の集団の中から，自社の社員として相応しい人を選びだす活動といえます。
募集をいかにうまく設計したとしても，求職者集団の中には，自社にとって魅
力的ではない求職者，自社には合わないような求職者がどうしても含まれてし
まいます。そこで企業としては，求職者集団の中から，自社にとって優秀で魅
力的な求職者を選り分ける必要があるわけです。

3. 定　　着

　そして最後の段階が定着です。時間をかけて選抜し，内定を出した求職者に
逃げられてしまっては意味がありません。またせっかく採用したとしても，短
期間で離職してしまったり，職場になじめず仕事成果をあげられなかったりす

るのも，困りものです。そこで企業としては，ただ人を採用するだけでなく，その人が企業の内定を受け容れ，入社し，さらにそこで活躍できるようになるまで，気を遣ってあげる必要があります。しばしば，採用担当者の役割は，人材を採用した時点で終了すると思われているようですが，これは誤りです。採用という活動は，採用された求職者が少なくとも入社2，3年の段階に達して，しっかりとその企業に根を下ろすまで続いているのです。

　このように時間軸でみると，採用とは，①企業側が出した募集情報に反応して，求職者が企業へとエントリーをするか否かの決断を行うことから始まり（募集），②そして集まった求職者の中から社員として相応しい者を企業側が選び（選抜），③そこで出された内定を求職者が受け容れ，かつ組織の中で活躍するに至る，一連の活動だといえます。もちろん，「募集」「選抜」「定着」は互いに独立した活動ではなく，しばしば重複して，同時並行的に行われ得るものなのですが，採用について理解するためには，ひとまずこれらを区別して考えるとよいと思います。

2.1.4　マッチングの中身でみる採用活動

　それでは，「募集」「選抜」「定着」という各フェーズで，企業側と求職者側との間に，いったい何が行われているのでしょうか。企業と求職者とのマッチングという観点から，この問題について考えてみましょう（表2.2）。個人が組織に参入し，そこでうまくやっていくためには少なくとも2つのマッチング

表2.2　マッチングの中身でみる採用

	期待のマッチング	能力のマッチング
確認される段階	募集段階＞選抜段階	募集段階＜選抜段階
確認のための情報源	募集情報 会社説明会 リクルーター 人事担当者　など	エントリーシート 適性検査 採用面接　など
（ミス）マッチングの帰結	職務満足 組織へのコミットメント 離職・残留	仕事業績

が必要になるといわれています（Wanous, 1992）。

1. 個人の欲求と職務特性や組織風土との間のマッチング——期待のマッチング

1つ目は，個人が会社に対して求めるものと，会社が提供するもの（仕事特性，雇用条件，組織風土など）とのマッチングです。個人にとって会社は，ただ働いて給与を得るだけの場所ではなく，所属し，仲間を得て，生活するための共同体でもあります。したがって，入社段階で，個人は会社に何を求め，反対に会社は自分に何を求めるのかということを，ある程度明確にすることが重要になるわけです。求職者は，給与水準，教育機会の提供，海外勤務の可能性など，自身にとって重要な情報を，募集情報を閲覧したり，リクルーターに質問をしたりすることによって収集することでしょう。他方で企業側は，募集情報の中に，さまざまな項目を記載することで（勤務条件，職務内容など），その条件に合わない求職者を排除することで，期待の確認を行うことになります。ここではこれを「期待のマッチング」とよぶことにしましょう。

期待のマッチングは，まずもって，募集段階における双方の情報のやりとりによって行われていきます。企業が提示する募集情報の中に，求職者が判断するために必要な情報が十分に含まれており，かつ求職者がその情報を精査しさえすれば，かなりの程度，期待のミスマッチを避けることができるでしょう。反対に，募集情報の中に，企業の魅力を誇張した表現や，事前に伝達するべきであろう情報の秘匿があったり，また求職者が募集情報を精査せずにエントリーしたりするような場合には，両者の間に深刻なミスマッチが発生する可能性があるわけです。

アメリカの産業・組織心理学者のワナウス（Wanous, J. P., 1992）によれば，期待のミスマッチは入社後の幻滅につながり，結果，社員の職務満足や組織へのコミットメントの低下，そして離職可能性の増大をもたらします。入社後の不満や会社へのコミットメント，そして離職の大きな原因が，採用時点での期待のミスマッチにあるのです。ただ，このような期待のミスマッチは，必ずしも入社後の仕事業績の低下にはつながらないようです。そして同時に，期待のマッチング行われたからといって，それが高い仕事業績に結びつくわけでもないようです。

2. 個人の能力と組織の必要とする能力のマッチング——能力のマッチング

　入社後の業績と直結するのは，ワナウスが指摘する2つ目のマッチングである，能力のマッチングのほうです。読んで字のごとく，求職者がもっている能力と，企業が必要とする能力とのマッチングを指します。たとえば，ある企業において大量のデータを統計学的手法に基づいて分析するデータサイエンティストの採用を行っている場合，企業側が求めるのは，数量データの解析に関心をもち，かつそうした能力を十分にもつ人であることでしょう。もしそうでない人が入社した場合，その人がそこで能力を発揮することは難しくなります。個人がもっている能力と会社が要求している能力とがマッチしているからこそ，そこでいきいきと働き，満足のいく成果をあげられることでしょう。

　期待のマッチングが，主として募集段階において達成されるのに対して，能力のマッチングは選抜段階において重要になります。もちろん，企業側は募集段階で能力要件を明確に定義し，それを募集情報として提示することはできるのですが，実際には，能力のマッチングをエントリー段階で達成するのはきわめて難しいといわれています。というのも，求職者はもし企業が求める能力をもっていない場合であっても，それを偽ってエントリーをする可能性が十分にあるからです。TOEIC スコアのようにその能力をもっているかどうかが自明なものであればともかく，多くの場合，エントリー段階で個人の能力を見抜くのは至難の業でしょう。だからこそ，選抜段階では，適性検査や面接といったさまざまな選抜が用意されているわけです。

2.1.5　マッチングと日本の採用

　このように期待と能力のマッチングを行うことが，採用担当者の重要な仕事になるわけですが，日本の採用，とりわけ新規学卒者の採用の場合，これらのマッチングを実現させることはきわめて難しいのです。

　その理由は，第1に，日本企業においては採用の段階で個人が会社に対して何を期待し，反対に会社が個人に対して何を期待するのかということが，雇用契約のような文章の形でも，また口頭でのやりとりのようなインフォーマルな形においても，明確に語られることが滅多にないということがあります（服部，

2013)。募集情報の段階で配属されそうな部署や勤務地の候補などについて大まかに提示されることはあっても，具体的な「担当業務内容」や「給与水準」，配属される「支店名」などが，採用時点で明確に示されることは滅多にありません。多くの場合，募集段階においても選抜段階においても，期待のマッチングを図るために本来必要であるはずのこうした情報が開示されず，求職者としては，採用後にはじめてそうした点について理解することになっているのです。つまり，組織と個人の間に，期待のマッチングを図るために十分な情報交換がないままに，いわば「空白の石版のような」雇用契約に合意し，契約の中身については採用後にその詳細が書き加えられていく，というのが日本の採用の現実といえるのです（濱口，2009）。

　第2の問題は，日本の企業においては，採用段階における能力のマッチングもまた，曖昧になりがちだということです。学卒者を定期一括採用する日本の採用の場合，採用時点で求職者がもつ職務遂行能力が未知であることが多く，採用時点で「優秀な人」を見極めることが難しいのです。したがって企業は，採用時点で「優秀な人」ではなく，採用後に「優秀な人」になるための訓練コストがもっとも低い人材，換言すれば，「訓練可能性（trainability）」の高い人材を採用することになります。つまり日本の採用とは，訓練可能性の高い人材の獲得を巡る競争になるわけですが（永野，2004），この「訓練可能性」のシグナルとして注目され続けてきたのが学歴に他なりません。「高い学歴は訓練可能性の高さを表すシグナルである」という言説は，それが現実を反映したものであるかどうかに関わりなく，日本の採用における一種の神話として信じられてきたように思います（竹内，1995）。

　欧米と同じように，日本においても期待や能力のマッチングが重要であることは間違いありませんが，日本の採用の特徴ゆえに，どうしてもこれらのマッチングが曖昧なものになりがちです。

2.2　選抜の本質的な難しさ

　さて，募集をいかにうまく設計したとしても，求職者集団の中には，自社に

とって魅力的ではない求職者，自社には合わないような求職者がどうしても含まれてしまいます。そこで企業としては，求職者集団の中から，自社にとって優秀で魅力的な求職者を選り分ける必要があるわけですが，この選抜という作業がなかなか難しいのです。それは2つの理由によります。

　1つ目の理由は，その人材が優秀で魅力的な人材であることを確認するために必要なすべての情報を，企業側がもっていないからです。自社にとっての人材の「優秀さ」や「魅力」を定義したとしても，それを判断するだけの十分な情報を企業が手にできるとは限りません。企業に自分を売り込みたい求職者は，自分自身をよりよくみせようという動機を強くもっていますので，エントリーシートや面接などで彼（女）らが発する言葉をどこまで真に受けていいのか，わからないのです。適性試験のようなものであれば，情報を意図的に偽る動機はあまりないかもしれませんが，それによって測定されるものと，企業が知りたい「優秀さ」や「魅力」とが，本当に一致しているかどうかわかりません。そのため，企業としては，エントリーシートや履歴書の記載内容，面接でのやりとり，適性試験の結果などの断片的な情報をつなぎ合わせ，総合的に，求職者の優秀さなり魅力度なりを推測していくことになります。

　2つ目の理由は，そもそも採用時点でその人材の優秀さを直接確認することはできない場合が多い，というものです。すでに他球団で実績を上げたプロ野球選手を獲得する場合のように，人材の優秀さがクリアになっている場合はともかく，企業における採用の場合，その人が本当に優秀であるかどうかということを，採用時点で完全に知ることはできません。とくに新卒採用の場合，会社の中で仕事をした経験がないですから，実際に優秀な人材であるかどうかなど，本人ですらわかっていないでしょう。したがってこの場合も，企業は，採用時点で手に入る断片的な情報から，採用担当者の経験や勘，あるいは適性試験の分析データなどを総動員して，「優秀さ」や「魅力」を推測していることになります。

　このように「既知の情報に基づいて人材の優秀さや魅力度を推測する」しかないということが，選抜の本質的な難しさだといえるでしょう。

2.3　具体的な選抜の進め方

　選抜では，主として個人の能力のマッチングが行われるといいましたが，こ
こでいう能力には，論理的思考や知識量，性格特性，仕事への動機など，実に
さまざまなものが含まれます。欧米の場合，職務を遂行するための能力を
KSAO（知識量（Knowledge），スキル（Skills），職務遂行能力（Abilities），そ
の他（Others））といった形に分類した上で，それぞれについてさまざまな選
抜手法を駆使して測定を行うことが多いのですが（Spector, 2008），日本の場
合は，こうした点を総合的に判断することで，最終的な採否が決定されるわけ
です。では実際の選抜は，どのように行われているのでしょうか。

　選抜は大きく分けて，エントリーしてきた求職者集団を絞り込むスクリーニ
ングと，求職者一人ひとりについて採用か不採用かを決定する意思決定とに大
別されます。自社にエントリーしてきた多数の求職者について，何らかの基準
により集合的に絞り込みをかけるのが前者，そうして絞り込まれた一人ひとり
の求職者の「優秀さ」を見極めていくのが後者にあたります。

2.4　スクリーニングに用いられるツール

　応募者すべてについて，面接のような時間のかかる選抜を実施することはで
きないわけですから，多くの場合，それに先立って求職者のスクリーニングが
行われます。日本企業を対象としたこれまでの調査では，スクリーニングの手
段としてしばしば活用されるのは，紙ベースの適性試験（全体の 50% 以上の
企業が実施），筆記試験や小論文（全体の 20% 以上が実施），エントリーシー
ト審査（全体の 40% 程度が実施）といったツールが活用されることがわかっ
ています（図 2.2）。ただ，この段階でどれくらいの絞り込みを行うか，とい
うことに関しては企業によってかなりの差がみられるようです。面接前の段階
で内定予定者数の 2 倍程度まで絞り込む企業もあれば，内定者数の 15 倍もの
求職者を残す企業もあります。1 回あたりの面接時間は，おおむね 15〜30 分
で，それが 1 人の求職者に対しておよそ 2〜3 回実施されるようです。つまり，

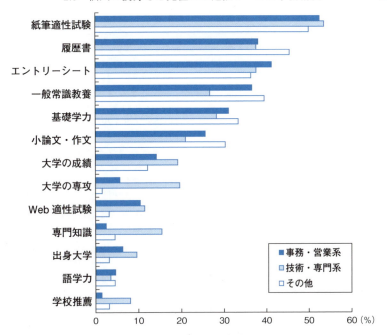

図 2.2　採用面接前のスクリーニングに活用される要素（労働政策研究・研修機構，2006）

多数の求職者集団を種々の適性試験やエントリーシートによって絞り込み，残った求職者に対してトータル 30 分から 90 分の面接を行うことで，最終的な候補にまで絞り込む，というのが日本企業の選抜の平均的な姿といえそうです。

2.5　個人の優秀さを見極める選抜ツールと予測精度

　このようにして絞り込みを行った上で，一人ひとりの求職者について，採用か不採用かを決定する意思決定を行う必要があります。これには，能力テスト，構造化面接，非構造化面接，ワークサンプル，シチュエーショナルジャッジメント，アセスメントセンターといったさまざまなツールがあり，アメリカではこれらそれぞれについて，能力の評価手法としてどのような問題があり，どのようにデザインすることでそれを克服できるのか，それぞれがどの程度将来の仕事業績を予測するかということに関する研究が蓄積されています。これによ

表 2.3 各選抜ツールと業績の予測精度

選抜手法	方 法	測 定 対 象	妥当性係数
認知的能力テスト	紙・ペンあるいは PC ベース。	ロジック，読解力，言語的数学的推論，知覚能力。	.51
構造化面接	標準化された質問に対する反応をみる。	さまざまなスキルと能力（とりわけ対人スキル，LDSP スタイルなどの非認知的スキル・能力）。	.51
非構造化面接	標準化された質問ではなく，求職者ごとに違った質問をして反応をみる。	さまざまなスキルと能力（とりわけ対人スキル，LDSP スタイルなどの非認知的スキル・能力）。	.31
ワークサンプル	実際の仕事のサンプルをさせて成果をみる。	仕事スキル（例：機器の修理，計画）。	.54
職務に関する知識テスト	多選択式解答，エッセイタイプ。	職務に求められる（主として技術的な）知識の体系。	.48
シチュエーショナルジャッジメント	短いシナリオを読ませて（あるいは映像を見せて），どのような判断・行動が望ましいかを尋ねる。	多様な非認知的スキル。	.34
アセスメントセンター	実際の仕事内容やそこでの問題を反映した仕事サンプル，エクササイズをさせる。認知的テスト，パーソナリティインベントリー，職務に関する知識テストなども行うことが多い。	知識，スキル，能力。	.37

妥当性係数は 0〜1 の値をとり，値が大きいほど，その手法の業績予測力が高いことを表します。

れば，将来の仕事業績の予測力がもっとも高いのは，求職者に対して実際の仕事のサンプルをさせる「ワークサンプル」であり，「構造化面接」や「認知的能力テスト」がそれに次いで高い予測力をもっています（表 2.3）。

2.6 選抜ツールとしての面接

スクリーニングの過程で得た情報を総合しつつ，求職者のパーソナリティや職務遂行能力，企業との適合性を総合的に判断することを目的としたツールが面接です。アメリカでは，古くから多数の研究が蓄積されており，すでに述べ

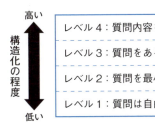
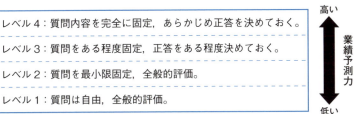

構造化の程度 高い↕低い	レベル4：質問内容を完全に固定，あらかじめ正答を決めておく。
	レベル3：質問をある程度固定，正答をある程度決めておく。
	レベル2：質問を最小限固定，全般的評価。
	レベル1：質問は自由，全般的評価。

図2.3　面接の構造化と業績の予測力（Huffcut & Cullbertson, 2010 を参考に筆者作成）

たように，面接によって求職者の将来の業績をある程度高い精度で予測できることが報告されています（Wright, 1969）。

　面接は大きく分けて，求職者に対して質問する内容を，事前に周到に作りこんでおく「構造化面接」と，質問の内容を面接における求職者の回答や話の流れに合わせて柔軟に変更する「非構造化面接」とに大別されます。構造化面接においては，面接の手順や質問内容が標準化され，面接者による主観の入り込む余地が可能な限り排除されます。また面接においてどのような能力を評価して，それをどのように点数化するかということも，明確に定められています。これに対して，非構造化面接においては，実際の面接の手順や質問内容，能力の評価の仕方など，多くの部分が面接者の裁量にゆだねられることになります。すでに述べたように，求職者の将来の業績を予測する上では，構造化面接のほうが非構造化面接よりも優れていることがわかっています（図2.3）。

2.7　面接による選抜の落とし穴

　このように，面接が将来の業績を予測する上で非常に有望であることを示す結果が示されている一方で，面接による選抜にはいくつかの落とし穴があることを示す研究結果も得られています。

1.　ステレオタイプの形成

　面接者は，優秀な求職者に関するステレオタイプをもっており，求職者をそれに当てはめる傾向がある。そのステレオタイプに合致すれば優秀，合致しなければ優秀ではないと判断されてしまう。こうした傾向は，経験のある面接者

ほど強い。

2. 即自的決定

　面接者は，面接の早い段階（面接開始後およそ4分以内）に，求職者に対する評価を形成してしまい，それがそれ以降の評価に影響を与える。そして一度形成された評価は，容易には覆らない。

3. ネガティブな情報への注目

　面接者は，誤って優秀な人材を不採用にすることよりも，誤って優秀でない人材を採用することを恐れる傾向がある。そのため，採用は「減点方式」に偏りがちになる。その結果，特定の分野において非常に優れているが，欠点の多い人材よりも，すべてにおいてそこそこの人材を採用する傾向がある。

4. 確証バイアス

　履歴書，適性検査得点などの情報が面接開始前に提示されると，その情報を知っていることで求職者に対するイメージ・先入観が形成されてしまい，その人に対するステレオタイプ的な見方をしてしまう。

5. 非言語的行動の影響

　多くの企業が面接においては，能力や期待が評価されるはずである。しかし，実際の面接では，「姿勢」「身振り」「アイコンタクト」「表情」「服装」「容姿」「化粧」など，正式な採用の要件となっていない部分が影響を与えることがわかっている。しかも，面接者本人は，自分自身の評価がそうした非言語的な行動によって影響されていることに気づかないことが多い。

　ここでは面接の問題点を取り上げましたが，能力テストには能力テストの，ワークサンプルにはワークサンプルの問題があるのです。人間が，自分を相手に実際以上によくみせようという動機を強くもった他の人間を，限られた情報に基づいて評価する以上，どのような選抜ツールにも必ず問題が存在するのです。

　個々の選抜ツールの限界を超えて，予測精度の高い選抜をするためには，まず企業にとって必要な人材とはどのような人材であるのかを明確にすること，次にそうした優秀さはどのようなツールによって測定することができ，またそ

のツールでの測定にはどのような限界があるのか，他のどのツールを併用することでその限界を克服することができるのか，といったことを企業が真剣に考えることが重要になるでしょう。

　このように，人間が人間を評価することの限界を理解しつつも，少しでも高い予測力，少しでも良い組織と個人の出会いを目指すことが，採用活動の面白さであり，大変さでもあるのです。

復 習 問 題

1. 企業は，何のために人材を採用するのでしょうか。企業が採用を行う目的を説明してください。
2. 「期待のマッチング」「能力のマッチング」とは何か，説明してください。
3. 面接によって，将来の業績の予測力を高めるためにはどうすればよいか，説明してください。

参 考 図 書

金井壽宏（2002）．働くひとのためのキャリア・デザイン　PHP 研究所

　キャリア・デザインという切り口から，日本の採用の問題を眺めた一冊です。これから社会へと飛び出す個人の視点から，「期待のマッチング」の問題を議論しています。

常見陽平（2015）．「就活」と日本社会——平等幻想を超えて——　NHK 出版

　日本の就職活動の問題点に社会学の立場から切り込んだ一冊です。一見すると「平等」であるかのようにみえる日本の採用（就職）の背後に，どのような「不平等」が存在するか，ということを丁寧に議論しています。

本田由紀（2005）．多元化する「能力」と日本社会——ハイパー・メリトクラシー化のなかで——　NTT 出版

　教育社会学者が，日本企業が評価しようとしている「能力」の問題について分析した一冊です。能力のマッチングの曖昧さが，組織と個人にどのような問題をもたらしているのかということを，実証研究のデータを基に議論しています。

第 3 章

人事評価

　組織メンバーの現状の業績，行動，能力，知識などの評価をもとに，メンバーは成果に見合った報酬の獲得，適性や能力に合った仕事への取組み，成果の向上を目指した能力の開発やキャリアの展開が可能になります。この章では，最初に人事評価の役割について理解してもらいます。次に，何を評価するのか，誰が評価するのか，どのようなプロセスで評価が行われるのかについて解説します。最後に，効果的な人事評価システムに向けての取組みを説明します。

3.1　組織における人事評価の役割

　企業などの組織に勤めるメンバーの業績や能力，仕事に取り組む職務行動などを評価することは，人事評価（人事考課）とよばれます。この人事評価が組織において果たす役割を，「組織レベル」のものと「個人レベル」のものとに分けて説明します（図 3.1）。

3.1.1　組織レベルの役割

　組織では，個々のメンバーの成果に関わる評価情報をもとに部門や部署の成果が把握され，それら部門，部署の成果の評価が組織目標の達成度のマネジメントに利用されます。人事評価が組織目標の達成度のマネジメントに果たす役割をよく現しているのが目標管理制度です。

　人のマネジメントも組織レベルの人事評価の役割に含まれます。組織では人事評価を以下の決定時に利用します。

- 昇給や賞与……給与や賞与（ボーナス）の額を決めます。
- 昇格や昇進……従業員の能力，職務の困難度や責任度をもとに従業員をラン

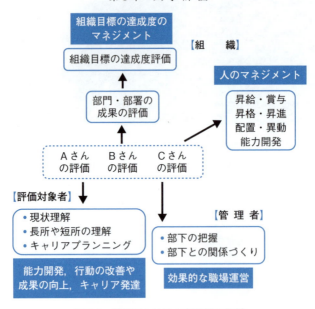

図 3.1　組織における人事評価の役割

クづけする等級制度における等級や職位（たとえば，係長→課長→部長）の上
昇（下降もあり得る）を決めます。

● 配置や異動……職務，職場，勤務地の変更を決めます。

● 能力開発……教育訓練などの能力開発に関する活動への参加を決めます。

　日本では昇給や賞与，昇格や昇進の決定に人事評価が反映されることが多い
です。

3.1.2　個人レベルの役割

　評価対象者は，人事評価をもとに，自分の長所や短所を含めた現状の能力や
スキルなどを理解できます。これにより，学習や能力開発が促され，行動の変
化や成果の向上につなげることができます。また，評価を通して自身を理解す
ることで，自らの適性に基づくキャリアプランニングに生かすことができます。

　評価を下す管理者側にも，人事評価を行うメリットがあります。管理者は，
人事評価という制度があるために，定期的に，公式に，部下と1対1で評価に

ついて話し合う人事評価面談を行わなければなりません。その面談があるので，管理者は日常業務場面での個々の部下の職務行動や成果に注意を払うようになります。柳澤（2013）は，評価対象者へ評価の理由を説明する義務があると伝えられた条件の評価者は，評価対象者の仕事に関わる情報をより多く記憶することを見出しています。面談での話し合いにより個々の部下のより深い把握や部下との生産的な関係づくりも可能となります。これらのことは，効果的な職場運営に役立ちます。

3.2 評価される内容

　人事評価では，成果と成果に関わる要素が評価されます。ここでは，まず成果をおさめる過程を説明します。その上で，評価の内容を理解してもらいます。

3.2.1 成果を生み出す過程

　組織のメンバーが仕事に取り組み，成果をおさめる過程が図 3.2 に示されています。メンバーの知識，能力，特性は，そのメンバーの職務遂行行動を決める主要な要因です。職務遂行行動は個人の成果やチーム・職場の成果に影響します。メンバーがどのような職務遂行行動をとるのかは，モチベーションによ

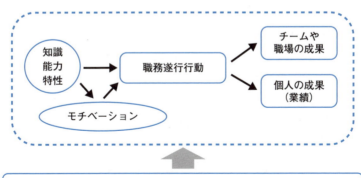

図 3.2　仕事の成果が生み出されるまでの過程

って変わります。モチベーションが高い場合には，その人の知識，能力，特性は大いに発揮されますが，モチベーションが低い場合には，たとえ高い能力をもっていたとしても効果的な行動が引き起こされない可能性があります。

　メンバーが成果をおさめる過程は，職場，上司のリーダーシップ，同僚との人間関係，人事施策など仕事を進める環境からの影響を受けます。

3.2.2　評価の内容

　図 3.2 の中で，メンバーの成果と成果に至る複数の要素（職務遂行行動，その行動に影響する知識や能力など）が人事評価において評価されます。日本ではその評価内容を，1. 業績（成績，成果），2. 能力，3. 行動（態度・情意）に分類することが多いです。

1. 業績（成績，成果）評価

　仕事でおさめた仕事の量や質が評価されます。目標管理制度では，目標達成度の評価が業績評価にあたります。

2. 能力評価

　仕事において発揮した能力や現在保有している能力が評価されます。たとえば，企画力，判断力，指導力などです。

3. 行動（態度・情意）評価

　仕事を進める行動や仕事に取り組む姿勢が評価されます。たとえば，協調性，積極性，責任性，規律性などです。

　評価の内容は，同一企業であっても，職種によって異なります。また，評価対象者の等級によっても変わってきます。たとえば，入社 1 年目の社員と入社5 年目の社員では，保有する知識やスキルの内容，レベルが異なることから，社内での等級は異なります。その等級に合わせて仕事の内容や期待されるレベルも違いますので，評価の内容も変わります。

　近年の日本の傾向としては，メンバーの潜在的特性ではなく，観察できる行動を評価することが重視されています。それらは発揮された能力，業績につながる行動，あるいはコンピテンシーとよばれることもあります。また，業績だけでなく，業績に至るプロセスを評価することの重要性が再認識されています。

ところで，海外ではどのような内容が評価されているのでしょうか。人事評価についての研究のうち，評価されたパフォーマンス次元について概念的に類似した次元をまとめた研究（Viswesvaran et al., 1996；Viswesvaran et al., 2005）によると，対人関係能力，運営能力，仕事の質，生産性（仕事の量），努力，職務知識，リーダーシップ，権威に対する準拠や受容（規律性），コミュニケーション能力が評価されていることを明らかにしています。やはり日本の企業と同じような内容が評価されているようです。

3.3 人事評価の実施者

評価対象者を評価する人は，上司（管理者）であることが多いです。しかし，評価対象者の行動を，上司だけでなく部下，同僚，顧客も観察できます。最近では，自己評価を含め，同僚（先輩や後輩を含む），部下，顧客が評価対象者を評価する**360度フィードバック**（**多面観察評価**などともよばれます）を実施している企業も見受けられるようになりました。

図3.3には，ある企業で実施されている360度フィードバックの評価結果例が示されています。この評価例のように，上司，同僚や部下・後輩，社内関係先からの評価が違っていると，自分を多面的にとらえることができます。多面

経営管理職 多面観察評価報告書 －あなたの能力開発のために－　2/3

所属　帝人ファーマ株式会社　創薬部門　社員No.　氏名

この報告書は，あなたが自分自身の職務遂行能力・行動様式を認識し，今後どのような能力開発や行動をとったらよいかを，積極的に考えていただく一つの参考資料として作成したものです。

あなたが日頃の能力発揮度や行動を整理し自分自身を見つめ直すとともに，担当職務を進めていく上での一資料として，この報告書を役立てていただければ幸いです。

点数の見方 → 4：そのとおり　3：ややそのとおり　2：その逆に近い　1：その逆

能力・資質		設問	実施年	本人評価値	上司・斜め上司		同僚・部下後輩		社内関係先		合計（本人を除く）							評価
											評価数（人）						平均値	
					平均値	評価数（人）	平均値	評価数（人）	平均値	評価数（人）	そのとおり	ややそのとおり	その逆に近い	その逆	分からない	合計		
戦略策定力	長期的視野	変化を先取りし，先をにらんだ仕事をしている	2003	3	3.0	3	3.4	8	3.5	2	4	9	0	0	0	13	3.31	◎
			2000	3	4.0	3	3.2	6	4.0	2	7	3	1	0	0	11	3.55	◎
	変革姿勢	評論家ではなく，自ら行動を起こして変革しようとしている	2003	3	3.0	3	3.0	8	3.0	2	3	7	3	0	0	13	3.00	○
			2000	3	3.3	3	3.4	5	4.0	2	5	5	0	0	0	10	3.50	◎
		前例にかかわらず，人がやっていないことに挑戦するチャレンジングな姿勢がある	2003	3	3.0	3	2.8	6	2.5	2	2	5	4	0	2	13	2.82	△
			2000	3	3.3	3	3.0	5	3.0	2	1	9	0	0	0	10	3.10	○
	向上意欲	現状維持に満足せず，高い目標を持ち，達成するための努力をしている	2003	3	3.0	3	3.4	8	2.0	2	4	6	3	0	0	13	3.08	○
			2000	3	3.7	3	3.0	4	3.5	2	3	6	0	0	0	9	3.33	◎
	平均		2003	3.0	3.0		3.2		2.8								3.06	○
			2000	3.0	3.6		3.2		3.6								3.38	◎
実行力	使命感・責任感	困難な状況においても，最後まで粘り強く完遂に向けて努力している	2003	3	4.0	3	3.3	8	3.5	2	6	7	0	0	0	13	3.46	◎
			2000	3	3.3	3	3.2	6	3.5	2	4	6	1	0	0	11	3.27	○
	決定・決断力	自らの責任で，意思決定・決断を迅速かつ適切に行っている	2003	2	3.3	3	3.5	8	2.0	2	5	7	0	1	0	13	3.23	○
			2000	3	3.7	3	2.8	6	3.0	2	3	6	2	0	0	11	3.09	○
		前例や慣行にとらわれず，思い切った決定・決断をしている	2003	3	3.0	3	2.7	6	2.0	2	1	5	5	0	2	13	2.64	△
			2000	―	3.0	3	2.8	6	3.0	1	1	7	2	0	0	10	2.90	△
		必要なときには非情な決断も下せる	2003	3	2.7	3	3.3	7	2.5	2	3	6	3	0	1	13	3.00	○
			2000	3	3.3	3	2.5	4	3.0	1	2	4	1	1	0	8	2.88	△
		安易に上を頼らず，自分で決めるべきことを決めている	2003	3	3.3	3	3.6	8	2.0	2	6	6	0	1	0	13	3.31	◎
			2000	3	3.0	3	3.2	5	4.0	1	2	7	0	0	0	9	3.22	○
		決定・決断した内容は周囲に信頼されるものである	2003	3	3.7	3	3.4	7	3.0	2	6	5	1	0	1	13	3.42	◎

図3.3　360度フィードバックシート（労務行政研究所（編），2011）

的な把握は自己理解を深めること，そして行動の変化を促します。このような
特徴から，360度フィードバックは，個人の処遇の決定に用いられる場合より
も，個人の成長や自己開発を目指して実施されることが多いです。

　ただし複数の評価者による評価が異なる場合には，それらをどのように解釈
し，利用すればよいのかわからなくなってしまいます。このため，評価結果の
解釈や利用方法についての指針が示されることが必要です。

3.3.1　直属の上司による評価

　直属の上司（管理者）は，職場の仕事をマネジメントしていますので，部下
の仕事内容をよく理解していますし，部下に期待する行動や成果のレベルを明
確に意識しています。また，対面で，あるいはメールなどを通じて，接触する
機会も多いです。そのため，直属の上司による評価は，同僚や部下による評価
よりも信頼性が高いようです（Viswesvaran et al., 1996）。

　上司が信頼性の高い評価を行うことができるといっても，限界もあります。
共に仕事をしている同僚のほうがよく知っている行動もあるためです。

3.3.2　自 己 評 価

　一般的な人事評価に，自己評価が含まれることも多くなりました。自己評価
は他者評価とあまり一致しないようです（Mabe & West, 1982）。上司による
評価よりも自己評価は高くなる傾向があることがメタ分析によって示されてい
ます（Heidemeier & Moser, 2009）。ただし，この知見は，海外の研究結果を
もとに導き出されたものですので，自分を控えめに評価する文化をもつ日本で
は，異なる結果が得られる可能性は考えられます。オストロフら（Ostroff et
al., 2004）は，性別，人種，年齢によって，自己評価と他者評価の一致度は異
なることを見出しています。

3.3.3　同僚による評価

　同僚は，直属の上司と同じく，評価対象者の行動を観察する機会が豊富にあ
ります。そのため，同僚による評価と直属の上司による評価はある程度一致す

るようです（Conway & Huffcutt, 1997 など）。

　しかし，同僚は限られた報酬を巡って評価対象者と潜在的な競争関係にあるため，評価を歪める可能性があることを考慮する必要もあるでしょう。

3.3.4　部下による評価

　部下による評価もまた上司による評価とかなり類似したものになるという研究結果があります（Riggio & Cole, 1992）。一方で，それらの一致度は低い傾向がみられるという研究結果もあります（Conway & Huffcutt, 1997）。

　最近では，管理者などのリーダーシップ能力育成の研修に，部下の評価が利用されることも多いようです。

3.4　評 価 形 式

評価を行う方法は，絶対評価と相対評価に分けることができます。

3.4.1　絶 対 評 価

　組織から示された基準をもとに組織メンバーを評価する方法が絶対評価です。評価対象者の直属の上司が評価を行う 1 次評価は，絶対評価でなされることが多いです。

1. 図式尺度法

　図式尺度法は，図 3.4 の通り，評価項目（評価次元）ごとに設定された優劣を示すレベルの中で，評価対象者の行動や能力などをもっとも良く示すレベル

評価項目	レベル				
	S	A	B	C	D
	期待を大きく上回る	期待を上回る	期待通り	期待を下回る	期待を大きく下回る
チームワーク	☐	☐	☐	☐	☐

図 3.4　図式尺度の例

を評価者に選択させるものです。多くの企業で図式尺度法が採用されています。

2.　行動評定尺度

　優劣を示す各レベルを具体的な職務行動例で示し，評価対象者の行動に当てはまる行動例を含んだレベルを評価者に選択させる方法が行動評定尺度（Behaviorally Anchored Rating Scale；BARS）法です。図 3.5 にこの尺度例を示しています。各レベルを表す代表的な行動例は，クリティカル・インシデントとよばれています。クリティカル・インシデントとそのレベルを決めるプロセスには，組織のメンバーが参加するため，現実場面に即した実用的な尺度となります。しかしこの尺度の作成は，煩雑でコストがかかるというデメリットもあります。

3.　チェックリスト

　評価者にポジティブな行動やネガティブな行動の記述を読んでもらい，評価対象者の行動として当てはまるものをチェックしてもらう方法です。各行動に

評価項目	レベル	行動例	評　価
チームワーク	S	● チームのために多くの仕事を行ったり，期待以上の質の高い仕事を行っている。 ● チームの仕事をより良いものにするために，重要な役割を果たしている。 ● 仕事がうまく進んでいないチームのメンバーの仕事が完了するのを助けている。	
	A	● SとBの間の行動を示す。	
	B	● チーム内で公平に割り当てられた仕事を期待通りのレベルで行っている。 ● コミットメントを維持し，仕事の期限を守って課題を遂行している。 ● チームメンバーの代わりをするのが容易なときやそれが重要なときは，それを行う。	
	C	● BとDの間の行動を示す。	
	D	● チーム内で公平に割り当てられた仕事を行っていない。愚痴を言ったり，仕事が不完全である。 ● 仕事の締切りを忘れる。チームの会議に遅れたり，休んだり，準備不足であったりする。 ● チームのメンバーを助けない。仕事が難しくなると，放棄してしまう。	

図 3.5　**行動評定尺度の例**（Ohland et al., 2012 をもとに作成）

情報システムマネージャー

チェック欄	行動記述	得　点
	データのバックアップやユーザーのためのマニュアルの整備を効果的にできる。	+8.5
	定期的に，ユーザー，開発者，技術者と話し合う。	+6.7
	技術の進展についていけている。	+4.4
	1週間に40時間職場で働いている。	+1.5
	生じる可能性のある問題を予期していない。	−1.2
	予算を気にしていない。	−2.4
	職場でめったにリーダーシップを発揮しない。	−4.6
	必要な改善を実行できない。	−6.7

図 3.6　チェックリストの例（Levy, 2012 をもとに作成）

は，図 3.6 の通り，数値が割り当てられています。チェックされた行動の数値を合計することによって，評価対象者の総合評価が算出されます。

3.4.2 相 対 評 価

複数の評価対象者同士を比較することで評価を決定する方法は，相対評価とよばれます。評価対象者の直属の上司のさらに上の上司が行う2次評価は，相対評価であることが多いです。

1. 順 位 法

同一の部署に所属する複数の評価対象者を，評価項目ごとに優秀な人から順に順位をつける方法です。

2. 一対比較法

全評価対象者について，総当たりの組合せ対を作り，その対ごとに優劣を比較し，優れているほうに1点を，そうでないほうに0点を与えます。最終的に評価対象者ごとに合計点数を算出し，順位をつけていきます。

3. 強制分布法

図 3.7 に示すように，あらかじめ各評定段階に含める人数の分布の割合を固定し，評価対象者を各段階の既定人数分に割り当てる方法です。

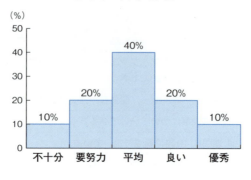

図3.7　強制分布の割合例

3.5　評価のプロセス

　人事評価のプロセスは，評価者が評価対象者に関わる情報を処理する過程ともいえます。この過程を理解することで人事評価に伴うエラーをよりよく理解できます。

3.5.1　評価者の情報処理過程

　人事評価は時間をかけて行われます。評価者は，日常の仕事の場面で，評価対象者の行動を観察します。この観察期間は6カ月程度のことが多いです。観察，収集された情報は，符号化（情報を記号に変換）を経て記憶されます。期末の評価の際には，評価者は，記憶した情報を想起し，その情報や行動メモ，実績が評価できる資料をもとに評価対象者の評価を行います（図3.8）。

　想起された情報や資料の情報が必ずしもそのまま評価に反映されるわけではありません。評価者は，下した評価により影響を受け得る評価対象者の処遇やキャリア，モチベーション，評価対象者との今後の関係などについて考慮した上で，調整した評価を評価シートに記載することがわかっています。とくに，低い評価は評価対象者にとってネガティブな結果を生み出すので，評価者は評価対象者を低く評価していたとしても，評価シート上ではそれよりも高い評価に調整する傾向があります（Longenecker et al., 1987 など）。

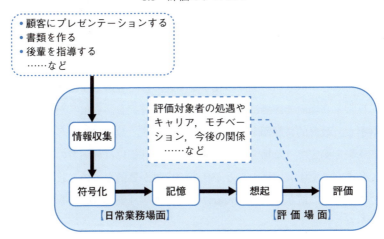

図 3.8　評価者の情報処理過程

3.5.2　評価のエラー

　成果が数値で現れる業績の評価に関しては，期首に具体的な目標を設定し，目標達成度に関わる具体的な評価基準を決めることができます。この場合には，期末の評価はそれほど難しくはありません。たとえば，以下のようなケースです。

目　　標：新規契約数を前年比 20% 以上増やす
評価基準：5（目標を大きく上回る）……40% 以上
　　　　　4（目標を少し上回る）………30% 以上〜40% 未満
　　　　　3（目標通り）………………20% 以上〜30% 未満
　　　　　2（目標をやや下回る）………10% 以上〜20% 未満
　　　　　1（目標を下回る）……………10% 未満

　評価対象者が，新規契約数を前年比 25% 増やした場合には，評価は「3」となります。
　では，能力や行動を評価する場合はどうでしょうか。これらを評価するとき

に企業が示す評価項目や基準は，各メンバーが取り組む仕事に固有のものではなく，さまざまな仕事（たとえば，経理，営業，企画，など）に当てはまるように，抽象的な内容となっています。評価者はその抽象的な評価項目や評価基準を評価対象者が取り組む実際の仕事と関連づけて理解しなければなりません。そして日常業務場面で評価に必要な情報を取捨選択し，収集した情報の良し悪しを解釈し，最終的に評価を下すことになります。数値による客観的な基準によって成果を測定できる場合を除いては，人事評価には評価者の解釈，主観が入ってしまうのです。同様のことが仕事の成果が質的なものとして現れる際にも生じます。人の解釈や主観が入ることで，人事評価にはしばしば次のようなエラーがみられます。

1. ヘイロー（ハロー）効果

　評価対象者の特定の特性や全体的な印象が，複数の評価項目の評価に影響してしまうエラーです。あることに秀でていると他の側面も優れていると評価されたり，優秀な人はすべての側面で優れていると評価されることがこれに当てはまります。

2. 分布のエラー

　評価尺度の特定の部分に評価が集中するのが分布のエラーです。どの評価対象者に関しても，評価尺度の高い部分に評価が集まる「寛大化」，評価尺度の中心部分に評価が集まる「中心化」，評価尺度の低い部分に評価が集まる「厳格化」があります。

3. 新近性効果

　最近観察した行動に重きをおいて評価を下すエラーです。人は時間的に近接したことをよく覚えていることから生じます。

3.5.3　評価者の情報処理と評価のエラー

　人事評価のエラーには，評価者の情報処理のあり方が大きく影響します。評価に必要な情報が収集できない，収集した情報に偏りがある，適切な情報の解釈ができない，情報を忘却する，一部の情報だけを想起して評価を下す，などにより，的確な評価ができなくなります。情報処理に影響を及ぼす要因は，図

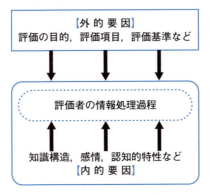

図 3.9　評価に影響を及ぼす要因

3.9 に示す通り，評価者にとって外的要因と内的要因に分けることができます。

1. 外 的 要 因

　外的要因としては，評価の目的，評価項目，評価基準などがあります。これらは，組織が評価者に明示するものです。評価者は基本的にそれらを拠り所として評価を行います。

(1) 評価の目的

　評価者は，評価の際に示される評価目的に応じて情報処理，そして評価を下すと考えられます（Murphy & Cleveland, 1995）。柳澤と古川（2004）は，評価目的の明示が評価対象者に関わる情報の記憶を増加させることを見出しています。また，処遇の決定のために評価を行う場合は，能力開発を目的として評価を行う場合よりも，寛大な評価が下されることがわかっています（Jawahar & Williams, 1997）。

(2) 評 価 項 目

　提示された評価項目に関わる情報を評価者は優先的に処理します。たとえば，判断力という評価項目を評価するように指示されれば，判断力に関わる情報を選択的に収集し，処理するようになります。

(3) 評 価 基 準

　評価基準の提示のされ方からも評価者の情報処理過程は影響を受けます。試しに過去に皆さんと協力して課題を遂行したことのある人を思い浮かべ，その

人のチームワークを評価してみましょう。その際に先に示した評価のレベルの
みが示されている図3.4の評価尺度と，評価レベルごとに具体的な行動例が書
かれている図3.5の評価尺度を使ってみてください。各々の場合で，想起する
情報や評価が違っていたかもしれません。評価基準の提示方法が異なれば，情
報処理の内容も違ってくるのです。

　上記以外にも，メンバー同士の仕事の依存性（Liden & Mitchell, 1983）や
評価対象者の印象操作（Wayne & Kacmar, 1991）などの外的要因も評価者の
情報処理過程を通じて評価に影響します。

2. 内的要因

(1) 知識構造

　内的要因のうち，とくに評価者の情報処理過程に大きな影響を及ぼすのが，
評価者がもつ知識構造（スキーマ）です。

　たとえば，ある管理者が「仕事でもっとも重要なことは成果を残すことだ」
という考え（知識）をもっていたとします。その管理者は，日常業務場面で部
下の成果に関わる情報にとくに注目して記憶し，同僚を助けることや後輩を指
導する行動についてはあまり注意を払わないかもしれません。その結果，この
管理者は成果に関する情報をよく記憶し，評価の際にも成果に関する情報をよ
り多く想起する可能性があります。この結果として，他の評価項目の評価が，
成果の良し悪しに大きく影響を受けることもあり得ます。

　評価とは関わりのない知識が，評価に影響することもあります。たとえば，
評価対象者の性別，年齢，人種に関わる先入観が，情報処理過程に影響し，評
価を歪めてしまうことがわかっています（Stauffer & Buckley, 2005；Woehr
& Roch, 1996 など）。ただし，それらの知識の影響は，一般的に考えられてい
るほど大きなものではないと思われます（Arvey & Murphy, 1998；Bowen et
al., 2000）。

(2) 感情

　評価者の評価対象者に対する感情も，評価に影響を及ぼします（Robbins &
DeNisi, 1994 など）。好意を抱く他者に関しては，その人のポジティブな情報
が選択的に処理され，それらの情報が想起されやすいので，ポジティブな情報

に大きく影響を受けた評価が下されやすくなります。一方，苦手な評価対象者については，相対的にネガティブな情報が処理されるなどして，ネガティブな情報の影響を受けた評価がなされるのです。

(3) 認知的特性

　評価者の認知的な特性（能力）も情報処理過程，そして評価に影響を及ぼします。たとえば，選択的注意能力の高い評価者は，より正確な評価を下すことができることが示されています（Cardy & Kehoe, 1984）。

　評価のエラーを低減させるには，評価者が，評価に必要な情報だけを収集し，それらを適切に解釈し，正確に記憶することが不可欠です。評価項目や評価基準を熟知していることは，評価に必要な情報の収集や適切な解釈，記憶につながります。また，各評価対象者の日々の職務行動などを日誌に書いておくことにより，より正確な情報の想起，そして正確な評価が行われるようになることがわかっています（DeNisi & Peters, 1996）。

3.6　効果的な人事評価システム

　人事評価は，給与や昇進などの処遇の決定に関わるので，不満や不公平感がうまれやすい制度といえます。レヴィとウィリアムズ（Levy, P. E., & Williams, J. R., 2004）は，人事評価システムの効果性の測定指標として，①評価者のエラーやバイアス，②評価の正確さ，③評価に関わる反応をあげています（図 3.10）。これらの要因に関わるものとして，評価者訓練，評価の手続き，フィードバックについて説明していきます。

3.6.1　評価者訓練

　エラーやバイアスを低減させ，正確な評価を行うためには，評価者訓練が必須です。評価者訓練では，評価の目的，評価項目や評価の基準，評価のエラーについて，実例をあげて説明されることが多いです。ケースを基に実際に評価の練習を行うこともあります。

　バーナーディンとバックリー（Bernardin, H. J., & Buckley, M. R., 1981）

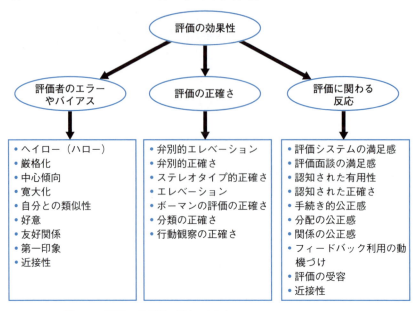

図 3.10　**評価の効果性に関わる要因**（Levy & Williams, 2004）

　によって提案された準拠枠訓練（frame of reference training；FOR）は，効果的な評価者訓練として知られています。準拠枠訓練では，評価者に適切な評価の枠組み（知識）である準拠枠を学習させます。評価項目とその項目に対応する具体的な行動，それら各行動の優劣のレベルを知識として獲得してもらうのです。この枠組みを評価者が自らのものとすることで，日常業務場面で評価者は評価に必要な情報を収集し，的確に解釈し，記憶できるようになります。準拠枠訓練は，評価の正確さを高める効果があることがわかっています（Roch et al., 2012 など）。

3.6.2　評価の手続き

　評価に関わる公正は，評価結果に対する公正（分配の公正）と人事評価の手続きに関わる公正（手続き的公正）とに分類できます。

　グリーンバーグ（Greenberg, J., 1986）は，人事評価の手続きに①評価の前に評価対象者から情報や意見などを求めること（意見表明），②面談中に評価

者と評価対象者の間で双方向のコミュニケーションがあること，③下された評価結果に対して評価対象者が異議申し立てできること，④評価者が評価対象者の職務内容について十分な知識をもっていること，⑤評価者が一貫した評価基準を適用することが含まれる場合に，「公正である」とみなされるという調査結果を報告しています。

3.6.3 フィードバック

近年，人事評価の基本的役割として，組織のメンバーや組織全体の成果を向上させることが重視されるようになっています。人事評価が組織のメンバーの成果の向上に寄与するのは，人事評価結果のフィードバックによって，長所や短所を把握し，行動の改善につなげることができるためです。

評価面談において，評価の数値的な結果を伝えるフィードバックを行うだけでは，評価対象者の行動の改善につなげることは難しいです。評価者は，評価対象者の今後の成長を念頭において，評価期間中の職務遂行行動の丁寧な振り返りを行い，良かった点や課題を話し合い，さらに今後効果的に課題遂行を行う方策について互いに意見を述べ合い検討することが望ましいです。

ムシンとビョンゴ（Mushin, L., & Byoungho, S., 1998）は，評価面談の際に，上司が評価対象者の今後の目標を明確に設定し，さらにその目標と評価対象者の仕事との関連を十分に理解させることで，評価対象者は評価面談を有用と認知することを見出しています。また，ネイサンら（Nathan, B. R. et al., 1991）は，今後のキャリアについての話し合いがあることで，評価対象者は評価面談を有用と認知することを明らかにしています。図 3.11 に示す通り，人事評価面談では，過去のことを話し合いますが，それを踏まえて今後のことを検討することで評価対象者の意識を未来に向けることが重要です。

図 3.11 **評価面談の枠組み**

復習問題

1. 人事評価は組織の中でどのような役割を果たしているかについて，組織レベルと個人レベルに分けて述べてください。

2. 人事評価では組織メンバーのどのような部分が評価されるのかを述べてください。

3. 人事評価の実施者とそれぞれの実施者が行う評価の特徴について述べてください。

4. 絶対評価と相対評価の違いについて述べてください。

5. 評価のエラーの種類について述べてください。また，評価のエラーに影響する要因について説明してください。

6. 効果的な人事評価を行うために組織が取り組むことができる事柄について述べてください。

参考図書

高橋　潔（2010）．人事評価の総合科学――努力と能力と行動の評価――　白桃書房

　人事評価について，実証的データなどをもとに，科学的な観点からまとめられています。

大沢武志・芝　祐順・二村英幸（編）（2000）．人事アセスメントハンドブック　金子書房

　人事評価を含めた組織における人のアセスメントの手法について網羅的に整理されています。

第 4 章

組織への適応と職務行動

　入社したばかりの社員にとって，会社という新しい環境にうまくなじめるかどうかは重要な問題です。就職活動中の苦労を思えば，せっかく入社できた会社をすぐに辞めるようなことは避けたいと考えるのは自然なことです。

　一方で会社側も，新人を採用するためには多大な労力，そしてお金や時間をかけています。採用した新人が戦力になる前に短期間で退職するという事態は避けたいものです。

　新人が組織に適応し，組織の一員として活躍できるようになることは，新人にとっても，雇った側の会社にとっても価値のあることと考えられます。また，最近は転職することが一般的になりました。定年退職後に再び新たな環境で働く機会も増加しています。長い職業人生において，多くの人が幾度かは新しい組織になじむための苦労を強いられるようになりました。新人が新しい組織に適応していく過程を解明する重要性は高まる一方です。

　組織にうまく適応する新人はどのようなことをしているのでしょうか。適応がうまくいく人といかない人の違いは何でしょうか。新人の多くが定着し，活躍する人材となる組織ではどのような働きかけを行っているのでしょうか。このような問いに対し，1960 年代半ばから現在に至るまで多くの研究者が，新人が組織に適応していく社会化に関する研究を積み重ねてきました。本章では組織への適応に関係する研究を多角的に考察します。

4.1　組織における社会化

　ヴァン=マーネンとシャイン（Van Maanen, J., & Schein, E. H., 1979）は，「組織での役割を担うために必要となる社会的な知識とスキルを個人が身につける過程」を組織社会化（organizational socialization）と名づけました。それ以降，新人の組織への適応を，個人が組織に適応するために学習するプロセス

としてとらえようという試みがなされてきました。具体的には新人は主に 3 つの事柄を学習します。

　第 1 に組織での役割を遂行するための行動です。「役割」とは「このようなことをしてほしい」といった行動についての組織，上司，同僚，顧客などからの期待のことです。新人は職場の中で自分は何をすべきか，複数のタスクの優先順位はいかにつけるのか，勤務時間をどのように配分するのかといった会社での自分の役割についての認識を形成し，どのように行動すべきかについて学びます。

　働く人に対して期待されている内容は職務規定や職務記述書といった形で明文化されているものが基本となります。しかし，実際の仕事はそれだけでカバーすることはできず，さらに環境の変化によってその内容も変化せざるを得ません。上司の期待と同僚の期待，顧客から寄せられる期待の内容は異なるかもしれません。そのような複数の期待を受け，人は自分の組織内での役割を定義します。

　第 2 にタスクを行うために必要な能力とスキルを向上させていきます。ここでいうタスクとは製造に関わる仕事であれば，モノをつくることに関わるタスク，販売に関わる仕事であれば，モノを販売するタスク，のように職務の核となるものです。最初はこのようなタスクを遂行するために欠かせない知識を得ること，仕事を遂行できるスキルを磨くことが重要です。マニュアルが存在することもあるでしょう。職務を離れて行う教育である Off-JT（Off the Job Training）として研修が行われることもあります。職場で仕事を通して行う教育である OJT（On the Job Training）によって訓練されるケースも多いでしょう。ある程度できるようになれば，さらに仕事の質を上げたり，効率を上げたりすることを目指すことになります。

　第 3 に職場の規範や価値を身につけ，職場集団に適応していきます。仕事は一人で完結できるものではありません。一人では成し得ない事柄を行うために，共に協力して働き実現する場が職場です。したがって職場で新しい人々との間に関係性を築くことは，組織への適応の土台となるものです。

　職場集団には規範が存在します。規範とは，判断，評価，行為などの基準と

> **コラム 4.1　新卒者の 3 年後離職率**
>
> 　近年よく聞かれるようになった「ブラック企業」という言葉に明確な定義はありませんが，従業員に対し過剰な長時間労働を強いたり，残業に対し賃金をきちんと支払わなかったりなどにより従業員を使い捨てにする企業のことを指すことが多いようです。多くの若者を採用するのですが，従業員が短期間で辞めて定着しないため，再び，多くの若者を採用するということを繰り返す傾向があります。若者を使い捨てにする企業に対して，厚生労働省も監督を強化しています。
>
> 　そのような中，「新卒者の 3 年後離職率」という数字に関心が集まっています。新卒入社者のうち，3 年以内に離職した人の割合のことです。「ブラック企業に就職したくない」と考える大学生を中心に，この数字は働きやすさの指標として注目されるようになってきました。
>
> 　新卒者の 3 年後離職率については，公開していない企業もあります。一般に，その値が低ければ，企業は積極的に公開すると考えられるので，非公開の企業は離職率が高いのではと推測されます。
>
> 　「新卒者の 3 年後離職率」は企業にとっても，優秀な人材を獲得するためには無視できない指標となりそうです。企業において新人の組織への適応を促す取組みの重要性は増しています。

なる原則のことです。まずはすでにある職場集団の規範を知ることから始まるでしょう。たとえば，上司や先輩との好ましい上下関係のとり方は集団によって異なるでしょう。具体的には上司や同僚との挨拶の仕方，報告，連絡，相談の仕方などが会社の文化を表す行動パターンとして現れています。また，同じ目標を目指す仲間としての共感が生まれることもあるでしょう。

4.2　組織への適応とはどのような状態か

　組織への適応が成功したのかどうかは，どのような観点から判断できるのでしょうか。多くの組織社会化に関する研究では，組織への適応がうまくいったか否かは，「役割の明確化」「自己効力感」「社会的受容」の 3 つの変数を共通の指標として用いています。

「役割の明確化（job clarity）」とは，新人が職務役割と責任に関して理解することを指します。たとえば，組織で働いている人は，上司や同僚，時には顧客とのやりとりからどのような行動を期待されているのかを認識します。また，職務記述書のような組織が公式に期待している内容を記載したものから自分に対する期待についての情報を受けとります。そのようなさまざまな期待に関する情報に基づき，人は自分の役割を定義していきます。役割に関する定義が不明瞭であったり，複数の役割が葛藤していたりする場合，新人は心理的に不安定な状態となるため，組織への適応がうまくいっていないと考えることができます。

「自己効力感（self-efficacy）」とは，ある状況下で求められることに応えるために必要な能力が自分にはあり，行動をすることができるというその人の信念のことです。要求されている自分のタスクを遂行できる，職場の一員としての役割を果たすことができるという自信をもつことは，組織への適応がうまくいっている指標と考えることができます。

最後に「社会的受容（social acceptance）」とは，職場集団に溶け込み，職場集団から受け入れられているという新人自身の感覚の程度のことです。職場はメンバーで協働してタスクを遂行する場ではありますが，お互いに感情を交換している場でもあります。職場での上司，先輩，同僚などと良好な人間関係を築くことができていると新人が感じることは組織への適応の重要な指標といえます。

4.3　組織による新人に対する働きかけ

組織は新人に対して組織への適応を促進するためにどのような働きかけを行っているのでしょうか。新人に対する組織からの働きかけの手法および効果に関する研究は，主にアメリカを中心に発展してきました。アメリカでは科学的研究に基づいた人材育成プログラムが数多く実施されています。形式としては講義，ケースメソッド，グループ・ディスカッション，E-ラーニングやシミュレーションを利用したものなどの Off-JT が中心です。

一方で，日本では伝統的に OJT を中心とした現場教育が重視されてきました。現場で仕事をしながら仕事を覚え，能力や技術力を高めていくという考え方です。経験から学ぶということは，コルブ（Kolb, D. A., 1984）が提唱した経験学習の理論からも効果的であると考えられます。しかし，現場に投げ込んでおけば新人が育つというものでもありません。今後，日本においては現場での経験を重視した教育の伝統は引き継ぎながらも，効果的な OJT の方法や Off-JT のあり方について科学的に検証する必要があります。ここでは，アメリカを中心に進行してきた先行研究において注目されてきた公式なもの，非公式なものを含め 5 つの代表的な働きかけを紹介します。

第 1 の働きかけは，オリエンテーションプログラムです。オリエンテーションプログラムは入社した初日から始まるものです。オリエンテーションプログラムの目的は，会社の理念，価値観，目標，歴史，文化などの組織に関する内容を伝えることと，新人の不安やストレスを和らげることです。組織へのコミットメントを高める効果も期待されます。

第 2 の働きかけは，トレーニングプログラムです。トレーニングプログラムは，特定のタスクや職務を遂行するために必要な知識とスキルを獲得させることを目的としています。トレーニングは，新人の自己効力感を高め，不安を低減させ，ポジティブな職務態度を形成することに効果があるとされています。

第 3 の働きかけは，社会化戦術です。社会化戦術とは，新人がある役割から他の役割に移行する際の経験を体系化して社会化を促進しようとするものです。組織内の担当者が計画的に実施します。

ジョーンズ（Jones, G. R., 1986）は，集団で行い，公式に通常の職場のメンバーから引き離し，計画的にステップを組み立て，タイムテーブルを作成し，ロールモデルとなるような組織内の経験者による指導があり，新人のアイデンティティを確証するような内容であるという特徴を備えた戦術を「制度化した社会化」とよびました。制度化した社会化戦術は，その反対に位置する体系化されていない個別化した社会化戦術と比較すると，社会化を促進するということが明らかになっています。

第 4 の働きかけは，新人を配属される職場の職務特性からの影響を考慮する

ものです。入社して間もない新人は不安を抱えています。不安を増大させる危険が少ない職務特性について考慮し，配属する配慮が必要です。

　ハックマンとオールダム（Hackman, J. R., & Oldham, G. R., 1975）が提唱した職務特性モデルでは，働く人のモチベーション向上につながる職務特性の5つの次元について提唱しています。これらの5つの次元において最大化するように職務が設計されればワークモチベーションが改善されると考えられています。

　第1の次元は「スキルの多様性」です。多様な能力やスキルを用いることができる仕事であることです。第2の次元は「タスクの一貫性」です。あるタスクが細切れとなった一部分ではなく，仕事の全体を見通して取り組める仕事であることです。第3の次元は「タスクの重要性」です。自分が行っている仕事が組織内の他者や外部から重要であると認識されていることです。第4の次元は「自律性」です。仕事をいつ，どのように行うかを自己決定できることです。第5の次元は「フィードバック」です。自分がどの程度うまく仕事が遂行できているかに関するフィードバックがあることです。

　一般に，これらの5つの次元は働く人のモチベーションを向上させるためには高い水準であることが望まれますが，カッツ（Katz, R. L., 1980）は，新人が社会化される時期における注意点をあげています。新人にとって最初の数カ月は，不安を低減させ，自分が置かれた状況におけるアイデンティティを確立することがもっとも重要です。したがって，スキルの多様性や自律性が高すぎる職務特性は組織に入って間もない新人にとってはむしろ有害であることも考えられます。最初の数カ月間ではタスクの重要性について認識することと，フィードバックが得られることが重要であるとカッツは指摘しています。

　第5の働きかけは，新人の社会化を促すエージェントについて考慮することです。社会化エージェントとは，情報，フィードバック，資源を提供するなどの活動を通じて新人の組織適応を促進する個人のことをいいます。具体的には，同僚，部下，顧客などがエージェントとなる可能性があります。これらのエージェントからの働きかけにより，新人は職務上の役割や適切な行動について学び，職務上のアイデンティティを確立していきます。社会化エージェントによ

る影響の多くは非公式の場合が多いのですが，公式のプログラムではカバーできない隙間を埋めるという重要な働きがあると考えられます。

　以上のような5つの観点から，組織は新人の組織への適応を促すための働きかけを考慮し，実施することができます。

4.4　組織への適応に向けた新人の能動的な行動

　ここまで，組織が新人に対して行う働きかけについてみてきました。一方で，新人は組織や職場のメンバーからの働きかけを受けるだけの受け身の存在ではありません。組織に適応するために能動的に動く存在でもあります。

　新人は起こりそうなことに対応するために，先を見越して自分から動き，変化を起こすことがわかっています。このような新人が未来を想定して自ら起こす変革志向のプロアクティブな行動をクーパー゠トマスら（Cooper-Thomas, H. D. et al., 2011）は，3つのカテゴリーに整理しました（表4.1）。

　第1のカテゴリーは自分の役割や置かれている環境を変えようという試みです。たとえば，仕事の手順を変えることを提案したり，仕事そのものの定義を変え，再定義を行ったりします。第2のカテゴリーは自分自身を変化させようとすることです。そのためには情報探索を行ったり，周りからのフィードバッ

表4.1　新人が行うプロアクティブ行動のカテゴリー

役割または環境を変える	自己を変える	相互関係を発達させる
仕事上の手続きを変える／短縮する	直接的に質問をする／情報を探索する	上司との関係性を築く資源を交換する
職務を再定義する	フィードバックを探索する	交渉する
実験する／限界を試す／行って様子をみる	間接的に質問する	ネットワークを構築する
他の人に責任を任せる	第三者に質問する	一般的な社交
説得を試みる／プレゼンテーションする	モニタリングする	
信用を得る／情報を与えアドバイスする	ポジティブなものの見方をする	
	聴く	
	ロールモデルから学ぶ	

クを求めたり，ロールモデルとなる経験者を探したりします。第3のカテゴリーは相互関係を発達させようとするものです。上司との関係性を構築しようとしたり，ネットワークの構築に励んだりします。

　このような新人が行うプロアクティブな行動の中でも第2の自分自身を変革するために行う情報探索については多くの研究が積み重ねられてきました。ミラーとジャブリン（Miller, V. D., & Jablin, F. M., 1991）は，新人が行う情報探索を対象情報，評価情報，関係情報の3つに区分しました。対象情報とは仕事を行う上で必要なことに関する情報です。評価情報は自分が求められてい

コラム4.2　役割葛藤

　役割葛藤（role conflict）とは，一方からの要求に従えば，もう一方からの要求に応えることが困難な2つ以上の役割についての圧力が同時にかかることです。たとえば，上司，同僚，顧客などから寄せられる役割期待の内容が相容れない場合，どのように自分は行動すべきかについての悩みが発生します。

　自分で考える仕事のあり方と，組織から期待されている期待内容が葛藤する場合もあります。たとえば上司から与えられた目標と，自分がやりたいと思っていることが異なるというようなケースです。

　また，仕事での役割と仕事以外での役割が葛藤を起こす場合もあります。ワークライフバランスの問題です。働く人には育児や介護など仕事以外にも役割があります。共稼ぎが当たり前になった今日，子育ては多くの若手・中堅社員に期待される役割です。高齢化社会に突入した日本では親の介護という責任を抱えるベテラン社員も一層増えるでしょう。

　このような役割葛藤がある程度発生するのは，どこの会社においても自然なことです。役割葛藤があることに驚き，すぐに退職を考えることはありません。しかし，長期にわたり葛藤状態が続くことは個人にとっても組織にとっても好ましいことではありません。

　葛藤する役割間の折り合いをつけるためにも，新人は上司や周りの関係者との関係を積極的に構築する必要があります。また，上司の側もコーチングなどの手法を用い，部下の声を聴きながら，部下の役割認識の形成を助けることが大切です。

る役割を，どの程度果たせているのかに関する情報です。関係情報は組織内の
メンバーとの関係の良さに関する情報です。

　バウアーら（Bauer, T. N. at al., 2007）の検証によると，対象情報と評価
情報を新人が探索することは，自らの役割を明確に理解し，職場に受け入れら
れているという感覚をもつことを促すことが明らかになっています。

4.5　組織への適応がもたらす成果として期待されるもの

　新人の組織への適応がうまくいった場合，どのような成果が期待されるので
しょうか。これまでの研究では，3つの成果との関連が多く検証されてきまし
た。第1に新人の職務パフォーマンスが向上するという予測のもとで研究が進
んできました。第2に新人の職務態度が向上するであろうと予測されてきまし
た。職務態度としては，主に職務満足や組織コミットメント，組織に残るとい
う意図が検証されてきました。第3に新人の転職が減ることが予測されてきま
した。

4.5.1　職務パフォーマンス

　職務パフォーマンス（job performance）とは，モトウィドローら（Motowi-
dlo, S. J. et al., 1997）の定義によれば，組織の価値に影響を与えると予測さ
れる個人の行動の総計のことです。つまり，個人の行動そのものであり，かつ，
組織の価値を高めたり傷つけたりする可能性のある行動のことを指しています。

　パフォーマンスという概念をシンプルに行動として扱うのか，行動の結果
（result）を含むものと考えるのかについては研究により異なっています。モト
ウィドローらは，結果については複合的な要因が絡み，個人のコントロール下
におくことのできない部分が大きいという理由で行動のみを扱うことを提唱し
ています。ここでは職務パフォーマンスを職務行動として扱います。

　職務パフォーマンスに関する概念には多様なものがあり，目的の違いにより
分類方法もさまざまです。多様な分類のうち，代表的なものとしてキャンベル
（Campbell, J. P., 1990）の多次元モデルとボーマンとモトウィドロー（Bor-

man, W. C., & Motowidlo, S. J., 1993) のモデルを中心に紹介します。

　キャンベルは，アメリカの労働省が発行していた職業名辞典にあるすべての職業を説明できるような職務パフォーマンスの潜在的な構造の解明を試み，8つの行動次元を示しました。その行動次元とは，その職務の核となる「職務固有タスクの熟達」，「職務固有ではないタスクの熟達」，「書面や口頭によるコミュニケーション」，「努力の表出」，「個人的な規律維持」，「チームと同僚のパフォーマンス促進」，対面の相互作用によって部下や後輩に影響を与える「スーパービジョン」，設定された組織目標の達成に向けた「マネジメントと管理」の8つです。その後，この多次元モデルをもとに確証的因子分析などが行われましたが，キャンベルの8次元モデルは職務の潜在的な構造をおおまかに記述したものであり，さらなる洗練が求められました。

　キャンベルが多次元モデルを発表した数年後，人材選抜の観点から職務パフォーマンスをとらえようとする試みが始まりました。ボーマンとモトウィドローは，組織にとって評価対象となるような職務パフォーマンスに対象を絞り，**タスクパフォーマンス**（task performance）と**文脈的パフォーマンス**（contextual performance）の2次元に分けることを提案しました。

　タスクパフォーマンスとは，原材料から組織の商品やサービスを生み出すような組織の核となる活動とその核となる活動を間接的に支える活動を指します。文脈的パフォーマンスとは，技術的な核となる活動自体を支えることはないものの，技術的な核となる部分が機能するために組織的，社会的，心理的環境をサポートする活動のことです。

　タスクパフォーマンスと比べ，文脈的パフォーマンスは具体的にどのような行動を指すのかわかりにくい印象があります。ボーマンとモトウィドローは，文脈的パフォーマンスとして5つのタイプの行動をあげています。第1のタイプは，公式には職務の一部ではないタスク活動を自ら進んで行うこと，第2は，タスク活動の成功のために必要なことに熱中して取り組み努力すること，第3は，他者を助け協力すること，第4は，個人的には不便でも組織のルールや手続きに従うこと，第5は，組織目標を支持・支援・擁護することです。

　その後，文脈的パフォーマンスを具体的にとらえようとする研究が発展して

いきました。ボーマンとモトウィドローが文脈的パフォーマンスとしてあげている実際の行動をみると，類似概念が存在していることがわかります。たとえば，すでに多くの研究が蓄積しているオーガン（Organ, D. W., 1988）の組織市民行動（organizational citizenship behavior）や，ブリーフとモトウィドロー（Brief, A. P., & Motowidlo, S. J., 1986）の向社会的組織行動（prosocial organizational behavior）などです。

　組織市民行動とは明確に公式の報酬システムによって認識されない自由裁量の個人行動で，組織の機能を促進するもののことです。向社会的組織行動とは，組織メンバーが組織における役割を遂行する際に，相互作用対象である個人，グループ，組織の福利厚生を意図して行う行動のことです。文脈的パフォーマンス，組織市民行動，向社会的組織行動はそれぞれに定義は異なりますが，具体的に扱っている行動については重複するものがあります。文脈的パフォーマンスの研究に，組織市民行動や向社会的組織行動で蓄積された研究知見を取り込む必要が出てきました。

　そこで，コールマンとボーマン（Coleman, V. I., & Borman, W. C., 2000）は，ボーマンとモトウィドローの文脈的パフォーマンスの5つのタイプに，組織市民行動と向社会的組織行動などでの議論を加えて再検証を行い，「対人的支援」「組織的支援」「誠実なタスク遂行」の3次元に分けることを提案しました。ボーマンら（Borman et al., 2001）はコールマンとボーマンの文脈的パフォーマンスの3次元モデルをもとに，さらに5,000の職務パフォーマンス例を加えて分析を行い，再定義を行いました。その結果，「個人的支援（personal support）」「組織的支援（organizational support）」「誠実な率先（conscientious initiative）」の3次元に分けることを提案しました（表4.2）。

　ここまで職務パフォーマンスをタスクパフォーマンスと文脈的パフォーマンスに区分してとらえること，および文脈的パフォーマンスを3つの次元に分けるに至った経緯をみてきました。ボーマンらが提案した職務パフォーマンスにおける枠組みは，広く職務パフォーマンスの研究分野において利用できると考えられます。

　しかし，これ以外にも分析の目的により，組織にとって害を与えるもしくは

表 4.2　**文脈的パフォーマンスの 3 つのカテゴリー**（Borman et al., 2001）

個人的支援	組織的支援	誠実な率先
提案によって他者を助ける。使える知識やスキルを教える。人のタスクのいくつかを行う。個人的な問題に対して情緒的な支援を行う。	組織を守ったり促進することによって好意的に組織を表現する。	難しい条件下でもさらなる努力をする。
提案を受け入れることによって他者と協力する。知っておくべきイベントについて知らせる。個人的な関心よりもチームの目的に向けて努力する。	一時的な困難があっても組織に留まることによって忠誠を示し，満足を表す。	普通は自分の任務ではなくても目的を達成するために必要なことを率先して行う。自分に割り当てられた仕事が完了してもさらになすべき生産的な仕事をみつける。
他者との関係において動機づけたり，信頼を示したりするのと同様に思いやり，礼儀，気配りを示す。	組織の使命と目的を支援し，組織のルールと手続きを守り改善を提案する。	自分の時間と資源を使い，組織内外での機会を利用して自分の知識を増やしスキルを伸ばす。

表 4.3　**適応パフォーマンスの 8 つの因子**（Pulakos et al., 2000）

非常時または危機的な状況を操作する。
ワークストレスを操作する。
創造的に問題を解決する。
不安定で予測が難しい状況を処理する。
職務上のタスク，技術，手続きを学習する。
対人関係において適応を示す。
文化的な適応を示す。
身体面での適応を示す。

ネガティブな影響を与えると考えられる行動に焦点を絞った非生産的行動（counterproductive work behavior）や，欠席，遅刻，転職などの側面を扱った退却行動（withdrawal behavior）を職務パフォーマンスとして組み込むこともあります。

　また，近年は環境の劇的な変化に適応することの重要性が高まっていることから，プラコスら（Pulakos, E. D. et al., 2000）が開発した適応パフォーマンス（adaptive performance）を職務パフォーマンスの一つとして扱うこともあります。適応パフォーマンスは 8 因子で構成されています（表 4.3）。

4.5.2　職務満足

　新人の組織への適応がうまくいけば，仕事や組織に対する肯定的な評価や感情が生まれると考えるのは自然なことです。職務満足（job satisfaction）とはロック（Locke, E. A., 1976）の定義によれば，自分の仕事に対する評価や仕事上の経験からもたらされる楽しい，もしくは肯定的な感情の状態のことです。職務満足を測定するための尺度には多様なものがあります。職務満足を，給与，昇進，同僚，監督，仕事そのものなどに対する個別の満足度ととらえる場合と，全体的な職務満足を尋ねる場合とがあります。

　職務満足は組織の重要な成果に影響を与えると素朴に予測されやすいため，1930 年代から多くの研究が積み重ねられてきました。しかし，1985 年のイアファルダーノとマッチンスキー（Iaffaldano, M. T., & Muchinsky, P. M., 1985）の量的なレビュー研究において，職務満足と職務パフォーマンスの間の関連はほとんどないと発表されました。1980 年代においては職務満足が高いからといって成果が高くなるわけではないという見解が支配的となりました。

　しかし，近年，ジャッジら（Judge, T. A. et al., 2001）がメタ分析を行った結果，職務満足が職務パフォーマンスに与える影響については，ほどほどの関連があることが確認されました。職務パフォーマンスの定義が狭すぎると職務満足との関連が出にくくなると考えられます。職務満足と組織市民行動との間の関連は一貫して認められています。

4.5.3　組織コミットメント

　組織コミットメント（organizational commitment）とは，組織に所属する個人と組織の間の心理的なつながりの状態のことです。一般に，帰属意識とよばれるような，組織メンバーが組織に抱いている愛着や一体感を指します。

　組織コミットメントの種類については多くの研究がありますが，代表的なアレンとマイヤー（Allen, N. J., & Meyer, J. P., 1990）の 3 次元説について紹介します。アレンとマイヤーは組織コミットメントを「感情的コミットメント（affective commitment）」「存続的コミットメント（continuance commitment）」「規範的コミットメント（normative commitment）」の 3 要素で構成し，それ

ぞれの尺度を開発しました。

　第1の感情的コミットメントとは，「会社のことが好きだから」といった組織に対する感情面でのつながりを現すものです。感情的コミットメントが高い組織メンバーは，自分が会社にいたいから会社に留まることを選びます。第2の存続的コミットメントは，組織を辞めた場合のコストの知覚に基づく組織との心理的なつながりを現すものです。存続的コミットメントが高い組織メンバーは，会社を辞めた際に失うものが大きすぎると計算し，会社に留まることを選びます。第3の規範的コミットメントは，組織には忠誠を誓わなければならないといった内在化された規範による組織との心理的なつながりを現しています。規範的コミットメントが高い組織メンバーは，理屈抜きに正しいから会社に留まり，自己犠牲もいとわず，会社のために働きます。

　組織コミットメントが高ければ，仕事を休みたい，辞めたいといった退却認知を抑制します。また感情的コミットメントは，組織市民行動を促進することも明らかになっています。一方で，組織を辞める際のコスト認知に基づく存続的コミットメントの強い組織メンバーは，仕事と家庭の役割葛藤やストレスが高いことが明らかになっています。

4.5.4　組織に残るという意図と転職行動

　新人の組織への適応がうまくいけば，現在働いている会社に勤務し続けようとするでしょう。組織に残るという意図（intentions to remain）についても，組織への適応の成果指標として検証されてきました。さらに，実際に転職（turnover）を行うかどうかを行動レベルで記録して検証する試みもなされています。

4.6　組織への適応と先行要因および成果との関連

　これまで，新人の組織への適応を促進すると考えられる組織からの働きかけ，新人の能動的な行動についてみてきました。次に，新人の組織への適応によって期待される成果についてまとめました。最後に新人の組織への適応に関連す

る要因の間の関連を検証した研究について紹介します。

バウアーら（Bauer, T. N. et al., 2007）は，組織社会化の先行研究で扱われた独立した70のサンプル（$N = 12{,}279$）に対してメタ分析を行いました。そこでは，新人の適応指標として「役割の明確化」「自己効力感」「社会的受容」を取り上げています。新人の適応状態に影響を与える先行要因として，「新人の情報探索」と「組織の社会化戦術」に着目しています。新人の適応の成果として「パフォーマンス」「職務満足」「組織コミットメント」「組織に残る意図」「転職」を取り上げ，関連を検証しています（図 4.1）。

分析の結果，新人が行う情報探索は役割を明確にし，職場に受け入れられているという受容感と関連していました。また，新人が行う情報探索は成果である組織コミットメントと直接的に関連していました。組織が行う社会化戦術は，3つのすべての適応指標に関連していました。さらに組織による社会化戦術は職務満足と組織に残る意図に直接的に関連していました。

次に，新人の適応の指標である「役割の明確化」は「パフォーマンス」「職務満足感」「組織コミットメント」「組織に残る意図」との間に正の関連が認められました。「転職」との間には関連はありませんでした。

第2の新人の適応指標である「自己効力感」は「パフォーマンス」「組織に残る意図」との間に正の関連，「転職」とは負の関連が認められました。「組織コミットメント」「職務満足」との間に関連は認められませんでした。

最後に，職場の仲間から受け入れられているという感覚である「社会的受容」は，「パフォーマンス」「組織コミットメント」「職務満足感」「組織に残る意図」との間に正の関連があり，「転職」とは負の関連があることが明らかになりました。

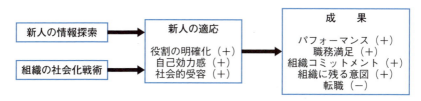

図 4.1　組織社会化期間における新人の適応に関する先行要因と成果 （Bauer et al., 2007）

　つまり，パフォーマンスと組織に残る意図に対しては，「役割の明確化」「自己効力感」「社会的受容」のすべてから促進効果が期待できます。職務態度である職務満足感，組織コミットメントに対しては「役割の明確化」「社会的受容」を高めることが良いと考えられます。転職を減らすためには，「自己効力感」と「社会的受容」を高めることで効果が期待できます。

　バウアーらのレビュー研究の結果を基本に新人の組織への適応を促進する要因および新人の適応がもたらす成果との関連をみてきました。新人が組織にうまく適応できるかどうかは働く個人と組織の両方にとってきわめて重要なことであることが実証されました。

　転職が一般的になった今日，組織への適応を迫られることはけっして若者の課題だけではありません。たとえ転職しなくても，環境変化の激しい今日では，働く人は多くの変化に対する適応を求められます。また働く人は変化を生み出す存在でもあります。変化を生み出し，変化へ適応していく存在という視点での研究は今後もますます重要になってくると考えられます。

復 習 問 題

1. 新人の組織への適応がうまくいった状態とはどのような状態か説明してください。
2. 新人の組織への適応を促進するために組織が行っている働きかけにはどのようなものがあるか説明してください。
3. 組織へ適応するために新人は能動的にどのような行動をしているか説明してください。
4. 職務パフォーマンスのうち,「タスクパフォーマンス」と「文脈的パフォーマンス」とはどのような行動か説明してください。
5. 職務満足と組織コミットメントとは何かについて説明してください。

参 考 図 書

金井壽宏 (2002). 働くひとのためのキャリア・デザイン　PHP 研究所

　入社, 昇進, 転職といった人生の節目にいかに自分の将来の方向性を考えていくのかについてキャリア研究と発達心理学の知見をもとに解説しています。就職時と入社直後の新人の適応についても述べられています。初級者向けです。

古川久敬・山口裕幸 (編) (2012). 〈先取り志向〉の組織心理学——プロアクティブ
　　行動と組織——　有斐閣

　今日の組織はこれまでに経験したことのない課題に取り組まなくてはならなくなっています。未経験の課題に, 組織と個人が変化を先取りしながら, どのように能動的に主体的に取り組むべきかについて最新の研究成果をもとに解説されています。未経験課題に取り組むために求められる役割の再定義の意味について解説されています。中級者向けです。

古川久敬 (2014).「壁」と「溝」を越えるコミュニケーション　ナカニシヤ出版

　組織内に存在する「壁」と「溝」の正体とそれが発生するメカニズムおよび壁と溝を克服するためのコミュニケーションのあり方について最新の研究知見をもとに論じられています。「役割の再定義」の意義と原理および促進方略について詳しく解説されており,「役割」という概念について深く学びたい上級者にお勧めです。

第 5 章

ワーク・モチベーション

　あなたの職場やアルバイト先の従業員で，高い成果を出している人はどのような人でしょうか。産業・組織心理学の領域では，高い成果が出るか否かについて，能力とモチベーションという 2 つの要因の影響が大きいと考えてきました。本章では，産業・組織心理学の領域で蓄積されてきたワーク・モチベーション研究の知見に注目して後者について理解していきます。

　本章では，まずワーク・モチベーションを学術用語として用いる場合の定義を紹介します。次に，ワーク・モチベーションの基本的なとらえ方を提示する内容理論と過程理論についてその代表例と共に説明します。最後に，管理者の視点から職場の従業員のワーク・モチベーションを高めるための理論を紹介します。

5.1　ワーク・モチベーションとは何か

　モチベーションは，近年では身近な言葉になってきました。日常語としては，やる気や，努力，根気といったさまざまな言葉が当てはまるといわれています（高橋，2002）。私たちは普段，これらの日常用語を微妙なニュアンスで使い分けているわけですから，学術用語としてのモチベーションがさまざまな意味合いを含む概念であると考えることができます。欧米の有力な研究者であるミッチェル（Mitchell, T. R.）は，モチベーションを「行動を方向づけ，活性化し，維持する観察不可能な力」（Mitchell, 1997）と定義づけています。モチベーションはスポーツや勉強など人間のさまざまな行動に関連するものですが，このうち仕事に対するモチベーションをワーク・モチベーションとよびます。

　私たちが学術用語としてのワーク・モチベーションを理解する際のポイントは，以下の 2 点です。まずモチベーションは，目標に向かう行動に関連する力であることです。そして，少なくとも「方向性」「強度」「持続」という 3 つの

次元に関連しています。近年では仕事が高度化・専門化していて「熱いけれども冷めやすい（持続しない）」ということではなかなか成果に結びつきません。またせっかく「熱心に持続的に」取り組んでいても方向性が間違っていては成果には結びつきません。モチベーションを成果や業績に結びつけるためには，これらの3つの次元を伴うことが重要だと考えられます。

　次に，モチベーションはもって生まれた個人特性そのものではないという点です。当然，従業員のモチベーションは生まれつきの要因から影響を受ける部分もあります。しかしながら，人生において常に欲求の強さが一定ではなく，変化するものであるということも同時に考えられています。本章では，従業員のモチベーションが変化する側面により大きな関心を注いでいきます。

5.2　モチベーション理論の基本枠組み

　モチベーションの多面的な特徴のすべてを説明するモチベーション理論は，今のところありません。私たちは，いくつかの異なる観点から蓄積されてきた知見を学ぶことを通じてモチベーションという概念の全体像を学んでいく必要があります。本節では，モチベーションをもっとも大くくりに説明する「内容理論」と「過程理論」についてその代表的研究と共に理解します。

5.2.1　内容理論と過程理論

　モチベーションを理解しようとする際に，モチベーション研究では大きく分けて2つのアプローチをとってきました。第1の方法は，「何が」人を動機づけられるのかを理解しようとすることです。このように動機づけの内容に注目することから，このような考え方に基づいたモチベーション理論を総称して「内容理論」とよびます。内容理論の初期の研究では，人が生まれながらにもつ「欲求」という概念を用いて「何が」を説明してきました。人が食事をとったり眠ったりするのは「食べることに対する欲求」や「眠ることに対する欲求」を保持しているからだ，と考えます。たとえば，典型的な内容理論の例としてあげられるのがマレー（Murray, H. A.）の欲求リストです。マレーは20

表 5.1　**マレーの欲求リスト**（Murray（Ed.），1938；外林（訳編），1961 をもとに一部修正のうえ筆者作成）

1	屈従	11	障害回避
2	成就	12	侮辱回避
3	親和	13	養護
4	攻撃	14	秩序
5	自律	15	遊戯
6	中和	16	排除
7	恭順	17	官性
8	防衛	18	性
9	支配	19	求護
10	顕示	20	理解

もの欲求をリスト化し，人のモチベーションの内容を解明しようと試みました（表 5.1）。このようなアプローチの代表研究として 5.2.2 ではマズロー（Maslow, A. H.）の欲求階層説を取り上げて説明します。

　モチベーションを理解するためのもう一つのアプローチが，「どのように」人は動機づけられるのか，というメカニズムを理解することです。このような点に注目したモチベーション理論を総称して「過程理論」とよびます。

　過程理論の例としてしばしば取り上げられるのが公平（衡平）理論です。公平（衡平）理論では人はインプットとアウトカムのバランスが公平（衡平）になるように働きかけるよう動機づけられると考えます（図 5.1）。たとえば自分の努力投入量から得られる組織での報酬が同じ組織で働く同僚と比べて少ないと感じた場合，人は行動へと動機づけられます。動機づけられた結果として取り得る行動にはいくつか選択肢がありますが，代表的なものとしてはインプットを減らすために仕事中に手を抜く，アウトカムを増やすために上司に給料アップをかけあう，などの行動が考えられます。

　このように過程理論では，人が行動へと動機づけられる仕組みやプロセスを明らかにしようと試みます。過程理論の代表的研究としてしばしば取り上げられるのが，期待理論です。本章でも 5.2.3 で取り上げて詳しく紹介していくことにします。

$$\frac{\text{自分の成果}}{\text{自分のインプット}} = \frac{\text{他人の成果}}{\text{他人のインプット}}$$

図5.1　**公平（衡平）理論における公平（衡平）**（Adams, 1965をもとに一部修正のうえ筆者作成）

5.2.2　内容理論──マズローの欲求階層説

　マズローは，人間の欲求を生理的欲求，安全的欲求，社会的欲求，自尊的欲求，自己実現的欲求の5つに整理しました（欲求階層説）。

　1つ目の生理的欲求とは食事や睡眠などに対する肉体的な欲求のことです。2つ目の安全的欲求とは，身体の安全や精神的な安らぎを求める欲求です。自分の会社からいつ解雇を言い渡されるかわからない，という状態の従業員は安全的欲求を強く喚起されると考えられます。3つ目の社会的欲求とは，学校や組織に帰属意識を感じたい，友人関係を形成したいという，社会に属したいという欲求です。新しい組織に所属するようになった従業員が，友人を作り組織になじむために社内のソフトボール大会に参加したとすれば，そのモチベーションの源泉は社会的欲求に求めることができます。4つ目の自尊的欲求とは，達成感を感じたり，周囲から尊敬されたりしたいといった欲求のことです。私たちは，上司に頑張りを認めてもらいたいと考えてモチベーションが高まることがあります。その際には，自尊的欲求が大きな役割を果たしているといえるでしょう。第5の自己実現的欲求とは，自分の潜在能力を達成したいという欲求です。

　自己実現的欲求は，他の4つと大きく異なります。他の4つが，それぞれの欲求が満たされないときに喚起される欠乏欲求であると考えられているのに対して，自己実現的欲求は満たされることはなく，一時的に欲求が充足されたとしても，さらに欲求が喚起される状況を作っていくという成長欲求であると考えられています。

　マズローは，これら5つの欲求を別々にリスト化するのではなく，5つは図5.2のような階層をなしており，1つの欲求が充足されると次の欲求が優勢となるというプロセスを同時に想定しています。その意味では，内容理論にとどまらず過程理論のアプローチも取り込んだ理論といえそうです。マズローの主

自己実現
的欲求

自尊的欲求

社会的欲求

安全的欲求

生理的欲求

図 5.2　**マズローの欲求階層説**（Maslow, 1970；金井（監訳），2001 をもとに一部修正の
うえ筆者作成）

張は実証的な根拠に乏しいという批判にもさらされてきましたが，今なお注目
を集める影響力の大きな主張であるといえるでしょう。

5.2.3　ローラーの期待理論モデル

　期待理論（期待価値理論とよばれることもあります）は，従業員が抱く「期
待」と「報酬の価値」という 2 種類の変化することのある変数が組み合わさっ
てモチベーションが決まるという理論です（図 5.3）。以下では，ローラー
（Lawler, E. E.）のモデルをもとに期待理論の基本的要素を説明していきます。
　ローラーのモデルでは，期待理論の中核概念である「期待」をさらに 2 種類
に分け，努力⇒業績期待（努力＝Effort と業績＝Performance をつなぐ期待な
ので E⇒P 期待とよぶこともあります）と業績⇒成果期待（業績＝Perform-
ance と成果＝Outcome をつなぐ期待なので P⇒O 期待とよぶこともあります）
に分けます。そして，これらと「報酬の価値」あるいは魅力（Valence）とい
う 3 つの変数の積によってモチベーションが決まると説明しています。
　1 つ目の努力⇒業績期待は，自分の努力がパフォーマンスにつながるだろう
という期待です。皆さんも，「絶対に達成が不可能だ」とみなしている物事に
対して努力を続けることは難しいのではないでしょうか。これとは逆に「努力
をすれば達成できそうだ」という期待が高まればモチベーションが高まります。
　2 つ目の業績⇒成果期待は，自分が達成した業績が報酬や成果に結びつくだ
ろうという期待です。たとえば 1 日に 100 杯のビールを売る（パフォーマン

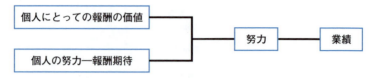

図5.3　期待理論の基本モデル（Porter & Lawler，1968をもとに一部修正のうえ筆者作成）

ス）と，時間給とは別に10,000円のボーナスに結びつくという契約のアルバイトの場合，この種の期待が高いといえます。逆に，店長の気まぐれでもらえるかどうかはわからない，という場合には低いといえます。なお，ビールを1杯売るというパフォーマンスから得られる報酬は1つとは限りません。1日に100杯も売るという実績が時間帯責任者への昇進に結びつくこともあり得ます。過去に100杯を達成した10人が全員昇進していれば，昇進に対するより高い期待をもつことになりますし，10人中1人ということであればより低い期待しかもてないということになります。このように他者から与えられる報酬（仕事そのものから得られる報酬ではなく，仕事に付随する別の要因から得られる報酬ということで外発的報酬とよびます）の場合には業績⇒成果期待が環境によって変動することになります。一方，100杯売ることそのものに見出すやりがい（仕事そのものから得られる報酬なので内的報酬とよびます）については，他者や周囲の環境の影響をそれほど受けないため高い期待が想定されます。このように1つの，努力⇒業績期待に紐づく業績⇒成果期待は1つではない場合が考えられます。

　最後に，これらの複数の報酬や成果に見出す価値は人によってそれぞれ異なります。たとえば，時間帯責任者に昇進することを魅力的だと感じる人もいれば，責任ある立場を与えられるのはプレッシャーになるので絶対に勘弁してほしいと感じる人もいるでしょう。また100杯売ることに対してやりがいを感じる人がいる一方で，普段から200杯売ることができる人にとってはそれほどやりがいを感じられず，むしろ退屈だと感じるかもしれません。ローラーは，このような報酬の価値，すなわち魅力の違いにも注目しました。これがモチベーションの変化に影響を与える第3の変数です。

　期待理論は，人の行動を説明する精緻なモチベーション理論として高く評価

されてきました。しかしながら皆さんの中には「できるかどうか」や，「自分のメリットにつながるかどうか」といった人間の合理的な側面のみが強調されているという点に違和感をもつ人もいるかもしれません。人はこのような計算に基づいて常々仕事をしたりしなかったりしているわけではない，という意見もありそうです。むしろ「リーダーの熱い思いに動かされた」といった浪花節がここぞという場面でこそ影響しているという意見もあります。人間のこのような感情的な部分については，期待理論では十分に考慮されていない点には注意が必要です。

5.3　マネジメントへの応用

　過程理論を通じて自分のモチベーションが変動する仕組みが理解できたと思います。ここからは視点を変えて，上司や管理者の視点で部下やメンバーのモチベーションを高めるにはどうすればよいかについて考えます。

　上司や管理者が従業員のモチベーションを高めるために活用する施策はいろいろありますが，ここでは代表的な取組みとして参加を通じた動機づけ施策を取り上げます。そしてそれぞれの背景理論として目標設定理論と職務特性モデルを解説します。

5.3.1　従業員の参加を通じた動機づけ施策

　初期の経営学では，従業員の主体性に頼らない管理が標榜されていました。その理由は，管理者が従業員は生来なまけものであり，放っておくと仕事をさぼるものであるという前提を置いていたからです。このような前提をのちにマクレガー（McGregor, D., 1960）がX理論とよぶようになります。そのため管理者は，従業員の行動を事細かに指示し，管理しなければならないと考えていました。このような考え方に基づいた典型的な管理法が仕事を単純化し，専門化し，標準化（マニュアル化）する科学的管理法です。経営学の初期ではこの方法によって生産性が高まることが明らかにされ，非常に重宝されました。

　これに対して20世紀の半ば頃からは，X理論に基づくアプローチによって，

従業員の仕事に対する態度が長期的には悪化し，欠勤や離職が多くなるというデメリットも強調されるようになっていきました。そして，従業員は必ずしもなまけものではなく，場合によっては自ら困難な課題にも挑戦するし，自己管理をすることができる存在であるとみなす管理の考え方が現れてきました。このような管理の前提となる考え方をマクレガーは Y 理論とよびました。Y 理論に基づく管理を行う管理者は，従業員の主体性に注目し，従業員の積極的な参加を引き出すために目標による管理や職務再設計を行います。具体的にみていきましょう。

　まず 1 つ目が目標による管理です。目標による管理は古くから行われてきた実践手法であり，いくつかのアプローチがあることが知られています。Y 理論に基づく目標による管理では，目標の設定を通じて従業員が自らの職務遂行を主体的に統制することが期待されます。目標が，必ずしも上司から一方的に与えられるのではなく，従業員自身も目標設定のプロセスに参画したり，受け入れたりしていることを前提としている点が特徴的だといえるでしょう。このような取組みの背景理論として考えられるのが，目標設定理論です。目標設定理論そのものは，必ずしも従業員が自発的に設定する目標の効果のみに注目してきたわけではない点には注意が必要ですが，多くの研究を通じて目標に動機づけ効果があること，またその条件について実証的に示してきました。次項では，目標設定理論に基づき，目標が効果をもつ条件を理解していきます。

　次に職務再設計です。X 理論に基づき従業員のやる気を無視した職務設計を追究した結果，仕事の過度の単純化が進み，結果として離職や欠勤を招く結果となりました。このような問題に直面した職場では，いったん効率のみを重視して設計した仕事を，従業員のモチベーションにも気を配りながら仕事を設計しなおそうとする取組みが生まれました。このような取組みを職務再設計とよびます。5.3.3 では，職務再設計の背景理論としてしばしば取り上げられる職務特性モデルを解説し，どのように仕事を割り当てることが動機づけにつながるのかを説明します。

5.3.2　ロックとレイサムの目標設定理論

　従業員のモチベーションを高めるにはどうすればよいのか，という現場の管理者の素朴な問いに対してきわめてシンプルな解答を提供したのがロック（Locke, E. A.）とレイサム（Latham, G. P.）の目標設定理論です。目標設定理論の代表的研究者であるレイサムは，キャリアの早い時期にアメリカパルプ材協会やウェアーハウザー社に所属し，林業の現場に当時ロックが見出しつつあった目標設定理論の萌芽的知見を導入していきました。具体的には従業員を「精一杯がんばれ」や「とにかく一杯切ってきてください」と指示するグループと，「○○平方メートルあたり△△本の木を切るようにしてください」という目標を与えるグループに分け，業績を比較したのです。その結果，目標を設定したグループの伐採量のほうが，目標を設定しなかったグループの伐採量よりも高い，という事実を発見したのです。このことから，企業や管理者は従業員や部下に対して目標を設定することでモチベーションを高めることができるという主張を行いました。

　ロックとレイサムの目標設定理論は多くの注目を集め，20世紀の終わりまでに少なくとも8カ国100種類以上の仕事で，4万人以上を対象に調査が行われたとされています。そして大規模な調査の結果，以下の4つの点に気をつけることで効果的な動機づけ効果が得られることがわかっています。

　1つ目は，具体的な目標を設定することです。皆さんが営業所長として部下のモチベーションを引き出したいとすれば，目標を設定する必要があります。それも「なるべくたくさんの人に会ってくること」という曖昧な目標ではなく，「100人に会って名刺をもらってくること」といった具体的な目標を設定することが重要だということです。

　2つ目は，困難な目標を設定することです。目標が簡単だった場合，達成した従業員はそれ以上頑張ろうとしません。一見達成が難しそうな困難な目標を設定することで従業員を最大限に引き出すことが可能だといわれています。

　3つ目は，従業員が受容できるように目標を設定することです。これは，どのような目標を設定するのかではなく，どのように目標を設定するのかというプロセスに関わるポイントです。せっかく具体的で困難な目標を設定しても従

業員に達成したい，達成しなければならないという強いこだわり（コミットメント）がなければ効果を発揮しません。目標設定が効果をもたらしていない多くの企業では，従業員が受容していない「押しつけられた目標」になっている可能性があります。従業員の目標への受容を引き出すための方法としては，目標を設定するプロセスに従業員を参加させたり，対話を通じながら従業員自身に目標を設定させたりするという方法が考えられます。また，目標による管理の文脈では，目標は主として従業員が設定するものという考え方がありますが，目標設定理論によれば，上司が設定した目標でも従業員の受容を引き出すことが十分にできていれば効果をもつことが明らかにされています。

　最後の4点目として，フィードバックを伴うことです。従業員は，自分たちの成果に対してフィードバックを与えられたときのほうが，与えられないときと比べて高い成果をもたらすとされています。目標設定に注目したさまざまな研究を集めて，フィードバックを伴う場合と伴わない場合に分けて集計を行ってみると，目標設定のみを行う場合や，フィードバックのみを与える場合と比べて，両方を同時に与える場合に高い成果を引き出すことができるという結果が得られています。

　目標設定理論にも批判はあります。第1に，「あまりに困難な目標」は業績に結びつかないのではないかという点です。目標を与えられた側の能力を超えるようなあまりに無謀な目標設定は従業員が達成できそうだという期待を低下させ，かえってモチベーションを低下させてしまう可能性があります（図5.4を参照のこと）。その意味で2つ目と3つ目のポイントをいかに成立させるのかという点に目標設定の難しさがありそうです。目標設定理論に対するもう一つの問題は，目標を設定することは可能でも，いざ目標を追求するプロセスでモチベーションが持続しないことが多いという批判です。単純な作業を短期間で行うというタイプのタスクの場合，このような批判はあまり当てはまらないかもしれません。しかし，複雑で工夫が求められるような業務の場合や，目標を達成するために自分自身の能力開発も求められるような業務の場合には，一度高まったモチベーションをいかに持続するのかということのほうが成果に大きく影響することもありそうです。すでに述べたように，仕事が高度化・専門

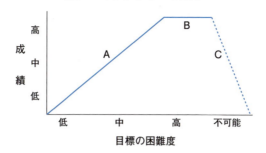

図 5.4　**目標設定理論のまとめ図**（Locke & Latham，1984；松井と角山（訳），1984
をもとに一部修正のうえ筆者作成）
A：適切な能力をもち，一生懸命にやった者の成績。
B：能力のぎりぎりまで一生懸命にやった者の成績。
C：高い能力のコミットメントが欠如していた者の成績。

化してきている今日では，このような点がより重要になってきているといえま
す。

5.3.3　職務特性モデルを用いた職務の再設計

　職務再設計を標榜するアプローチの中でもっとも代表的なものが職務特性モ
デルです（図 5.5）。ハックマンとオルダム（Hackman, J. R., & Oldham, G.
R., 1976）は，従業員のモチベーションを高める仕事の特性として以下の 5 つ
に注目しました。1 つ目は，スキルの多様性です。これは仕事を遂行する際に
求められる行動の多様性や必要とされるスキルの程度です。ベルトコンベアで
1 つの作業のみを担当している人よりも複数の作業を担当している人のほうが
多様性は高いといえます。2 つ目はタスク同一性です。従業員の担当するタス
クが仕事全体の遂行に貢献する程度，あるいは仕事の主要部分だと同一視でき
る程度のことです。たとえば，プロジェクト全体の予算やスケジューリングを
決定するという仕事の場合には，実際のプロジェクトの始めから終わりまでの
すべての業務の進め方に影響を与えることになるため，タスク同一性が高いと
いうことになります。3 つ目はタスク重要性です。自分の担当している仕事が
他者の仕事や生活に与える影響の程度のことです。ブレーキの精度を確認して
設置する作業は，その自動車の安全性に関わるため重要性が高いと考えられま

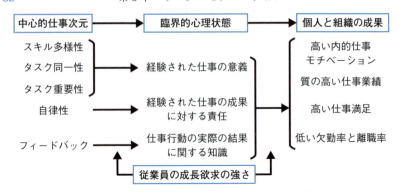

図 5.5 **ハックマンとオルダムの職務特性モデル**（Hackman & Oldham, 1976 をもとに一部修正のうえ筆者作成）

す。4 つ目は自律性です。自ら仕事の計画を立てたり，仕事を遂行するプロセスを決定したりする自己裁量の余地の程度のことです。マニュアル化が進んでいる仕事ほど，このスコアが低くなります。5 つ目はフィードバックです。仕事を自分がうまくできているかどうかについて情報を得やすい仕事なのか，ということです。自ら飛び込み営業をして契約まで担当する場合，その営業活動が成功したのかどうかが即座に明確にわかります。こういった場合には，フィードバックの程度が高い仕事といえます。

職務特性モデルでは，このような 5 つの職務特性が 3 つの心理的状態と臨界的心理状態（critical psychological states）を介してモチベーションに結びつくことを想定しています。ここで想定された臨界的心理状態は以下の 3 種類です。第 1 に経験された仕事の意義です。これは，従業員が仕事を一般的に意味があり，価値があり，遂行するに値すると感じる程度のことです。第 2 に，経験された成果への責任です。これは，個人が自分の担当した仕事の結果に対して感じる個人的な責任感のことです。最後に，仕事行動の実際の結果に関する知識です。これは，従業員がどの程度自分たちが効果的に仕事をしているのかについて知っている程度のことです。職務特性モデルでは，スキル多様性・タスク同一性・タスク重要性の 3 つの職務特性が，仕事の意義を導き，自律性が成果への責任を，フィードバックが結果に関する知識を導きます。そして，これらの心理状態が最終的に従業員のモチベーションや職務満足，低い欠勤率や

離職率につながるといわれています。

　なおハックマンとオルダムはこのような職務特性とモチベーションの関係に
は従業員の成長欲求の強さが影響するだろうと考えています。確かに，アルバ
イト先で早く一人前になりたいと考えている人に職務特性モデルで示されるよ
うな仕事を与えていくことはより多くの仕事に対するやりがいを引き出しそう
です。一方，成長欲求が低く，早くシフトが終わらないかな，と時計ばかり見
ている人に自律的な仕事を与えても，面倒だと感じてやりがいにつながらなか
ったり，かえって荷が重いと敬遠されてしまったりすることもありそうです。

　また，職務特性モデルに基づく仕事の割り当ては，従業員のやりがいを高め
る一方で，過度の充実化によって疲弊してしまう可能性もあります。皆さんの
職場やアルバイト先で，「できる人に仕事が偏る」ということが生じていない
でしょうか。確かに従業員に挑戦的な仕事を与えたり，修羅場を経験したりす
ることが成長につながる，という考え方もあります。しかしながら一方で仕事
が過度に集まり，許容範囲を超えるようなオーバーワークが続くと，徐々に仕
事に対するやらされ感が高まったり，緊張の糸が切れてしまったりすることも
あります。こういった状況を招かないように管理者は適切な範囲で業務の負荷
をコントロールしたり，適切な支援を適切なタイミングで与えたりしていくこ
とが重要だと指摘されています。

コラム5.1　達成型モチベーションとその測り方

　皆さんの周りには，物事に取り組む際により良く，効率的に成し遂げたいと強く考える人がいると思います。このような人を，達成型モチベーションの高い人とよびます。

　達成型モチベーションの源泉として達成動機に注目したのがマクレランド（McClelland, D. C.）です。彼は，TAT（Thematic Apperception Test, 主題統覚検査）とよばれる大変ユニークな方法で達成動機の測定を行いました。測定の対象者は図5.6のような写真を見て，①写真の中で何が起こっているのか，写っている人は誰なのか，②この状況に至る経緯はどのようなものか，③写真に写っている人は何を考えていて，誰に何を求められているのか，④この後何が生じるのか，といった点について文章化することが求められます。マクレランドらの調査対象者はこういった写真や絵を6つ見せられ，それぞれについてストーリーを作成します。そして，作成されたストーリーを専門家が決められた手順に従って独立して採点し，達成動機の強さのスコアを決定するというものです。

　これに対して近年では，質問票を用いて達成型モチベーションを測定しようとする研究も蓄積され始めています。バリック（Barrick, M. R.）は，もともとパーソ

図5.6　マクレランドらの TAT の素材の見本（McClelland, 1962 をもとに作成）

ナリティと業績の関係に関心をもつ研究者でした。バリックは，さらにこの関係を
詳しく検討するために，パーソナリティと業績の関係を媒介する要因として達成志
向のモチベーションを含む3種類のモチベーションに注目しました。バリックらの
研究では，誠実性のパーソナリティが達成志向のモチベーションを高めること，達
成志向のモチベーションがステータス志向のモチベーションを介して業績に結びつ
くことを示しています。なおここでステータス志向とよぶモチベーションは，ステ
ータスや権力を獲得しようと人を駆り立てるモチベーションのことです。具体的に
は，職場の同僚と比較してよりよいポストや処遇を獲得しようとする行動があげら
れます。ステータス志向そのものは，外向性のパーソナリティと業績を媒介するこ
とも同時に示されています（図5.7）。

　バリックらのモチベーション尺度にも特徴があります。それは，近年のモチベー
ションの定義でしばしば取り上げられる3次元に着目し，それぞれの次元に対応す
る複数の質問からなる質問項目で測定される点です。具体的には，①焦点と方向性，
②強さと持続性，③喚起の3つの次元についてそれぞれ5項目の質問項目を設定し，
合計15項目を用いて測定するという大変丁寧な測定方法を用いています。これま
で，モチベーションの質問票調査では，強さの次元だけに注目するものが多く用い
られてきました。しかしながら，モチベーションの多様な側面をとらえるためには，
このような複数の次元から構成される尺度を用いることが一つの解決策となるでし
ょう。

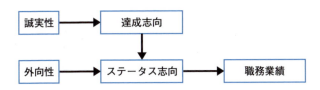

図5.7　パーソナリティと業績を媒介するモチベーション（Barrick et al., 2002をもとに
一部修正のうえ筆者作成）

コラム 5.2　**外発的報酬が内発的モチベーションに与える影響**

　マニュアル化が難しい業務や高度な知識を活用する必要のある難易度の高い業務に従事する人が増加するようになると，仕事そのものを遂行することから得られる報酬（内発的報酬）に基づくモチベーションである**内発的モチベーション**に注目が高まるようになりました。

　デシ（Deci, E. L.）は，内発的モチベーションに注目した上で外発的報酬が内発的モチベーションに与える影響について明らかにする興味深い実験を行いました。24 名の大学生（実験群：12 名，統制群：12 名）を実験室に招き，パズルを解くように求めたのです。実験室には「ニューヨーカー」や「タイム」などの雑誌の最新号が置かれ，実験に参加する従業員は雑誌の置かれている棚の真向かいに置かれたテーブルの前に座ってパズルに取り組みます。

　実験は 3 つの段階に分かれており，第 1 期では実験群・統制群ともにパズルを解くように求められます。第 2 期では，実験群のみに解いたパズルの数に合わせて金銭的報酬が与えられることを説明します。第 3 期には，実験群には報酬のお金がなくなったことを説明し，報酬がない状況でパズルを解いてもらいます。

　デシは，パズルを解き終わった後の自由時間の行動に注目して内発的モチベーションを測定しました。各期でパズルを解いた後，8 分間の休憩時間を設け，大学生以外は席を外します。そして，この休憩時間の間に大学生がパズルに取り組んだ秒数を測定し，内発的モチベーションの指標としたのです。

　その結果，表 5.2 にみられるように，実験群では第 1 期と比べて第 3 期では内発的モチベーションが低下するという結果が得られました。すなわち，パズルを解くと金銭（外発的報酬）をもらえると聞いた大学生は，休憩時間にはパズルをあまり解かなくなるという結果が得られたのです。このような実験からデシは，内発的モチベーションで行動している人に外発的報酬を与えることは内発的モチベーションを低下させるという**アンダーマイニング効果**を主張しました。

　ところでこのように説明すると，内発的モチベーションが良いもので，外発的モチベーションは悪いもの，と感じる人もいるかもしれません。しかしながら現実的にはどちらのタイプのモチベーションも重要だという点には注意が必要です。たと

表5.2　**デシの実験結果**（Deci, 1971 をもとに一部修正のうえ筆者作成）

グループ	第 1 期	第 2 期	第 3 期	第 3 期−第 1 期
実験群 （*n*=12）	248.2	313.9	198.5	−49.7
統制群 （*n*=12）	213.9	205.7	241.8	27.9
（実験群の第 3 期−第 1 期）− （統制群の第 3 期−第 1 期）				−77.6 秒 （標準偏差＝58.5）

高い得点ほど高いモチベーションを意味します。

えば，新しいスポーツや楽器に挑戦し始めたときのことを思い出してみてください。筆者の場合，野球もピアノも最初は面白そうだと思って始めたものの，いざやってみるとうまくできませんでした。メロディを奏でる楽しさから練習を続けたというよりは，「今さら辞めるというとお母さんは怒るだろうな」とか，「練習していかないと先生に余計怒られるな」という気持ちがあったことは否定できません。このように物事を続ける際のある時点では，外発的モチベーションに支えられていることがあるのが普通です。そこで，近年では，はじめは外発的な理由で仕事をしていたとしても，仕事を続けるうちに仕事の意義や面白さを感じられるようになり，次第に内発的モチベーションに近い状態へと「内在化」していくことが重要だと考えられるようになっています（Ryan & Deci, 2000）。

　私たちが，自分のモチベーションの種類が変化することについて自覚することは，自分のワーク・モチベーションを理解する上でも重要な視点だといえるでしょう。

コラム 5.3　困難に直面しても努力を続けるための熟達目標

　ドウェック（Dweck, C. S.）は達成状況で人がしばしば暗黙のうちに保有している達成目標によって，失敗に直面した際の反応が異なってくることを明らかにしました。ドウェックの一連の研究では，物事を達成すべき状況で，人が保有する目標は大きく分けて 2 種類に分けられるとしています。一つは，物事を成し遂げていくプロセスで新しいことを学んだり，新しいことができるようになったりすることを目標とする**熟達目標**です。もう一つは，物事を成し遂げることで，周囲の人に自分がうまく物事を遂行することのできる能力をもっているということを知らしめることを目標とする**遂行目標**です。

　ドウェックは私たちが勉強したり仕事をしたりする場面では，どちらかの達成目標をもっていると考えました。そしてさまざまな実験室実験とフィールド実験から，保有している達成目標によって困難に直面した場面の反応に違いがあることを指摘しました。実は順調に物事に取り組んでいる状況では，どちらの達成目標を保持している場合でも違いはありません。熟達目標を保有している人は，達成することを通じて学びがある限り勉強や仕事に取り組みます。一方，遂行目標を保有する人は，達成することを通じて周囲の人に自分が有能であるということを証明するために努力を続けるからです。しかしながら，ひとたび困難に直面してしまうと，そのときの反応には違いが出てきます。すなわち熟達目標を保持している人の場合には，困難な問題に直面した場合でも努力を継続するのに対して，遂行目標を保有している人の場合は努力をやめてしまう人がいるというのです。具体的には，遂行目標で現在の自分の能力を低いと思っている人の場合，困難に直面した場合に無力感に陥り，努力をやめてしまうといわれています。遂行目標を保有している人の場合，失敗をしていることを周囲に知られるのを避けようとします。そのため，失敗を繰り返しながら粘り強い解決策をみつけるというような勉強や仕事の進め方を避けるようになるからです（表 5.3）。

　近年では目標設定理論と達成目標理論の 2 つの観点を併せて検討することの重要性も主張されるようになっており，ますます注目が集まりつつある観点であるといえるでしょう。

表 5.3　**困難直面時の反応の違いと目標の関係**（Dweck & Leggett, 1988 をもとに一部修正のうえ筆者作成）

目標志向性	現在の能力に対する知覚	困難に直面したときの反応
熟達目標	高い／低い	努力を続ける
遂行目標	高い	努力を続ける
遂行目標	低い	無力感

コラム 5.4　従業員発の職務再設計——ジョブ・クラフティング

　20世紀の後半以降，サービス業に従事する人が多くなると，自律的に自分の働き方をコントロールできる従業員も増えてきました。たとえばベルトコンベアで作業を担当する場合と比べて，店頭で接客を担当する販売員は従業員の要求に合わせて柔軟に対応を変えることが求められます。従業員が自分なりに工夫を凝らした接客や商品説明をして成果につながれば，顧客により高い満足を感じてもらうことができるだけでなく，自分自身も仕事にやりがいを感じることができる場合もあります。

　このように従業員が与えられた仕事の範囲や他者との関わり方を変えていくことをジョブ・クラフティングとよびます（Wrzesniewski & Dutton, 2001）。東京ディズニーリゾートで働くカストーディアルというキャストをご存じの方も多いでしょう。彼（女）らは，掃除を主に担当するキャストです。しかし彼（女）らは，自分たちの仕事をゴミ拾いだけだとは考えていません。園内を歩き回るカストーディアルは，園内の担当箇所を知りつくしたキャストともいえます。このような知識を活かせば，ゲストに的確な道案内をすることもできますし，絶好のアングルで記念写真をとって喜ばすこともできます。また，時にはミッキーの絵をホウキで描いて「今だけ」の「隠れミッキー」を提供することまでできます。このようにさまざまな仕事を主体的かつ柔軟に自分の仕事として取り込んでいく行動が，ジョブ・クラフティングです。

　ジョブ・クラフティングには3つのタイプがあるといわれています（表5.4）。1つ目は，仕事そのものを変えていくというクラフティングです。上の例で強調したように，さまざまな仕事を自分の役割の中に取り込んだり，仕事を遂行する際に自分なりの工夫を盛り込んだりするクラフティングです。

　2つ目は，対人関係のクラフティングです。仕事の範囲を拡張すると仕事を遂行する際に関わる人間関係も変わることがあります。たとえば上述のようにさまざまな役割を取り込んでいるカストーディアルはゲストとの触れ合いが多くなることが予想されます。一般の企業でも，顧客に新たな提案をするためには，関連部署からの情報収集が必要になることも多いと思います。そういったときに，通常であれば

表 5.4　ジョブ・クラフティングのタイプと具体例

タ イ プ	具 体 例
仕事のそのものに変化を加える	掃除係が道案内や写真撮影も役割に取り込む。 顧客層の変化に合わせて店構えや棚づくりを工夫する。
対人関係に変化を加える	営業職が顧客の要望に応えるために技術部門にヒアリングに行く。 人事部員が自社の人事施策を充実させるために他社の人事部と勉強会を行う。
仕事の認識に変化を加える	人事部員が仕事の意味を問い直して，自分の仕事を研修づくりではなく人づくりと位置づける。

直接関わることの少ない部門の人とコミュニケーションをとるようになることもクラフティングの一形態といえるでしょう。

　3つ目は，認知次元のクラフティングです。これは自分の仕事とはどのようなものかという認識を変えるということです。たとえば人事部の仕事とは何なのでしょうか。私たちはついつい前任者から引き継いだ諸々の仕事そのものが自分の仕事だと考えてしまいがちです。しかし，時代が変わり状況が変わったにもかかわらず，形骸化して意味を見失ったまま続いている仕事もあるのではないでしょうか。そもそもなぜその仕事が必要だったのか，どういう価値があるのか，について考え直したり，とらえ直したりしてみると仕事の範囲や取組み方が変わってくるかもしれません。

　ジョブ・クラフティング研究は，それほど多くの成果が蓄積されている領域ではありませんが，近年徐々に注目が集まっています。モチベーションを従業員自身がコントロールできるようになっていくという観点からも，今後の蓄積が期待される研究領域の一つといえるでしょう。

復 習 問 題

1. あなたの大学での学びに対するモチベーションが高い理由もしくは低い理由について期待理論で学んだ3つの要因を用いて説明してください。

2. ゼミや部活の成果を高めるためにゼミや部活のメンバーと一緒に目標を設定してみましょう。その上で，設定した目標が目標設定理論で学んだ4つのポイントに対応しているかどうかをチェックしてみましょう。

3. あなたのアルバイト先の仕事がモチベーションの高まる特徴をもつものになっているのか，職務特性モデルの5つの次元を用いて評価してみましょう。またスコアの低い次元に注目して，その次元のスコアを高めるにはどのような方法がありそうか，実現可能性を踏まえて考えてみましょう。

参 考 図 書

デシ，E. L.・フラスト，R.　桜井茂男（監訳）（1999）．人を伸ばす力――内発と自
　　律のすすめ――　新曜社
　内発的動機づけ理論の知見についてわかりやすくまとめられた入門書です。さまざまな具体例を用いて主張を展開している一方で，根拠となる実験や調査の結果についても丁寧に触れられています。

金井壽宏（2006）．働くみんなのモティベーション論　NTT 出版
　自分のやる気を自己調整するために持論を活用して自己調整するという新しい考え方の解説と，よりよい持論を構築するために理論を学ぶための素材がバランスよくまとめられています。

ハルバーソン，H. G.　児島　修（訳）（2013）．やってのける――意志力を使わず
　　に自分を動かす――　大和書房
　達成目標理論と目標設定理論を背景に，目標を達成するということについて実践的に解説しており，大変読みやすくまとめられています。これまでの自分を振り返りながら読みたい入門書です。

レイサム，G. P.　金井壽宏（監訳）依田卓巳（訳）（2009）．ワーク・モティベーシ
　　ョン　NTT 出版
　モチベーション研究の第一人者がモチベーション研究を時系列に整理した一冊です。幅広いモチベーション理論が紹介されており，モチベーション理論を一通り学んだ中上級者向き。

第 6 章

メンタルヘルスと心の強さ

　この章では，職場における従業員の心の健康について取り上げます。仕事での過労や失敗などが原因で，心の病を引き起こしてしまう事例が多く報告されるようになり，どのような職場でもメンタルヘルスに関する課題に目をつぶることはできなくなってきています。そのような中，深刻な心の病によって完全に職場に復帰できなくなってしまう前に，予防的な対応を行っていこうとする動きが出てきています。その予防策は3つの次元に大別されています。まず第3次予防は，病気の発症後の取組みが中心となり，心の病の発症によって休業や休職をしている人の職場復帰を支援することが主な取組みです。第2次予防は，病気の早期発見・早期対応を目指すものです。軽症の段階で適切で迅速な支援を受けることで，本人の負担も，職場の負担も軽減されます。そして第1次予防は，心の病の発生を未然に防ぐための取組みです。これは第3次予防や第2次予防における個人への働きかけとは異なり，いわゆる職場改善が行われることが主となります。心の病の原因となる職場のストレス要因を軽減したり，心身共に働きやすい職場づくりを目指したりする対策が含まれます。

　これらの予防的対応が適切に行われるためには，①どのような心の病の状態があるのか，②心の強さとはどのようなものか，③いきいきとした職場をつくるためにはどのようなことが大切なのかについて理解していく必要があります。そこで以下では，メンタルヘルスに関する現状の理解から始め，これらの流れに沿ってさまざまな概念や理論を紹介していきます。

6.1　日本の職場の今

　日本の職場における労働者のメンタルヘルスの実態に関する最新の調査報告は，厚生労働省のホームページで誰でも見ることができます。平成25年（2013年）の労働安全衛生調査によると，過去1年間にメンタルヘルスの不調によって連続1カ月以上休業又は退職した労働者がいる事業所の割合は10.0%

と，平成 24 年（2012 年）調査の 8.1% より上昇しています。また，現在の仕事や職業生活に関することで強い不安や悩み，ストレスとなっていると感じる事柄がある労働者の割合は 52.3% と，半数以上に及んでいます。その内容をみると，「仕事の質・量（65.3%）」がもっとも多く，次いで「仕事の失敗，責任の発生等（36.6%）」となっています。さらにこのような実態を受けて，メンタルヘルス対策に取り組んでいる事業所の割合は 60.7% と，平成 23 年調査の 43.6% と，平成 24 年調査の 47.2% よりはるかに上昇しています。これらの調査報告からも，メンタルヘルスに不調をきたしている従業員は増えており，その深刻化を防ぐための予防的対応に取り組む職場も増加していることがわかります。うつ病などの，深刻な精神疾患にいたってしまうと，本人も職場としても大きな負担となるため，それ以前に何らかの対策をとるべきだという考え方がようやく根づいてきたといえます。

6.2　心の病はどんなもの？

6.2.1　抑うつ，うつ病

　カフェにいると，隣の席の女の子たちが「私やばい，うつ病かもー」と言って盛り上がっています。少し前までは，「うつ病」と聞いても，何の病気だろう？と反応する人も多くいたはずが，今では日常会話の中に現れたり，ドラマや映画，小説の題材に使われるようになり，身近な言葉になりつつあります。これは，うつ病の人が異常者や特別な人というわけではなく，誰でも簡単になり得るものであるという理解が進んだという意味では，良きことと思われます。しかし，本来の意味や症状を理解しないままに誤解を生んでいるという弊害もあります。そこでまずは，抑うつについて理解しましょう。

　抑うつとは，depression の訳語です。心理学や精神医学の領域で depression という単語は，①抑うつ気分，②抑うつ症候群，③うつ病，の 3 つの意味で用いられています（北村，2000）。①抑うつ気分とは，滅入った，悲しくなった，ふさぎ込んだ，落ち込んだ，といった気分を指します。②抑うつ症候群とは，抑うつ気分や抑うつ気分に関連したいくつかの症状が，ある程度の期間持続し

ているものを指します。抑うつ気分に関連した症状には，興味の喪失（仕事や趣味，ふだん楽しみにしていることなどに興味がもてない状態），食欲や体重の極端な変化，不眠や過眠，精神運動性静止（動作や話し方がゆっくりになっている状態），焦燥，易疲労性や気分の減衰，心気的憂慮（身体症状をひどく気にする症状），自信喪失，無価値感や自責感，集中困難や決断困難，絶望感，自殺念慮や自殺企図などが含まれています。そして③うつ病とは，抑うつ気分が一定期間（2週間以上ほぼ毎日）持続し，抑うつ気分に関連したいくつかの症状が伴い，器質的原因（脳炎，てんかんなど）や物質性の原因（アルコールやその他の薬物）が否定でき，統合失調症や失調感情障害に該当しない場合です（図6.1）。

　うつ病と診断された人に対して，「あいつは自分に甘いだけだ」とか，「あいつがうつなら俺だって立派なうつだよ」とかいった非難はお門違いです。うつ病は明確な基準に基づいた，深刻な心の病なのです。このような深刻な状態に陥る前に，早期発見を手助けするものとして，自分がどの程度ストレスを抱えているのか，またどの程度抑うつであるのかを簡単にチェックできる尺度が多く開発されています。その中でも，ツァン自己記入式抑うつ性尺度（SDS）は簡易的にチェックできる尺度として多くの場で使われていますので，気になった人はチェックしてみてください（Zung, 1965）。ただし，もしセルフチェックによる抑うつの点数が高かったとしても，うつ病であるかどうかの診断は専門家が行うものですので，自分で自分にうつ病と診断しないように気をつける

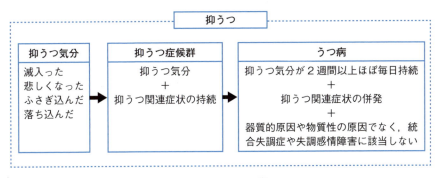

図6.1　抑うつの種類

必要があります。

6.2.2　バーンアウト

　ここまで，うつ病に関して紹介してきましたが，もう一つ最近よく聞かれるようになった「バーンアウト」について紹介します。バーンアウトとは，過度で持続的なストレスに対処できずに，はりつめていた緊張が緩み，意欲や野心が急速に衰えたり，乏しくなったりしたときに表出される心身の症状のことです。燃え尽き症候群とよばれることもあるバーンアウトは，日本においては，部活動で全国大会を目標に戦った後の高校生や，大学受験が終わった後の受験生たちが「打ち込むことが何もなくなった」という虚脱感に襲われ，急にすべてに対してやる気を失ってしまうことを指して多く使われてきました。最近では，このバーンアウトは就職している成人，とくに医療や福祉，教育など，いわゆるヒューマン・サービスの従事者の間で大きな問題となっています。これは，ヒューマン・サービスの従事者たちは，一方で彼らのクライエントに対して温かく人間的，献身的に接しなければならず，他方では，仕事を成功させるために，冷静で客観的な態度を堅持しなければならないからであるとされています（田尾と久保，1996）。いわば，優しさと厳しさという2つのメンタリティないしは態度傾性を一人の個人の中で両立させなければならず，この役割葛藤が長期間にわたって続くことによってストレスが生じることになるのです。

　このバーンアウトが非常に問題視されるのは，ヒューマン・サービスの従事者の仕事は，そのサービスの受け手であるクライエント（患者や来談者，生徒など）に大きな影響を及ぼすからです。たとえば，バーンアウトに陥った従事者は，クライエントとの接触を減らしたり，視線を避けたり，悪口を言うようになったり，職場を離れたがったりします。そしてそのような行動は，組織全体のパフォーマンスの質を下げ，社会的弱者であるクライエントの福利に好ましくない影響を与えてしまうことになります（田尾，1989）。

　マスラックとジャクソン（Maslach, C., & Jackson, S. E., 1981）によると，バーンアウトは①他者との接触に感情的に疲れ切っていると感じる「情緒的消耗感」，②クライエントに対するネガティブな，または過度に突き放した反応

を示す「脱人格化」，③有能感や達成感の減退を示す「個人的達成感の低下」の3つの下位概念で構成されます（the Maslach Burnout Inventory；MBI）。近年では，ヒューマン・サービス従事者だけでなく，さまざまな職種にも適用させる動向もみられます（the Maslach Burnout Inventory-General Survey；MBI-GS）。この MBI-GS は顧客やクライエントとの直接的な接触をもたない職務を対象としているため，MBI の構成と異なり，①従来の MBI と同様の「情緒的消耗感」，②仕事そのものから距離を置く無関心な態度である「シニシズム」，③自分が仕事で役に立っていると思うことができない「職務効力感の低下」の3つの下位概念で構成されます（Maslach et al., 1996）（図 6.2）。

　MBI も，MBI-GS も，17 項目程度の簡易的な尺度ですのでいつでもセルフチェックできます。バーンアウトは，ため込んでいるストレス状態に鈍感になっているときに，突然電球が切れてしまったり，糸がプツンと切れてしまったりするような感覚で心がエンスト状態になってしまうものです。セルフチェックを通して，自分でも気づかないうちにため込んでいる心の疲れを知ることも，早期発見，未然予防には有効かもしれません。バーンアウトは，精神的健康にも身体的健康にも大きな悪影響を及ぼすことが多くの調査で示されており，仕事のパフォーマンスとも大きく関連することがわかってきたため（Bakker et al., 2014），どの職種においても，避けては通れない大きな課題であることは間違いないのです。

図 6.2　バーンアウトのプロセス

6.3　心の強さとは？

6.3.1　ワーク・エンゲイジメント

　ここまで抑うつやバーンアウトといった心の病について紹介してきました。ただし，どんなにきつい仕事でも，いきいきと働いている人は多く存在します。そこでここからは，そのような人たちがもっているモノ，心の状態について紹介することで，いきいきと働き続けるヒントを探ります。これまでの心理学では人の心のネガティブな側面に焦点を当てる研究がほとんどでしたが，2000年頃から，幸福やウェル・ビーイング（well-being）などのポジティブな側面にもっと注目するべきだというポジティブ心理学の波が大きくなってきました。そしてそれは職場におけるメンタルヘルス研究においても同様で，いきいきと健康な心で働く人に焦点を当てた研究が多くなされるようになってきました。その中で最近注目されている概念が「ワーク・エンゲイジメント」です。

　ワーク・エンゲイジメントとは，「仕事に誇りや，やりがいを感じている」（熱意），「仕事に熱心に取り組んでいる」（没頭），「仕事から活力を得ていきいきとしている」（活力）の3つがそろった状態であり，バーンアウトの対概念として位置づけられています。ワーク・エンゲイジメントの高い従業員は，心身が健康で活力にあふれ，仕事に積極的に関与し，生産性も高いことがわかっ

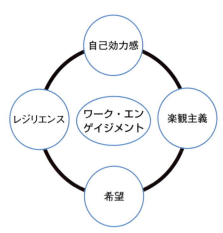

図 6.3　ワーク・エンゲイジメントと4つの心理的資本

ています（島津, 2015）。そしてこのワーク・エンゲイジメントを高めるものとして,「心理的資本」が提唱されています。心理的資本は自己効力感, 希望, 楽観主義, レジリエンスの4つに分類されます（Luthans & Youssef, 2004）（図6.3）。

6.3.2　自己効力感

自己効力感とは,「ある状況において, ある結果を達成するために必要な行動を自分がうまくできるかどうかの予期」であると定義されています（Bandura, A., 1977）。つまり,「自分ならやれる！」と感じることができる状態です。そしてバンデューラによると, この自己効力感は次の4つの要因から生み出されるとされています。1つ目は, 特定の課題を達成することができる能力を自分がもっていると考える「遂行可能感」, 2つ目は他者がその課題を遂行する行為を観察し, あの人にできるのであれば自分にもできると考える「代理学習」, 3つ目はコーチや上司, 尊敬する人からのポジティブなフィードバックや励まし, もしくは自分はやればできるといった自己教示である「言語的説得」, そして, 4つ目は, 脈拍や鼓動などの生理的な反応である身体的な覚醒や情動的な覚醒です。バンデューラは, 自己効力感は自然発生的に生じるのではなく, これら4つの要因を通して, 個人が自ら作り出していくものだと考えており, とくに遂行可能感から生み出された自己効力感がもっとも強く安定したものであると指摘しています。

6.3.3　レジリエンス

レジリエンスとは, 精神的回復力やしなやかさなどともよばれ, 困難な状況に直面し, 一時的に落ち込んでもまた元の状態に回復する力や, 回復のプロセスを指します。レジリエンスの概念が注目される以前は, つらいことがあってもへこたれないような強固な心を育てることが求められてきました。しかし, どんなに強い枝でも, 予想以上の風が吹くとポキッと折れてしまいます。そこで, 風が吹いても, その風をしなやかに受け止め, 揺れながらもまた元の状態に戻れるような柔軟さをもつことがより重要であるという考えからレジリエン

スが注目されるようになったのです。レジリエンスは，困難な出来事に直面した際に発揮されるものであり，日常的にはとりわけ求められるものではありませんが，一度へこんでも元の状態に戻ることのできる力は，長期的，持続的に心の健康を保つ上で大切なものです。

　もともと，レジリエンスの概念は，統合失調症などの重篤な障害をもつ患者が，厳しい逆境に直面しながらも適応的な結果を示す要因についての研究が行われたことがきっかけとなり，注目され始めました（Baldwin et al., 1993）。日本では 2011 年の東日本大震災もきっかけとし，とくにここ数年の間にレジリエンスの概念が注目され始め，重篤な精神疾患の患者というよりも，一般的な人を対象とした研究がとくに盛んに行われています。すなわち，誰しも直面する可能性があるような仕事での失敗や，死別や失恋などの日常生活の中でのつらい経験などの文脈において，精神疾患に陥る以前に，一時的な落ち込みの状態から回復することを目指すものです。

　では，レジリエンスとはどのようなものなのでしょうか。レジリエンスを測るためにさまざまな尺度が開発されていますが，日本でよく用いられるものを参照すると，とくに以下のような要因が含まれています。①いろいろなことにチャレンジするのが好きだという「新奇性追求」，②自分の感情をコントロールできるという「感情調整」，③自分の未来にはきっといいことがあると思う「肯定的な未来志向」，④必要なときに頼りにできる人がいる「ソーシャル・サポート」，⑤困難な仕事でも何とかやっていけると思う「有能感」，⑥どんな人ともうまく付き合うことができる「社交性」，⑦気持ちの切り替えが早い「楽観的思考」，⑧やるべきことはきちんと最後までやり抜く「関心の持続・多様性」などがあげられています（小塩ら，2002；井隼と中村，2008；佐藤と祐

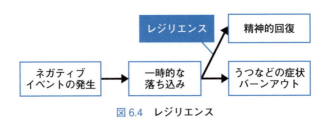

図6.4　レジリエンス

宗，2009 など）。つまり，以上にあげたような特性や力をもっている人ほど，困難な状況に直面して一時的に落ち込んだとしても，また元の状態に回復しやすいということです（図 6.4）。

6.4　いきいきした職場をつくるには？

　前節では，心の強さについて，ワーク・エンゲイジメントや自己効力感，レジリエンスといった心理的資本について紹介しました。これらは，さまざまな経験を通して高めることができるものですが，現時点でそれらが高い人も低い人もいます。同じような作業負荷，ストレス状態に置かれたとしても，うまく対処したり乗り越えたりすることができる人もできない人もいるのです。そこで，職場全体の成績を上げたり，みんながいきいきと働いたりできるようになるには，「弱い人」もみんなで支えながら働き，たとえ職場全体が危機にさらされても，一丸となって乗り切っていけるような職場づくりをしていくことが求められます。そこで本節では，そのための重要な概念であるソーシャル・サポートとソーシャル・キャピタルについて紹介します。

6.4.1　ソーシャル・サポート

　ソーシャル・サポートとは，「個人が取り結ぶネットワークの成員間で，個人の well-being を増進させる意図で交換される心理的・物質的資源」（田中，1997）と定義されています。つまり，職場の仲間や家族，友人などのさまざまな人と人とのつながりの中で，相手の幸福や心の健康を高めるために与え，与えられる助け合いのことを指します。具体的に含まれる内容は，①共感したり，愛情を注いだり，信じてあげたりする「情緒的サポート」，②仕事を手伝ったり，お金や物を貸してあげたりする「道具的サポート」，③問題への対処に必要な情報や知識を提供する「情報的サポート」，④行動や業績にふさわしい評価を与える「評価的サポート」があるとされています（House, 1981）。ソーシャル・サポートがメンタルヘルスにポジティブな効果をもたらすことが多く報告されており，図 6.5 に示すように 2 つの段階で効果を発揮するといわれて

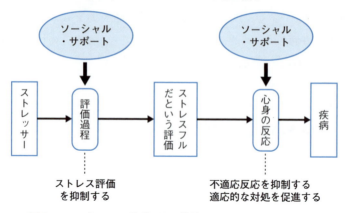

図 6.5　**ソーシャル・サポートの効果**（Cohen & Wills, 1985）

い
います。すなわち，ある人がストレスを生じさせる可能性のある出来事に直面
したとき（ストレッサーの存在），まず①その出来事がストレスを生じさせる
かどうか評価する過程に影響を及ぼします。この段階で，人に愚痴を言ったり，
弱音を吐いたりして楽になったり，大した問題ではないととらえることができ
れば，その出来事はストレスフルなものではなくなります。そして②もしスト
レスを生じさせる出来事であると評価された場合，その出来事に対処する過程
に影響を及ぼします。出来事を乗り越えるために手助けしてくれたり，励まし
てくれたりすることでストレスが軽減されれば，精神的な疾病を引き起こすよ
うな深刻な状態に陥らずにすみます（図 6.5）。

　このソーシャル・サポートが実際に職場で機能しているかどうかを把握する
には，以下の3つの次元があります。1つ目はサポートを提供してくれる人が
いるかどうか，そしてその人数を問う「サポート・ネットワーク」，2つ目は
サポートが得られるかどうかの可能性や期待の程度を問う「知覚されたサポー
ト」，3つ目は実際にやりとりされたサポートの程度を問う「実行されたサポー
ト」です（Barrera, 1986）。すなわち，職場にサポート体制が整っているか
どうかを判断するには，どの程度，メンバー間でサポートのやりとりが行われ
るネットワークが築かれているのかを人数やネットワーク図で把握したり，自
分がサポートを望んだときに周囲の仕事仲間がそのサポートを提供してくれそ

うかどうか尋ねたり，これまでの一定期間中に実際にどの程度サポートを受け
たかの経験を尋ねたりすることで明確になります。目的によって，どのような
把握の仕方が適切であるかを見極めた上で，チェックの仕方を判断する必要が
あります。

　ただし，ソーシャル・サポートが提供者の意図に反して，受け手にとってネ
ガティブな影響を及ぼしてしまう可能性にも気をつけておく必要があります。
良かれと思って助けたことが，余計なお世話やお節介と評価されてしまったり
（橋本，2005），むやみな励ましによって，あたかも問題がたいしたことないよ
うに過小評価されているように感じさせてしまったり（Wortman & Lehman,
1985），一方的にサポートを受ける側になると，自尊心への脅威や心理的負債
感から，知覚されたサポートが十分に機能せず，結果的に心の健康が損なわれ
ることもあります（福岡，2003）。このような，ソーシャル・サポートの逆効
果についても認識した上で，積極的に支えあう職場環境を築いていくことが大
切です。

6.4.2　ソーシャル・キャピタル

　近年，集団レベルでのつながりについて，集団凝集性や集団規範，メンバー
間の信頼関係なども含め，それらを社会あるいは地域における有用で公的な
「資本」として位置づける「ソーシャル・キャピタル（社会関係資本）」の考え
方が心理学を含む社会科学の分野で注目されています（内田と竹村，2012）。
これは，ソーシャル・キャピタルについての第一人者であるパットナム（Put-
nam, R. D., 2000/2006）が，「信頼」や「互酬性の規範」，「ネットワーク」な
どの社会関係の特徴をコミュニティに蓄積し，利用できる資本とみなした概念
です。このソーシャル・キャピタルが豊かであれば，人々の協力行動が上昇し，
さまざまな事業がスムーズに進むとされています。そしてそのようなソーシャ
ル・キャピタルの高いコミュニティのメンバーは，精神疾患や心疾患の罹患率，
死亡率が低かったり，主観的な well-being を高めたりすることが示されていま
す（芳賀ら，2015）。

　このソーシャル・キャピタルの考え方は，地域コミュニティのレベルで検討

され，住民同士のつながりや，地域の活性化の程度などとの関連が検討されています。つながりを「資本」としてとらえる考え方は，従業員を「人的資本」としてとらえたり，心の強さを「心理的資本」としてとらえたりするようになってきた流れと一致します。つまり，職場内でもソーシャル・キャピタルの考え方は重要で，職場内のネットワークや，信頼関係，互恵性の規範は，その職場の「資本」であり，従業員のメンタルヘルスやパフォーマンスにポジティブな影響をもたらす重要なものであると考えることができます。従業員同士のつながりが重要であることは当然のことかもしれませんが，それを資本としてとらえ直すことで，それをより高めるようなマネジメントや働きかけの重要性が議論の場に出現しやすくなるのではないかと期待できます。

復 習 問 題

1. ワーク・エンゲイジメントを高める心理的資本にはどのようなものが含まれるでしょうか。
2. 失敗を経験することによってやる気を失い，抑うつ状態に陥るプロセスはどのように説明できるでしょうか。
3. 職場でサポート体制が整っているかどうかは，どのように測定することができるでしょうか。

参 考 図 書

島津明人（編著）（2015）．職場のポジティブメンタルヘルス──現場で活かせる最新理論── 誠信書房

　従業員のメンタルヘルス対策に役立つワーク・エンゲイジメントやレジリエンスなどの最新理論を，多くの図表や実践例を用いてわかりやすく紹介した一冊です。

吉野　聡（著）松崎一葉（監修）（2012）．精神科産業医が明かす職場のメンタルヘルスの正しい知識［改訂版］ 日本法令

　精神科産業医としての経験を基に，指針や手引きを具体的にどう使いこなすのか，企業は心の健康問題を減らすために何をすべきなのかについて解説しています。発病から休職，復職までのフェーズごとにノウハウが紹介してあります。

コラム 6.1　失敗体験による落ち込みから抜け出すには？

　仕事がうまくいかなかったとき，何か失敗をしたとき，「きっと次もうまくいかないだろう」とか，「もともと自分はダメな人間なのだ」と落ち込みすぎてしまうことがあります。ここでは，そのように落ち込みすぎてしまう心のメカニズムである「学習性無力感」をキーワードに紐解き，どのようにすれば失敗体験による落ち込みから抜け出せるのかについて考えてみましょう。

1.　学習性無力感とは

　セリグマンらが1967年にイヌに対して行った実験によって見出された概念です（Seligman, M. E. P., & Maier, S. F., 1967）。この実験ではイヌに対して，どうやっても回避できない（コントロール不能の）電気刺激を与え続けました。イヌは電気ショックをいくら避けようとしても避けられない状況下に置かれ，この状態が続くと「あきらめ」の感覚が生じてきて，電気ショックが来てももはや回避行動をとらず，いつまでも床にうずくまったままになってしまいます。そしてその後，実験状況が変わって電気ショックを回避できる状況になっても，イヌは前と同じようにうずくまって電気ショックから逃れようとしないことが多かったのです。セリグマンらはこの結果について，電気ショックから逃れられず，自力で状況を変えられない事態が続いた場合，どうせ次も何をやってもダメだろうということを「学習」したのだと考え，これを学習性無力感とよびました。

　その後，人においても学習性無力感の現象がみられることがわかりました。セリグマンは，無気力な状態に陥り自分から何もしなくなるという行動の特徴は，苦痛な刺激そのものによって引き起こされるのではなく，自分の行った反応が苦痛な刺激をコントロールできないことを学習した結果引き起こされると考えました。そして学習性無力感は人がネガティブな出来事を経験したときに，それに反応して起こる抑うつ状態のモデルであると指摘しました。これは抑うつの学習性無力感理論とよばれています。

2.　改訂学習性無力感とは

　エイブラムソンら（Abramson, L. Y. et al., 1978）は，このセリグマンの理論に当てはまらない結果を受け，改訂学習性無力感理論を提唱しました。この理論では，人が抑うつになるかどうかは，コントロール不能だという結果についての原因帰属の仕方で決まるとしています。この原因帰属は3つの次元でとらえられます。1つ目は内在性の次元です。これは原因が努力や能力，気分のような自分の内にあるもの（内的）か，運や他者の行動，社会制度のような自分以外のもの（外的）か，という次元です。2つ目は安定性の次元です。これは，コントロール不能という結果

がいつも起こるのか（安定的），そうではないか（不安定的）という次元です。3つ目は全般性の次元です。これは，コントロール不能な原因が，別の場面でも同じような結果を引き起こすものであるか（全般的），その場に限られたものであるか（特殊的）という次元です。そして，これら3つの次元において，「内的・安定的・全般的」にコントロール不能な結果の原因を帰属すると，将来的にもまた嫌なことが起こるのではないかとか，ネガティブな出来事を自分ではコントロールできないだろうという無力感予期が生じ，これが無力感抑うつを引き起こすことになりやすいことが指摘されています。たとえば，ある月の営業成績が悪かったときに，「今月はたまたま運が悪かっただけだから，来月は何とかなるだろう」ととらえるのではなく，「自分にはもともと営業能力がなく，来月もきっと伸びないだろう」ととらえてしまうと抑うつ症状を引き起こしかねないということです。この無力感による抑うつの症状として，やる気が出ないという「動機づけの障害」，考え方やものごとの解釈の仕方が抑うつ的になるという「認知の障害」，悲しい・むなしいなどの気持ちがする「感情の障害」，自分がいやになったり自信をなくしたりする「自尊心の低下」があるといわれています（図6.6）。

　では，この改訂学習性無力感理論をもとに，失敗経験から落ち込みすぎて無気力になってしまうことをどう防ぐことができるのかを考えてみましょう。仕事をしていれば，誰でも失敗してしまうことはあります。そして自分がどう対処しても，その失敗によって悪い結果が生じることが防げないとき，その原因を自分の内的なもののせいにしすぎたり，いつでもどこでもそれが原因で悪い結果を出してしまうように考えてしまったりすると苦しくなります。かといって，誰かのせいにしてしまうのは無責任ですし，不運のせいばかりにしていては失敗から学ぶこともできないでしょう。自己反省はしたとしても，「次は何とかできる」とか，「いつもこんな失敗ばかりではない」と考えて原因帰属の負のループを断ち切ることで，落ち込みすぎることから脱出できるかもしれません。失敗の原因を「冷静に」受け止め，いつもそうであるかのように落ち込みすぎないことが大切だということです。

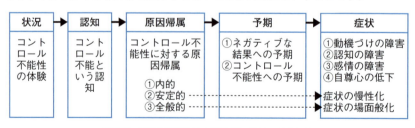

図6.6　改訂学習性無力感理論（坂本，2004）

コラム 6.2　自分に目を向けすぎるとかえってきつくなる？

　人には，他の人が観察することができる自己の側面（公的自己）と，他の人が観察できない，自分だけが知ることができる自己の側面（私的自己）があります。そしてそれぞれの自己に注意が向いている状態を自覚状態とよびます。たとえば自分の身なりが気になったり，他の人の視線が気になったりしているときは，公的自覚状態であり，自分の考え方や性格，気分について気に留めているときは私的自覚状態にあるといえます。また，自己を意識しやすい程度にも個人差があり，自己を意識しやすい特性を自己意識特性といいます。そしてこれらの，自己を意識している状態（自覚状態）と自己を意識しやすい特性（自己意識特性）の2つの側面を包含的に示す概念が自己注目です。自分に意識が向き自覚状態になったときに，その場の適切さの基準（その状況でどのように振る舞うべきかの行動の指針）が重要なものとして意識されると，その基準と現在の状態を比較し，できるだけ基準に近づくように行動しようとします。また，適切さの基準が意識されない場合は，自己の内的状態への感受性が高まることになります（Carver & Scheier, 1981）。

　たとえば仕事でプレゼンする場合などは，上司の視線が気になり（公的自覚状態），適切さの基準が重要と意識され（ボロが出ないように，OK をもらえるような話し方と進め方をしなければと意識するなど），できるだけ基準に近づくように行動します（効果的だとされるプレゼンの際の話し方や身振り手振りを思い返して実行しようとするなど）。適切さの基準が意識されると，現実の自己と比較されますが，多くの場合は基準に達せておらず，ネガティブな感情を経験し，自己評価が下がることにつながります。一方で，適切さの基準が意識されないときには，自己に関する情報が知覚されやすくなり，出来事の原因を帰属する際に自分の情報がより浮き彫りとなり，自分の要因のせいにしやすくなったり，経験している感情の状態が，より強く経験されやすくなったりします。さらに，悲しい気分状態のほうが，楽しい気分状態よりも自己に注意を向けやすいこともわかっています。すなわち，落ち込んでいるときほど，自分に注意を向けやすく，こうあるべきだという姿と現実の自分との差を意識してさらに落ち込んだり，もしくは物事がうまくいっていない原因を自分の能力や性格のせいにしたりしてさらに落ち込んだりしやすくなるのです。

　では，職場でこの自己注目の負のループにはまらないためにはどうすればいいのでしょうか。それにはやはり仕事仲間の存在が大きいでしょう。落ち込むような出来事が起こったときに，誰かに話を聞いてもらって楽になったり，自分のネガティブになりすぎた考えが修正されたりすることが期待できます。さらに，落ち込んだときこそ自分の状態にはまるのではなく，他者に目を向けようとすることで，かえって自分の状態が楽になることもあるでしょう。自分の状態に注意が向きすぎると，視野も狭くなり，判断を誤ったり，行動パターンを狭めたりすることにもつながります。きついときこそ，周りの仕事仲間や周りの状況に目を向け，視野を広く保とうと意識することが，自己注目の悪循環から抜け出すことにつながるでしょう。

コラム 6.3　ユーモアは心の健康にも，職場の活性にも有効

　職場でユーモアが飛び交うのは欧米の世界で，日本ではまだまだマジメに黙々と働くことが求められているかと想像する人も少なくないでしょうが，そんな日本でも，笑いの絶えない職場をつくることをマネジメント上の課題としている企業も出てきており（宮内，2011），ユーモアを交し合うことや笑いあうことの大切さが認識されつつあります。ユーモアとは，面白さやおかしさをもたらすやりとり全般を指します（上野，2003）。近年，とくにユーモアとストレスの関連を検討するような研究が多く行われており，多くの研究において，ユーモアがストレスを低減させたり，心身の健康を促進したりすることが示唆されています。しかし，一言にユーモアといっても，さまざまな笑いがあり，もたらされる効果も異なるはずです。そこで上野（1992）はユーモアを 3 つに分類しました。1 つ目はブラックユーモアや皮肉，からかいなどの自己や他者を攻撃することを目的とした「攻撃的ユーモア」，2 つ目は自己や他者を楽しませることを目的として使用されるもので，だじゃれなどの言葉遊びや，ありふれた日常のエピソード，ドタバタなどを含む「遊戯的ユーモア」，3 つ目は自己や他者を励まし，許し，心を落ち着けることを目的として使用される「支援的ユーモア」です。これらの中でも，とくに精神的健康に関連するユーモアは支援的ユーモアであり，ネガティブな出来事を受け止める力を高め，その結果抑うつ状態に陥るのを防ぐことが明らかになっています（宮戸と上野，1996）。

　さらに，社会的過程の研究においても，ユーモアの効果は多く検討されています。たとえばユーモアの使用によって，集団の親密さが増し，その結果，集団内の対人関係が円滑になったり（Hampes, 1992），対人関係における緊張や葛藤を小さくするため，ユーモアをメンバーで共有することによって集団内部を結びつけ，1 つにまとめたりすることが示されています（Ziv, 1980）。また，ユーモアセンスを有している人は，社会的コンピテンスを有しており，かつ，魅力的であるために，人間関係における緊張や衝突が少なく，親密性が増し，非常に多くのつながりが生まれ，その結果，ソーシャル・サポートを受けやすいこともわかっています（Martin, 2002）。

　以上のように，仕事中の何気ない雑談で笑いあったり，つらい状況に直面している同僚に向けて，気持ちが軽くなるような冗談を用いて励ましたりすることで，メンバーの心の健康が保たれ，協力的でいきいきとした職場を築くことが期待できます。もし目の前に落ち込んでいる人がいれば，「大丈夫？　あまり気にしないでね。つらいときは泣いていいんだよ」とマジメに励ますのではなく，「パワーストーンならぬ，パワー俺，いる？」と言ってやったり，遅刻してビクビクしながら謝るよりも，「出社時間守れなかったので，退社時間はきっかり守ります！」と言い放つくらいが，職場を健康にできるのかもしれません。

第 7 章

キャリア発達

　私たちは，学校で過ごす時間よりもずっと長い時間を，社会人として働く人として，過ごしていくことになります。読者の皆さんの多くは，大学で学んでいる最中で，これからキャリア生活を形作っていくのではないしょうか。キャリアとは，過去・現在・未来を通して形成されるあなただけの仕事に関わる経験の連鎖です。あなたのキャリアはもう始まっているかもしれません。では，あなたは，これからどのようにしてキャリアを作っていくのでしょうか。

　敷かれたレールの上を歩いていくような，そんなキャリアを歩む人，大海原に放り出されて，これから行き先を決めるような航海や旅のようなキャリアを作る人。そのあり方は，人それぞれ違うものです。

　本章では，心理学と経営学の領域で検討されてきたキャリアの理論を紹介します。あわせて，あなた自身の「キャリア」，そして「働くこと」についても考えてみてはどうでしょうか。

7.1　キャリアとは何か

　今では日常的に使われているキャリアという言葉ですが，日本で一般的に使用されるようになったのは，1990 年代の後半以降といわれています（二村，2009）。いわゆるバブル崩壊による平成の不況期の頃です。不況による雇用不安の中，それまでの日本社会に存在した「終身雇用」と「年功序列」が当たり前でなくなったとき，「キャリア」とは何かを考えることの必要性が社会的に高まったと考えられます。キャリアについて考えるということは，不確実性が高まった社会の中で，自分はどう生きるのかを考えることに似ているのかもしれません。

7.1.1 キャリアの意味

　ここで一度，キャリア（career）の定義を確認してみましょう。語源は中世ラテン語の「車道」や「車の通った跡や軌跡」という言葉です。後ろを振り返れば見える足跡や軌跡，そして前を見ればこれから進むべき道や選択肢があります。端的に表現すれば，キャリアとは「人生において過去・現在・未来へとつながる仕事にかかわる経験のつながり（連続体）」です。キャリアの定義は，研究者によって異なるといわれますが，人生のある時点だけではなく，過去から未来までの時間的な幅をもつということ，継時的な縦の次元を含むことは，多くの研究者の定義に含まれる要素となっています。

　また，キャリアには，心理的・主観的な側面と物理的・客観的な側面が同時に存在する横の次元があることも指摘されています。たとえば，かれこれ 10 年ほどの仕事経験のある人がいます。この人が今経験している仕事や過去の仕事については，勤務先，役職，勤続年数など客観的な情報で知ることができます。同時に，その客観的な事実に対して当人が何を想い，感じていたかという心理的で主観的な情報も存在します。その人のキャリアを理解するためには，どちらかではなく，両方を知ることが必要です。

　あなた自身は，この先の 3 年後や 10 年後，どんな状態でいたいでしょうか。客観的な側面，心理的な側面の両方を考慮して考えてみてください。具体的にイメージができるなら，その実現に向けて動いてみてはどうでしょうか。あなたのキャリア形成はそこがスタート地点になるかもしれません。

7.2　キャリアの選択と意思決定

　キャリアを形成していく過程で，人は何らかの仕事を選択します。大学生の多くも，就職を前にして自分に適した仕事は何だろう，どの会社に勤めればよいのだろうと頭を抱えることでしょう。キャリア理論の古典的研究の一つに，この疑問に対する支援を目的としたものがあります。まず，キャリアに関する選択と意思決定の理論を概観しましょう。

7.2.1　個人と仕事環境とのマッチング

キャリア選択の古典的な理論の一つは，個人の資質と仕事の要件がマッチングすることが最適な職業選択であるという考え方です。職業選択やキャリア形成に関する理論的体系が生まれたのは，19世紀末から20世紀初頭にかけてのアメリカといわれています。「仕事はただ単に探す（hunt）のではなく，選択する（choose）ほうがよい」と考えたパーソンズ（Parsons, F.）は，アメリカのボストンで職業相談室を開設し，職業指導を行っていました。その経験を記した著書『職業の選択（*Choosing a vocation*）』（1909）が職業指導に関する初めての書であったことから，彼は「職業指導の祖」とよばれています。

パーソンズは，職業選択の3つのプロセスとして，以下を記しました。まず①自分自身の特徴（資質，能力，興味，意思，限界など）をよく知ること，次に②仕事の特徴（必要条件，有利不利，将来性，機会など）をよく知ること，そして③自分自身と仕事の特徴が調和するかどうかを「合理的な推論」によって判断すること。パーソンズは，これらのプロセスを適切かつ体系的に支援することが，個人のより良い職業選択を促すと考えていました。つまり，個人および仕事のそれぞれに特有の性質があり，それらがマッチングすることが双方にとって望ましいことを説いたのです。この古典的で基本的な職業選択の考え方は，後に「特性・因子理論」や「個人—環境適合（P-E fit；Person-Environment fit）理論」として表現されるようになります。

その代表的な理論として，ホランド（Holland, J. L., 1985）によるパーソナリティと環境の六角形モデルがあります。ホランドは，「職業の選択は，パーソナリティの表現の一つである」と考え，個人のパーソナリティ検査として，職業興味の検査を考案しました（この検査は，翻訳され各国で利用されており，日本でも「職業興味検査 VIP（Vocational Preference Inventory）」として現在も使用されています）。その検査では，パーソナリティと仕事環境のタイプは6つに分類されます（表7.1）。また，それぞれの頭文字 RIASEC を用いて6角形を示すことから6角形モデル，もしくは RIASEC モデルとよばれています。

図7.1の6角形モデルに示された数値は，タイプ間の関係の強さを示す相関係数で，数値が大きいほど同一性や類似性が高いことを意味します。つまり，

表7.1　パーソナリティと環境の 6 タイプ (Holland, 1985；渡辺ら（訳）, 1990)

分　類	内　容	職業例
Realistic （現実型）	物，道具や機械，動物などを対象とした明確で秩序的，体系的操作を伴う活動を好む。	技術者 機械工
Investigative （研究型）	物理学的，生物学的，文化的諸現象を，実証的，抽象的，体系的，想像的に研究する活動を好む。	研究者 科学者
Artistic （芸術型）	芸術的作品の創造を目的として素材や人間自身を扱う曖昧で自由で体系化されていない活動を好む。	芸術家 文筆家
Social （社会型）	他者に影響を与えるような情報伝達，訓練や教育，治療や啓蒙などの活動を好む。	教員 販売員
Enterprising （企業型）	組織目標の達成や経済的利益を目的とした，他者との交渉を伴う活動を好む。	営業職 会社役員
Conventional （慣習型）	組織目標の達成や経済的利益を目的とした，データ，資料，機器の具体的秩序的な操作活動を好む。	会計士 事務員

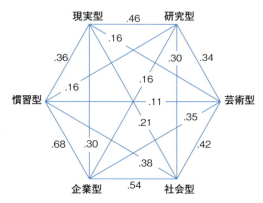

図7.1　ホランドの六角形モデルにおけるパーソナリティと環境のタイプ間の関係性
(Holland et al., 1969)

隣り合うタイプは類似性が高く，対角線上にあるものは類似性が低く，そして隣でも対角線上でもないものは，中程度の類似性があるという意味です。たとえば，芸術型は研究型と隣り合うため，2 つの類似性は高いのですが，対角線上にある慣習型とは類似性が低くなります。これらの特徴を踏まえて，検査結果をもとに各個人のパーソナリティ・タイプを明らかにします。また，同じ 6 類型を用いて，職業の分類も行っており，パーソナリティの特徴と一致する職業を選択の候補とすることで，個人と仕事のマッチングを高める支援が行われ

ています。

　このマッチングのアプローチは，個人と仕事の調和が，安定した職業選択や高い業績，良い定着をもたらすという考えに依拠しています。現在では，時代の変化に伴い，個人の特性と仕事の要件は変化することを前提とするようになりました。それによって，個人と仕事の一時的なマッチングよりも，相互作用による調整（adjustment）を前提とする考え方が主流となりつつありますが，マッチングのアプローチは今も広く利用されており，キャリア支援の有用なツールの一つといえます。

7.2.2　キャリアの意思決定

　もう一つの職業選択の理論は，意思決定や選択のプロセスを理解しようとするものです。人は目の前にある複数の選択肢を吟味し，1つを選びとります。そのプロセスはどのようなものなのか，キャリアの意思決定のプロセスが検討されています。

　たとえば，ジェラット（Gelatt, H. B., 1962）は，キャリア選択の意思決定として，図7.2を示しました。人は，まず目標を設定し情報を収集します。その後，収集した情報を「燃料」として，3つのプロセスを経て意思決定を行います（Bross, 1953）。それは，①選択可能な結果と選択肢を洗い出し，その可

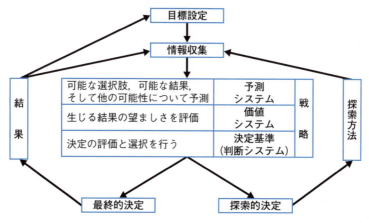

図 7.2　**連続的なキャリアの意思決定**（Gelatt, 1962 をもとに作成）

能性を評価する「予測システム」，②それぞれの選択肢や結果の望ましさを重みづけする「価値システム」，そして，③意思決定の評価と決定を行う「決定基準」です。この3つのプロセスの後，「最終的決定」を行うか，一時的に決定する「探索的決定」を行います。どちらの決定であっても，人は再度，情報収集へと戻り，意思決定のサイクルが繰り返されます。

　また，意思決定での選択肢の分析で生じやすい誤りも指摘されています。たとえば，人は選択肢の可能性を正確に評価できないこと，あり得る選択肢を網羅するのは困難であること，などです。ジェラットの理論は，キャリアの最終決定にいたるプロセスを整理した上で，賢く合理的な職業選択を導くためにその支援を行うことを目指したものといえるでしょう。

7.2.3　自己効力感とキャリア選択との関連性

　これまでに示した2つの理論によって，キャリア選択における仕事に対する興味と意思決定プロセスの重要性が示されました。では，興味を形づくり，意思決定プロセスを促進させるものは何でしょうか。その疑問に答えるように，バンデューラ（Bandura, A., 1977, 1986）が提唱した自己効力感がキャリア選択の理論に適用されるようになります。

　自己効力感とは，「ある課題を遂行するために必要とされる一連の行動をうまく実行できるという自分自身に対する自己評価」です。日常的に使用される「自信」に置き換えられることもあり，目の前の課題をうまくやれるかどうかの見積もりと考えるとよいでしょう。たとえば「機械の構造を理解し，組み立てや修理をすること」をあなたはどの程度うまくやれると思いますか。うまくやれると思うほど，自己効力感は高く，その課題に対して自信をもっていることを意味します。

　バンデューラは，この自己効力感に加えて「結果期待」も重要な心理概念として提唱しています。自己効力感が，「私はこれがうまくできるか」という問いであるとすれば，結果期待とは「もし私がこれをすれば，何が生じるのか」という問いです。たとえば，もしあなたが機械を触ることが得意で，工学部への進学や機械系の会社に就職を考えたとします。もし希望する進路や就職がで

きたとき，その結果何か生じるでしょうか。友人や家族は応援してくれるでしょうか。期待する仕事や報酬が得られるでしょうか。自己効力感が高く，良い結果が予測される，つまり結果期待も高ければ，そのキャリア選択に対してあなたはより具体的な行動を起こし探索を始めるかもしれません。しかし，自己効力感が低く，良い結果が期待できないときは，別の道を探すこともあるでしょう。つまり，自己効力感と結果期待の高さは，キャリア選択における興味だけでなく，その選択過程そのものに影響を及ぼすことになります。

　レントら（Lent, R. W. et al., 1994）は，キャリアの意思決定に自己効力感と結果期待を導入したより包括的なモデルを作成しました（図 7.3）。

　このモデルではキャリア選択における特定の仕事領域への関心は，個人が生まれながらにもっている資質だけでなく，生まれ育った家庭や社会環境にも影響を受けることを示しています。それらの状況は，個人が経験する内容に影響を与え，その結果，自己効力感や結果期待を形成します。それらはさらに仕事領域への興味関心や意思決定に影響を及ぼしていきます。

　このモデルから，個人の資質（身体的，能力的な差異）や社会環境の差異が，個人の経験を制限することによって，特定領域への自己効力感や興味を，育成できない可能性が示唆されます。たとえば，油絵を描いたことのない子どもは，

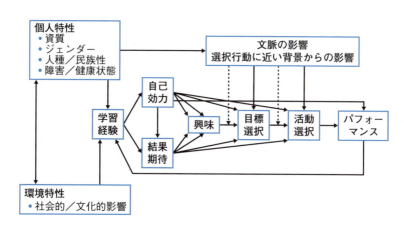

図7.3　**キャリアに関わる選択行動モデル**（Lent et al., 1994）

画家になることに関心をもつことは難しいでしょう。

　一方で，このモデルは，それまでに興味をもてなかった仕事領域についても，新たな経験を積み重ねることで，自己効力感や結果期待を育て，その結果，新しいキャリアへの興味や目標設定を促すことも可能であることも示しています。たとえば，学生時代のインターンシップを通して，それまで関心のなかった業種や職種を経験し，新しい関心をもつこともあります。もちろん，その逆で，それまでもっていた関心が経験を通して，薄れてしまうことも考えられます。このように，キャリアや仕事に対する興味や関心は変動する可能性があることを，このモデルは示しています。

　クランボルツ（Krumboltz, J. D.）は，今後の社会的環境の変化のスピードは速く，就職した後も，環境に対する柔軟性が必要であることを指摘しています。新しい経験を受け入れ，新たな技術や知識を得て，自己効力感と興味関心を育てることが，初めての職業選択場面のみならず，就職した後のキャリア・マネジメントにおいて重要な時代になっているようです。

7.3　キャリアの発達と時間的変化

　ここまでに紹介したキャリアの「選択と意思決定」の研究アプローチと同様に，キャリア研究の主要で古典的なアプローチにキャリアの「発達」を用いたアプローチがあります。このアプローチでは，個人の生涯発達における仕事との関わりに着目して，その発達段階と発達課題を明らかにしていきます。

7.3.1　スーパーによるキャリアのモデル

　職業心理学の草分け的存在として知られるスーパー（Super, D. E.）は，職業的な発達段階として，5つのライフステージ（成長，探索，確立，維持，解放）を示し，各ステージに職業的な発達課題があることを示しました（図7.4）。発達課題とは，その時期に解決することなく放置してしまった場合，後の課題達成を困難にするものです。つまり，各発達段階にて予測される課題を無事に達成できるよう支援することで，個人の職業的キャリアの発達が促進さ

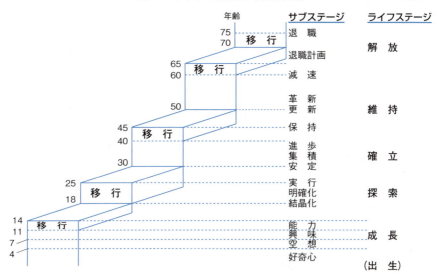

図7.4　**キャリアのモデル** (Super et al., 1996)

れることを目指しています。スーパーは，その後もモデルの改変を行っており，先述の成長から解放にいたる5段階は生涯にわたる「マキシサイクル」だとすれば，各段階の移行期（トランジション）にも同じように成長から解放の5段階があり，それを「ミニサイクル」と名づけています。

　また，スーパーは，人生におけるキャリアの発達を，単なる職業経験だけで理解するのではなく，人生の一部として仕事以外の役割と関連づけて理解しようとしました。図7.5の「ライフ・キャリアの虹（life career rainbow）」では，「人生の時間（life span）」と「人生役割（life role）」が描かれ，人はその交点を生きることが示されています。人生の時間とは，生まれて亡くなるまでの5段階であり，人生の役割には，子ども，学生，労働者，配偶者，親，市民などがあります。人はあるステージにおいて，複数の役割を果たしながら，キャリアに関わる選択や意思決定を行っているため，キャリアの選択や発達に対して他の役割からの影響が生じることを改めて示したモデルです。

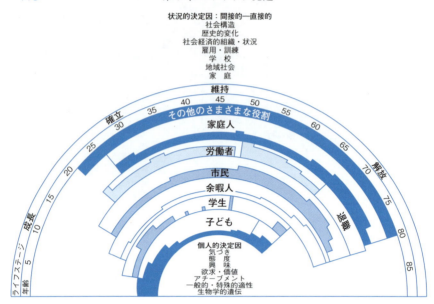

図 7.5　ライフ・キャリアの虹（Super, 1980, 1990 より作成）

7.3.2　シャインによる組織内キャリアの発達モデル

　シャイン（Schein, E. H., 1978）は，1 つの組織内で成長するキャリアに着目して，その発達をモデル化しました。この発達モデルでは，出生から仕事を引退するまでの期間に 9 つの段階が設定されていますが，大きくは 5 つの段階に分類可能です。一つは，就職以前の学生のときに経験する「成長，空想，探求」の段階。次に，最初の仕事を得て一人前になるまでの「キャリア初期」の段階。そして，自分にとって大事なこととして，キャリア・アンカー（コラム 7.1 参照）を確認し，キャリアの維持と拡大を行う「キャリア中期」の段階。その後，組織での管理者的立場を引き受けるかを決め，引退に備えて準備を行う「キャリア後期」，最後に，引退した後の段階です。

　シャインは，各段階での特徴と課題を明らかにしていますが，ここでは，仕事を始めた段階のキャリア初期の課題をみてみましょう。この時期の特徴の一つとして「リアリティ・ショック」があります。若者が就職前に思い描いてい

コラム 7.1　自分にとって大事なこと——キャリア・アンカー

　大学を離れて仕事に出会い，組織や仕事で一人前となるおよそ30歳前後の頃，人はキャリア発達の中期を迎えます。シャインによれば，この時期に多くの人が経験する危機は，キャリア・アンカーの模索です。アンカーとは「船の錨」のことで，アンカーを下ろした船は，そこを基軸として流されることはありません。このイメージから，人にとって「長期的な仕事生活の拠り所」となることをキャリア・アンカーとよびます。仕事や組織を変わっても自分の中で譲ることができない，捨てたくないことや核のようなもの。それがあなたの「キャリア・アンカー」です。シャイン（Schein, E. H., 1978, 1990）は，それを8つに分類しています（表7.2）。

　キャリアの中期で明確になるアンカーは，キャリア後期の方向性を決める材料となります。これから先どこへ向かい，何をすべきかの自覚を支援します。またキャリア初期に，アンカーを自覚することは難しいようです。キャリア初期は，自分のアンカーや大事なことは何かを意識しながら，仕事経験を積み重ねていくとよいようです。

表7.2　キャリア・アンカーとその内容（Schein, 1978；二村と三善（訳），1991を参考に作成）

キャリア・アンカー	内　容
技術・専門性（TF）	ある特定の業界・職種・分野にこだわる。専門性の追求を目指すが，いわゆる技術系に限らず，ずっと経理を担当することも含まれる。
経営・管理（GM）	総合的な管理職位を目指す。TFと対照的に特定分野に留まらず，組織全体にわたるさまざまな経験を求める。
自律・独立（AU）	制限や規則に縛られず，自律的に職務が進められることを重要とする。内的な感覚として，自分の仕事のやり方を自由に自分自身で決められることを望む（自由に仕事を進めているという認識があればよい）。
保障・安定（SE）	生活の保障，安定を第一とする。経済的に安定していることは誰しも望ましいことであるが，リスクをとって多くを得るより，安定をもっとも大切なこととする。
起業・創造（EC）	新規に自らのアイデアで起業，創業することを望む。現在，起業していなくとも，常に起業することを意識していることも含まれる。
社会献身（SV）	人の役に立てるという感覚を大切にする。さらには，社会全体への貢献を求める傾向もあるため，所属組織に限らない奉仕活動を行うこともある。
純粋な挑戦（CH）	チャレンジングなこと，誰もしたことがないことに取り組むことを求める。1つの挑戦が達成したら，さらに新たな挑戦を追い求める。
生活とのバランス（LS）	仕事生活とその他の生活との調和，バランスを保つことを重要視する（このアンカーは近年，増加傾向にある）。

た理想やイメージ，そして実際に就職した後に知る仕事や組織の現実，それらのギャップが存在することによって，幻滅やショックが生じます。日本でも，大学を卒業した若者が，就職した後 3 年以内に仕事を辞める割合は約 3 割にものぼることもあり，このような若者の早期離職が社会問題となっています。若者の早期離職の原因の一つとして「リアリティ・ショック」があるとすれば，どのようにしてこのリアリティ・ショックを減らし，早期離職を低減させることができるのでしょうか。

　対策として，現実的な仕事や組織の情報を若年者に事前提供する「RJP（Realistic Job Preview）」が提唱されています。つまり，求人情報は，求職者に過度の期待や理想を抱かせるものではなく，厳しい仕事についての情報を正直に伝えることが望ましいという考え方です。事前に，現実に近い情報提供を示すことの効果として，金井（2002）は 4 つを指摘しています。第 1 には，若年者による過剰期待を事前に緩和するワクチン効果です。また，入社・就職後に若年者に期待されている役割を明確にする効果，若年者による自己決定・自己選択を促すことで，適性や意思のある者だけが残るスクリーニング効果，そして，組織への愛着や一体感を高めるコミットメント効果が考えられています。

　若年者の早期離職は，組織にとっても避けたい出来事であるため，リアリティ・ショック，言い換えれば，仕事や組織とのミスマッチの解消に対する取組みが，採用する側からも求められています。このように，キャリアの発達段階を用いたアプローチの研究では，各段階で特有の課題を整理し，それの防止策や対応を支援することを目的としています。

7.4　キャリアの転機とトランジション

　しかし，社会環境の変化とともにキャリアの多様化が進む中で，必ずしも発達モデルに当てはまらない人が増えています。つまり，キャリア発達のモデルでは十分に説明できない事例が増加し，キャリア・カウンセリングにおいて，クライエントの発達課題を見出すよりも，各個人が今経験している出来事に注目し，その対応を援助することの重要性が指摘されるようになってきました

(Schlossberg, 1989)。そして，近年ではキャリアを形成していく上で「節目」や「転機」とよばれる出来事を「トランジション (transitions)」とし，その対応を支援するための理論に注目が集まるようになりました。

ここでのトランジションは，日本語でいえば，「節目」や「転機」の意味をもち，それ以外には「移り変わり」「移行」「過渡期」「変わり目」などの訳があります。キャリア研究においては，このように意味の多様性があるためカタカナでトランジションという表記が用いられています。そして，人生や仕事において経験する「トランジション」を理解し意味のあるものとするために，トランジション研究が行われています。

7.4.1 人生とキャリアの転機——トランジションのプロセス

トランジションを理論化した研究者の一人に，臨床心理士のブリッジス (Bridges, W., 1980) がいます。彼は，グループを対象とした治療を通して，慣れ親しんだ古い環境から新しい環境へと変化する転機，つまりトランジションのプロセスを整理しました。それは，古い状況や環境から抜け出す「終わり」から始まり，どっちつかずのような混乱を経験する「中立圏」，そして新しい環境に向かって前進する「始まり」にいたる3段階で構成されています。

ブリッジスによれば，トランジションとは，仕事だけでなく人生に関わるさまざまな幸不幸の出来事です。たとえば，仕事上の昇進や家庭生活での結婚や出産は，周囲からみれば，好ましくみられる出来事です。好ましくない変化だけでなく，好ましい変化であっても，人は時にそれにうまく対応できず困難を抱えることをブリッジスは指摘しています。そして，トランジションをうまく乗り越えるためには，新しい何かを始める前に，古い何かをしっかりと終えることが重要だと述べました。まず「終わり」から始まり，古い環境や状況との別れを認識すること。「中立圏」では，これまでの足場を失いアイデンティティを失う不安定さを感じますが，じっとそれに耐え，自分自身と向き合うこと。そして，最後に新しい環境での「始まり」を行います。このプロセスは，「アイデンティティの再構築」であり「死と再生」のプロセスと表現されています。ブリッジスの理論は，治療という臨床経験から導かれたものですが，多様なト

ランジションにおける共通の枠組みを示したことで後の研究に影響を与えました。

7.4.2　キャリア・トランジションのサイクル

　その後，ニコルソン（Nicholson, N.）はトランジションの概念を仕事やキャリアの発達場面へ適用し，キャリア・トランジションは4つの段階で構成され，その段階は繰返しによるサイクルの性質をもつことを示しました（図7.6）。最初の準備段階（フェイズⅠ）では，新しい世界に入るための準備状態が整えられ，その後の遭遇段階（フェイズⅡ）では，実際に新しい世界に入り，新規で多様な出来事に遭遇します。そして，それらのことに徐々に溶け込む適応段階（フェイズⅢ）を迎え，最後には，「新しい」とはいえないほどに慣れ親しむ安定化の段階（フェイズⅣ）となります。その後は，再度，新しい何かに備える準備段階（フェイズⅤ）へと戻り，サイクルを繰り返していきます。

　また，シュロスバーグ（Schlossberg, N. K., 1989）は，人生におけるトランジションに着目して，トランジションを乗り越えるために必要な4つのSとして，Situation（状況），Self（自己），Support（周囲の支援），Strategies（戦略）を示しました。当事者のトランジションについて，この4つのSの内容を吟味すること，それが支援となることを述べています。

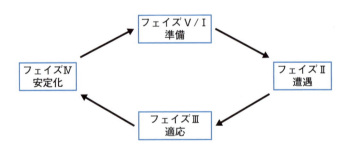

図 7.6　**トランジション・サイクル**（Nicholson & West, 1988）

7.4.3　クランボルツの「計画された偶発性」

　キャリアのスパンは長く，その全体をマネジメントしよう，主体的に意思決定をしようと思うと，少し大変かもしれません。そのため，長期間にわたるキャリアの中で，節目や転機となるトランジションに着目し，そのときは，主体的に自律的にマネジメントすることを薦める研究が増えています。

　たとえば，クランボルツ（Krumboltz, J. D.）は，キャリアの全体像をプランニングしすぎることは，自らのキャリアの可能性を制限してしまうと述べています。そして「計画された偶発性（planned happenstance）」を提唱し，予期せぬ出来事を機会として生かすことの重要性を指摘しています。

　そして，キャリア理論の古典的な考え方である「個人と仕事のマッチングを増やすこと」と「未決定を減らすこと」を批判しています。つまり，個人や環境の変化の絶え間ない時代には，未決定であることは「オープンマインド」であることであり，新しい学習を促進するために有用といえます。また，「個人と仕事のマッチング」を重視しすぎないほうが，他の仕事と出会い，良い職を得るために有用です。つまり，予期せぬ出来事や偶然を生かすために，日々を過ごすことの有用性を重要視しました。そのためには，好奇心，粘り強さ，柔軟さ，楽観性，リスクテイキングの5つのスキルが必要であり，これらを伸ばすように支援することの重要性を説いています（Mitchell et al., 1999）。

7.5　終わりに

　1900年代初頭に，アメリカで生まれたキャリア研究は，時代の変化とともに，その理論のあり方も変化してきました。また，時代だけでなく，国ごとの文化の影響の強さも明らかとなっています。

　自分自身のキャリアを生きる個人として，キャリアをどうマネジメントするか，そして，組織の管理者としてスタッフのキャリアをどうマネジメントするか。この2つの側面をもちながら，「キャリア」を考えることは今後重要になっていくのではないでしょうか。

復習問題

1. あなたが仕事を選ぶとき，以下の（1）から（3）に当てはまる仕事はどのようなものですか。また，（1）から（3）のどれかを優先するとすれば，あなたはどれを優先したいですか。考えてみてください。

  （1）あなたの「得意なこと」（能力や知識）

  （2）あなたの「やりたいこと」（意思や希望）

  （3）あなたが「やるべきこと」（他者からの期待）

2.　あなたの「試してみたいこと」について考えてみましょう。

  （1）失敗することを恐れて試していないことはありますか。

    （はい・いいえ）

  （2）試してみたいことはどのようなことですか。

  （3）試すことで生じる「最悪の事態」は何ですか。また，そのときあなたはどのように対応しますか。

  （4）試すことで生じる「もっとも良い事態」は何ですか。

  （5）もし何もしなければ，どのような状態になりますか。

  （6）さて，あなたはどの行動を選択しますか。

    ①試してみる

    ②他のことを試す

    ③何もしない

参考図書

二村英幸（2015）．改訂増補版　個と組織を生かすキャリア発達の心理学──自律支援のマネジメント論──　金子書房

　個人の視点と組織の視点を用いて，企業でのキャリア形成とそのマネジメントをまとめた本です。キャリアに関わる理論と実際の全体像を知るときに，最初に手にとるとよい本です。

渡辺三枝子（編著）（2007）．新版　キャリアの心理学──キャリア支援への発達的アプローチ──　ナカニシヤ出版

　本章で紹介した各研究者の理論をより詳しく知りたいときに読んでいただきたい本です。キャリア支援の心理学的なアプローチを学ぶことができます。

安達智子・下村英雄（編著）（2013）．キャリア・コンストラクション ワークブック──不確かな時代を生き抜くためのキャリア心理学──　金子書房

　学生を対象として，理論の紹介だけでなく，自分自身のキャリア理解を深めるためのワークに力を入れた本です。自分のキャリアについて考えるために，一度手にとってみてはどうでしょうか。

第 **8** 章

職場集団のダイナミックス

　組織活動のほとんどは集団単位で行われます。部署ごとの集団や，委員会，プロジェクトチームなど，個人は１つあるいは複数の集団に所属し，集団のメンバーと互いに協力して，職務を遂行します。本章では，まず，個人の場合とは異なる集団独自の基本的な特性について説明します。そしてさらに，集団で職務を遂行する上でとくに重要となる，チームワーク，コミュニケーション，及び人間関係についてみていきます。

8.1　職　場　集　団

　組織では，組織目標を達成するためにさまざまな役割分担を行っています。そのため，組織にはそれぞれの役割を担う集団が多数存在します。個人は職場集団（work group）のメンバーとして職務を行い，個人の行動は職場集団の活動として，さらに，それぞれの職場集団の活動は組織全体のまとまりとして，組織目標達成のために統合されます。組織活動は，図 8.1 に示すように，そのそれぞれの過程で影響を及ぼし合うダイナミックな過程です。

　職場集団は，単に，同じ職場で一緒に仕事をする個人の集まりではありません。職場集団には，組織目標に照らして，ある役割を果たすための課題と目標があります。そして，メンバーである個人はその課題と目標を共有し，互いに協力します。このように，職場集団は，共通の目標を達成することをめざし，互いに影響を及ぼし合いながら活動するという特性を備えています。

8.1.1　公式集団と非公式集団

　部署やプロジェクトチームのような，組織目標達成のための，ある役割や課

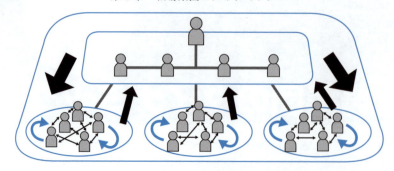

図 8.1　組織における相互作用ダイナミズム

図中の矢印は，影響過程を示します。◀▶：個人間の相互作用，↻：職場集団と個人の相互作用，➡：組織と個人・職場集団の相互作用。組織では，このような，個人間，集団と個人，組織と個人や集団という影響過程が生じます。たとえば，個々のメンバーの技能や行動といった個人の特徴は，集団の雰囲気や成果に影響しますし，同時に，規範などの集団の特性が個人の行動を規定します。そして，そのようなダイナミックな影響過程が，組織全体で起こります。

題に基づいてメンバーが集められた集団を公式集団とよびます。それに対し，メンバー同士の関わりや結びつきによって徐々に自然に形成されていく集団は，非公式集団とよばれます。たとえば，気の合う仲間集団，権力関係や利害関係に基づく派閥，あるいは出身学校による学閥などです。

　組織には，公式集団だけでなく非公式集団が存在し，非公式集団も集団独自の目標をもって活動します。そのため時には，非公式集団が公式集団以上に組織全体の活動に強い影響を及ぼすこともあります。たとえば，派閥や学閥による争いが経営問題に発展したり，仲間集団の存在が集団のパフォーマンスを左右したりすることが考えられます。

8.1.2　職場チーム

　近年，職場における集団をチームとよぶことが増えています。部署を指して営業チームというようないい方をしたり，ある課題を行うために一時的に構成された集団をプロジェクトチームとよんだりします。ただし，集団とチームは厳密には区別されるものです。

　チームとは，集団の 1 つの形態ですが，少なくとも次の 3 つの条件を備えて

表 8.1 **従来の職場とは異なるチームのもつ特性** (古川, 2004 をもとに作成)

取り組む課題	**不明瞭で新しい課題** • これまでに経験がない課題。 • 何に取り組むべきかさえ探索しなければならない。など。
成果	**はっきりとした成果** • より創造的で競争力がある, 組織への貢献度が高い。など。
メンバー	**多様なメンバー, 流動性の高いメンバー** • 正社員と非正社員の混合。 • 専門性や部門の異なるメンバーからなるクロスファンクショナルチーム。 • 遠隔地に勤務するメンバーからなるヴァーチャルチーム。など。
時間的特性	**チームの存続は保証されず, 時限的** **増大するタイムプレッシャー**
外部環境との関わり	**重要性が増大** • チーム外にある有用な情報や知識を見極め, 有効活用すること。 • チーム外へ働きかけ, 他の部署や組織と協力体制を築くこと。

従来の職場では, これまでの経験に裏づけられた知識やスキルを継承しながら, 特定の職務を特定のメンバーで遂行することが多かったといえます。しかし, 近年の職場のチームは, 表に示したような従来と異なる特性をもつようになりました。

いることが必要です。①メンバーが相互依存関係（職務活動が1人では完遂できない状態）にあり協力が不可欠であること, ②メンバーに明確な役割が割り当てられていること, そして③達成すべき課題と目標がメンバー間で共有されていることです (West et al., 1998)。

近年, 職場チーム (work team) に関心が高まっている理由として, 古川 (2004) は職場のもつ特性が大きく変化し, 職場チームが表 8.1 に示すような特性を担う必要性が高まったことを指摘しています。組織において, メンバーの多様性が高まり, 職務課題が経験したことのない新しいものへと変化しています。そのことで, 組織活動はこれまでになく個々の責任と役割のみでは完結することができない, メンバー同士の円滑な連携や協調が不可欠なものになっているのです。

8.2 集団の基本的な特性

有効な集団活動が行われることは組織が目標を達成する上で重要です。しかし, 集団状況では, メンバー同士また集団とメンバーとの間にダイナミックな

影響過程が働き，個人の場合とはさまざまな意味で異なる様相がみられます。
ここでは，集団の基本的な特性について説明します。

8.2.1　集団らしさの特徴——集団規範と凝集性

1. 集 団 規 範

　どんな集団にもその集団独自の，暗黙のルールが存在します。職場集団の場
合も，作業のやり方や進め方，連絡や相談の方法，出勤時間や残業時間，ある
いは服装の雰囲気など，さまざまな事柄について，部門やチームごとにカラー
があるものです。このような，ある集団においてどのような行動が標準的（つ
まりふつう）とみなされるかに関する暗黙の基準を集団規範とよびます。

　集団のメンバーは，日々共に活動する中で，互いの行動を観察しながら何が
正しい行動であるのかを判断し，微修正を繰り返します。そうするうちに，集
団メンバーの行動は似通ったものとなり，一定のパターンをもつようになりま
す（斉一化）。そして，いったんパターンができ上がると，互いにそれに従う
べきであるという圧力（斉一性の圧力）をかけ合います。その結果，メンバー
はそのパターンに沿った標準的な行動をとるようになるのです。

　職場集団が高い成果をあげるために，個々のメンバーがバラバラに行動する
のではなく適切に協調し統率がとれることは重要です。規範が確立しメンバー
が規範に沿った行動をとることで，①集団の一員としてのアイデンティティを
共有し，②互いの行動を予測しながらスムーズな協調行動をとることが可能に
なります（Hackman, 1992）。

2. 凝 集 性

　ある集団の特徴について言及するとき，「まとまり」という言葉を使うこと
もよくあります。集団の凝集性とは集団としての結束力を意味します。

　図 8.2 は，凝集性の概念を表したものです。集団の凝集性が高いというとき，
2 つの意味があります。一つは，「集団としての統合」であり，課題を遂行す
る上でも，メンバー同士の関係性の上でも 1 つに統合されまとまりがあるとい
うことです。そしてもう一つは，メンバーが，集団の課題にも，集団自体にも，
また他のメンバーに対しても強い魅力を感じているという意味です。これら 2

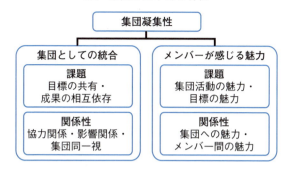

図 8.2 **集団凝集性の構成概念**（Carron & Brawley, 2000 をもとに作成）
「集団としての統合」とは，集団が１つにまとまっていることです。具体的には，課題を遂行する上で，目標が共有できており，個々の成果が集団全体の成果と密接に結びついている状態であり，また，メンバー同士の協力関係が密で，集団の一員としてのアイデンティティの認識（集団同一視）が共有されている状態です。「メンバーが感じる魅力」には，集団活動や集団の目標に強く惹きつけられていることと，集団自体やメンバーに対して魅力を感じていることの両方が含まれます。集団凝集性が高いとは，このような，集団が全体として統率されたまとまりをもっており，メンバー自身も集団に強くコミットし，活動や互いへの魅力を強く感じている状態をいいます。

つの特性をもつことで，凝集性の高い集団には強い結束力がみられます。集団の凝集性が高いとき，一般的には，集団の生産性も高まることがわかっています（Beal et al., 2003）。

3. 集団規範と凝集性の関係

このように規範も凝集性も集団メンバーがまとまって１つの目標の達成へ向けて活動する上で重要です。しかし，これらは集団の生産性にとって落とし穴となることもあるので注意が必要です。

図 8.3 は，バーコウィッツ（Berkowitz, L., 1954）の実験結果についてまとめたものです。グラフは，凝集性が高いとき，つまり集団の結束力が強いとき，凝集性が低いときに比べ常に生産性が高まるとは限らないことを示しています。凝集性が高くかつ集団に高い生産性を志向する規範が存在する場合に，メンバーの結束力は高い成果を生み出します。逆に，凝集性が高くても集団の規範が生産性と無関係な場合には，メンバーの結束力は集団の目標を達成するためには機能しませんので，かえって成果が低くなってしまいます。

生産性と無関係な規範とは，たとえば，集団の目標に反して故意に作業スピ

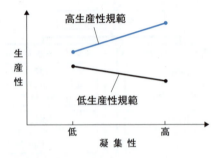

図 8.3　規範と凝集性が生産性に及ぼす影響（本間，2011）

このグラフは，「高生産性規範」が存在する場合と「低生産性規範」が存在する場合とで，凝集性が生産性に及ぼす影響が異なることを示しています。グラフ中の「生産性」とは，業績などの集団の成果を表します。「高生産性規範」とは，高い成果をあげようとする志向性が集団の規範として受容されている場合を示します。逆に，「低生産性規範」とは，そのような規範が存在しなかったり，生産性とは無関係な規範が受容されている場合です。凝集性が低いとき，規範の違いによって生産性の違いはほとんどありません。それに対して，凝集性が高いとき，規範の違いによって，集団の生産性は影響を受けることが示されています。

ードを遅らせる規範や，本来の作業手順とは異なる裏マニュアルに従う規範などが考えられます。このような規範が凝集性の高い集団で受容されている場合，メンバーは結束してその非生産的な規範に沿った行動をとることになります。そのため，凝集性の高さが裏目に出て生産性を低下させることになるのです。

　このように，職場集団が高い成果をあげるためには，集団として結束しているというだけでなく，どのような規範が形成されているかが鍵になります。

8.2.2　集団の時間的な変化——集団の発達

　集団規範や凝集性は，どのような集団活動を行うかによって徐々に決定されていくものです。時間を経ることで起こる集団の変化には一定の規則性があることが知られています。

　タックマン（Tuckman, B. W., 1965）は，集団が形成され，集団活動が活発に行われる遂行期に至るまでのプロセスを図 8.4 のように整理しました。遂行期に至るまでに，互いの衝突やリーダーへの批判が顕現化する騒乱期を乗り越えなければならないこと，そしてこの時期をどのように乗り越えるかが集団に形成される規範や凝集性など集団の特性に影響を与えること，さらに，どの

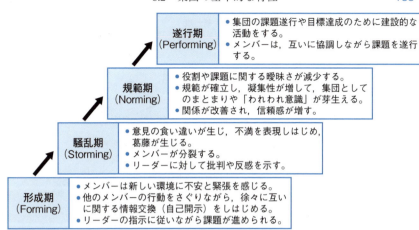

図 8.4　タックマンの集団発達モデル（Tuckman, 1965 をもとに作成）
集団が形成され集団としてスムーズな課題遂行を行えるようになるまでの発達段階を示しています。互いが知り合う形成期の後，葛藤やリーダーへの批判などが生まれる騒乱期を経て，役割や規範が確立する規範期へ移行し，その後，集団としての活動が活発に行われる遂行期へ至ることが示されています。後に，タックマンとジェンセン（Tuckman & Jensen, 1977）は活動が集結しメンバーが解散する解散期を加えています。

ような特性が集団に備わるかによって遂行期の現れ方も異なることが示されています。このように集団は，相互作用を繰り返しながら，徐々にその集団に特有の特性を形成し集団らしくなっていきます。

　図 8.5 は，集団の時間的変化をもう少し長いスパンでとらえたものです。古川（1990）は，集団の形成後の時間的変化を「集団年齢」とよびました。集団は時間を経るにつれてメンバー同士でのやりとりに慣れ，役割や課題遂行のやり方をパターン化させていきます。そして，壮年期には，互いの役割や特徴を踏まえて，阿吽の呼吸で集団活動を行えるようになります。しかしこの安定した状態に安住するようになると，集団内で確立されたやり方や前例ばかりに執着するようになり，新しい課題や環境の変化に臨機応変に対応することが難しくなります。これは集団の「**硬直化現象**」とよばれます（古川，1990）。集団が硬直化して衰退してしまうことを防ぐためには，変革のタイミングを逃さず再活性化を図ることが重要です。

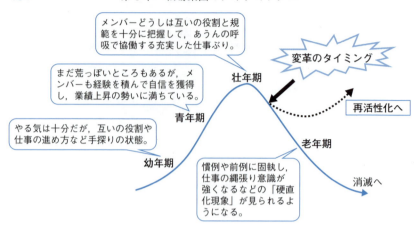

図 8.5　**集団のライフサイクルモデル**（山口，2008）

集団は，形成されたばかりの幼年期から青年期，壮年期に至るまでの期間に，メンバーが互いを知り課題についての知識を深め，集団内で一定の役割や，やり方などのパターンを形成していきます。壮年期になると，課題を習熟し，メンバーの役割や特徴を十分に理解することができるようになり，集団活動はスムーズで安定した状態になります。しかし，その後，変化のタイミングを逃すと，硬直化現象がみられるようになってしまいます。

8.2.3　集団による課題遂行とパフォーマンス——プロセス・ロス

　集団による課題遂行の特徴として，プロセス・ロスという現象があります。これは，集団の生産性が，個々のメンバーの能力から期待される潜在的な生産性にくらべて低くなってしまう現象を指します。図 8.6 は，この現象を示したラタネら（Latané, B. et al., 1979）による実験結果を示しています。

　プロセス・ロスが起こる原因には，①動機づけのロスと②協調の失敗によるロスがあります。①動機づけのロスとは，1 人の場合に比べて，集団状況においては，人は他者の存在に安心してしまい，全力を出し切らなければならないという責任が軽くなってしまうことを指しています。故意に手を抜いて自分だけサボるということではなく，他者の存在によって自然に肩の力が抜けて，努力量としては小さくなってしまうのです。また，②協調の失敗によるロスとは，他者と共同作業をすることに伴う調整の必要性から，その分作業に向ける注意や労力が減少してしまうことを指します。集団活動では，1 人のときとは違い，互いの役割分担を決めたり，互いの進捗状況を確認し合ったり，またそれによ

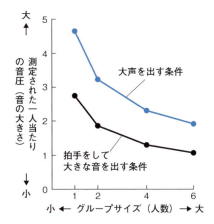

図 8.6　社会的手抜きの実験結果 (Latané et al., 1979；山口, 2008)
実験参加者に，1 人，2 人，4 人，6 人のいずれかの条件で，できるだけ大声を出すまたは大きく拍手することを 5 秒間やってもらい，音圧を測定しました。大声と拍手いずれの条件のグラフも，1 人当たりの音圧が人数が増えるにしたがって小さくなっていくことを示しています。たとえば，1 人で「3」の音圧となる場合，2 人になれば潜在的には「6」またはそれ以上の音圧となることが期待されますが，その期待値に比べ集団のパフォーマンスは低くなってしまいます。

って自分の作業を調整したりする必要があります。これら作業自体のこと以外に注意を向けることで，努力量にはロスが生じてしまうのです。

8.3　職場のチームワーク

　8.2 であげた通り，集団はそれ自体が非効率な特性をもっており，集団として高い成果をあげるのは容易なことではありません。集団活動の非効率を克服する上で鍵を握る要因の一つとしてチームワークがあげられます。

8.3.1　チームワークとは

　集団で課題を遂行する際，メンバーは個人に割り当てられた作業のみに従事するわけではありません。個人作業と同時に，他のメンバーとの間で連携や協同などのさまざまな相互作用を行っています。集団活動において，前者のように各メンバー個人で完結する作業をタスクワークとよび，それに対して，後者

のメンバー間の相互作用を**チームワーク**とよびます（Morgan et al., 1993）。

　タスクワークとは，事務作業や取引先への連絡・訪問など各メンバーが個別に対処することを指します。個人が，個別の業務に責任をもち高いレベルで達成することは集団が成果をあげるためにもちろん重要なことです。

　しかし，タスクワークだけでは集団活動は完結しません。個々のタスクワークを統合し，集団全体として成果をあげるには，プロセス・ロスをできるだけ小さくするための，他のメンバーとの意思疎通や適切な支援，そのための信頼関係などのチームワークが必要になります。スポーツチームの強さをチームワークの良し悪しで語ることがありますが，職場集団にとってもチームワークは不可欠です。先に述べた通り，近年，職場チームへの関心が高まり，チームワークはますます重視されるようになっています。

8.3.2　チームワークの 3 つの要素

　「**チームワーク**」という言葉を使用するとき，その意味は，コミュニケーションであったり，仲の良さであったり，あるいは効率の良さであったりとさまざまです。チームワークを発揮する上で重要な要素は，図 8.7 のように 3 つにまとめることができます（三沢，2012；山口，2008；Rousseau et al., 2006）。これら 3 つの要素を備えることで，より優れたチームワークを発揮することが可能になります。

1. 行動的要素

　行動的要素は，チームの課題を効率よく遂行するための行動とチーム内の対人関係を維持し調整するための行動に大別されます。前者には目標の明確化や計画策定，連携や情報共有，互いの状況を確認・評価するモニタリング，他のメンバーへの支援や指導などが含まれます（Rousseau et al., 2006）。後者は，メンバー同士で励ましたり配慮し合ったりする情緒的サポートの提供や，意見の対立や不和を調整するなどが含まれます（Rousseau et al., 2006）。

2. 態度的要素

　態度的要素には，チームとしてのまとまりや一体感，チーム活動への意欲などが含まれます。具体的には，先にあげた規範や凝集性の他，チームとして目

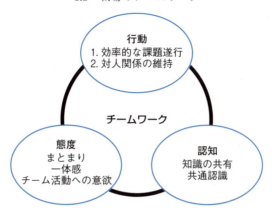

図 8.7　チームワークの 3 つの要素

優れたチームワークを発揮する上で重要な要素として，①行動的要素，②態度的要素，③認知的要素の 3 つがあげられます。①行動的要素とは，どんな行動がチームワーク行動なのかという点にあたります。チームワーク行動には，情報共有や連携，協力などの課題をチームで遂行するために必要な行動と，互いへの情緒的サポートや葛藤を適切に処理するなどの対人関係を調整するための行動があります。②態度的要素とは，チーム自体やチーム活動に対するメンバーの感情と心構えにあたり，まとまりや一体感，意欲などを意味します。③認知的要素とは，チーム内で，課題やチームの状況，あるいはメンバーに関する知識を共有していたり，共通認識をもっていることを指します。

標達成へ意欲的に取り組む状態を指す**モラール**（士気），チームへの愛着やチームメンバーの一員であることに価値を見出している状態を指す**チーム・コミットメント**，またチーム全体で高い成果をあげることを重視する**チーム志向性**などがあげられます。

3. 認知的要素

　認知的要素とは，チームの課題やメンバーに関して，共通認識をもち必要な知識を共有している状態を指します。具体的には，①**共有メンタルモデル**と②**トランザクティブ・メモリー・システム**があります。

　①共有メンタルモデルは，「チームとして課題を達成するために具体的にどのような行動を行うのか」に関するチーム内で共有された知識体系を指します（Hirschfeld et al., 2006）。課題の内容や進め方，手順，必要な道具，課題の目的などについて，互いに知識を共有しておくことで，互いの行動を予測しながらスムーズに連携することが可能になります。

②トランザクティブ・メモリー・システムは，チーム内で各メンバーがさまざまな情報を分有する，チームとしての記憶システムを指します。各メンバーは専門性や役割が異なっており，ある情報は A さんが，ある知識は B さんがというようにそれぞれに強みをもっていると考えられます。「誰がどんな情報をもっているか」についての共通認識さえもっておけば，その情報の具体的な内容は特定のメンバーが所有し必要なときにそのメンバーを通じてチーム内で利用できます。そのことで，より効率的な，あるいはより高度な問題解決が可能になると考えられます。

8.3.3　職場におけるチームワーク

職場におけるチームワークとは具体的にはどのようなことを指すのかについて考える上で，古川（2004）によるチームワークの 3 つのレベルが参考になります。図 8.8 のレベル 2 やレベル 3 に示されているより高度なチームワークが，今日の職場チームには求められています（古川，2004）。

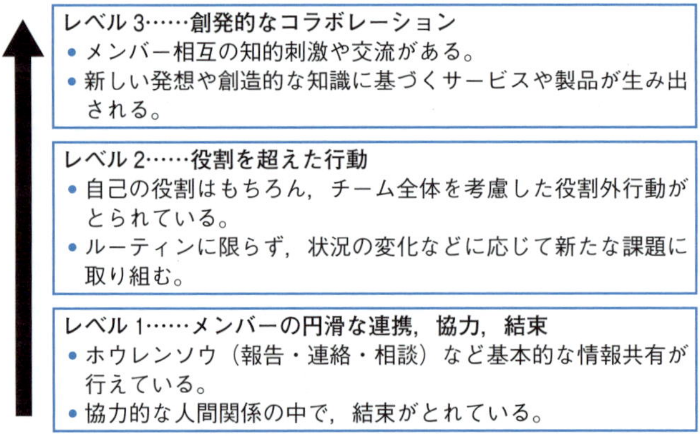

> **レベル 3……創発的なコラボレーション**
> ● メンバー相互の知的刺激や交流がある。
> ● 新しい発想や創造的な知識に基づくサービスや製品が生み出される。
>
> **レベル 2……役割を超えた行動**
> ● 自己の役割はもちろん，チーム全体を考慮した役割外行動がとられている。
> ● ルーティンに限らず，状況の変化などに応じて新たな課題に取り組む。
>
> **レベル 1……メンバーの円滑な連携，協力，結束**
> ● ホウレンソウ（報告・連絡・相談）など基本的な情報共有が行えている。
> ● 協力的な人間関係の中で，結束がとれている。

図 8.8　チームワークの 3 つのレベル（古川，2004 をもとに作成）
職場におけるチームワークは，具体的にはこの図に示されていることを指します。レベル 1 にあるメンバーの円滑な連携や協力，結束は，チームワークの基本です。優れたチームワークとは，このレベル 1 を踏まえた上で，チームの内外の状況を見極め，規定の役割を超えて新しい課題に積極的に取り組めることをいいます（レベル 2）。さらに，高度なチームワークは，個人間の相乗効果が発揮され，新しい創造的な知識に基づく，サービスや製品が生み出されることになります。

8.4　職場のコミュニケーション

　コミュニケーションは集団活動のプロセスそのものであり，職場集団の特性やチームワーク，人間関係などと密接に関連しています。職場のコミュニケーションの重要性は改めて指摘するまでもなく，多くの人に認識されていることでしょう。ここでは「共有」をキーワードに職場のコミュニケーションについて理解を深めていきましょう。

8.4.1　コミュニケーションのプロセス

　コミュニケーションとは，2人以上の人の間で，さまざまなメッセージをやりとりして「共有」を生み出すプロセスです。コミュニケーションを「よくとる」とか「きちんととる」というのは，適切なメッセージが送られ，また受容され，相互に共通の理解や価値観や考え方などの「共有」がなされることです。言葉にして口に出したり文字に書いたりする単なる伝達や，ただ意味がわからないままに相手の話を聞いていることなどは，十分なコミュニケーションとはいえません。

　図8.9は，二者間のコミュニケーションのプロセスを表したものです。コミュニケーションのプロセスを理解する上で重要なポイントは2つあります。一つは，送り手が送ったつもりのメッセージと受け手が受容するメッセージが必ずしも一致しない可能性があるということです。メッセージのやりとりには，送り手の記号化と受け手の解読という二重の変換過程が含まれます。そのため，送り手の発した言葉が受け手にとっては嫌味にとらえられたり，言葉よりもこわばった表情のほうがメッセージとなり思いが伝わらなかったりというように，誤解などのコミュニケーションの歪みが起こることもあります。

　もう一つは，これら記号化と解読の際のコミュニケーション前提は，送り手受け手それぞれの経験に基づくものであるため，どんなに親しい間柄でも完全に一致することはあり得ないということです。私たちは，相手に話をする際，言葉の意味がわかるか，前提となる知識をもっているかなど，相手のコミュニケーション前提を探り合いながら，コミュニケーションを工夫します（これを

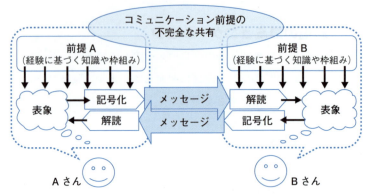

図 8.9　コミュニケーションのプロセス（池田，2000 をもとに作成）
A さんと B さんの二者のコミュニケーションのプロセスを表したものです。メッセージ
のやりとりは，送り手が頭に浮かんでいる事柄（表象）を言葉や表情などの何らかのメッ
セージに変換（記号化）し，受け手がメッセージを解読するというプロセスを経て行われ
ます。ただし，メッセージの変換（記号化）や解読は，それぞれのもっているコミュニケ
ーションの前提に基づいて行われるため，A さんは前提 A に基づいて，また，B さんは前
提 B に基づいて，記号化や解読を行うことになります。このコミュニケーション前提
は経験に基づく知識や認知の枠組みであるため，人それぞれ少しずつ異なるものです（コ
ミュニケーション前提の不完全な共有）。

チューニングとよびます）。この工夫を経て，新しくコミュニケーション前提
の共有部分を増やしていくことが，まさにコミュニケーションによる「共有」
です。

　職場では，日々メンバー同士が相互作用を繰り返す中で，ある職務の意味や
メンバーの特徴など，コミュニケーションをとる上で必要となるさまざまな前
提を共有していきます。共有が進むと，お互いの意図の理解や次の行動の予測
が可能になり，メンバー間のスムーズな連携や調整が生まれます。コミュニケ
ーションを通じて，職場チームの目標達成に必要な知識や目標，メンバーのス
キルや専門性について的確な共有が行われることは，高度なチームワークを発
揮する上で重要です。

8.4.2　職場のコミュニケーションとチームワーク

　職場のコミュニケーションは，課題的コミュニケーションと情緒的コミュニ
ケーションの 2 つの側面からとらえることができます（古川，2004）。それぞ

れの側面が職場集団のチームワークとどのように関連するのかをみていきます。

1. 課題的コミュニケーション

　課題的コミュニケーションとは，職務を遂行する上で必要な，指示や確認，ホウレンソウ（報告・連絡・相談）などです。職場では，日々メンバー同士でこれらのコミュニケーションを行う中で，ある作業の意味や目的，あるメンバーのコミュニケーションのクセなどを理解し，互いのコミュニケーション前提の共有部分を広げていきます。これは，図 8.7 に示したチームワークの行動的要素のうち，効率的な課題遂行のための連携や協同そのものとなります。また，共有メンタルモデルとトランザクティブ・メモリー・システムのようなチームワークの認知的要素も，課題的コミュニケーションによる「共有」によって形成されるものといえます。

　課題的コミュニケーションをどのように行うか，的確に行うことができるかは，職場チームの成果を左右します。たとえば，古川（2003）は，営業チームの電子メールのログを分析し，高業績チームと低業績チームではその内容が異なっていることを示しました（表 8.2）。表 8.2 から，高業績チームでは挨拶や連絡などの形式的な内容よりも，互いの情報を提供し合い求め合うコミュニケーションが活発になされていることがわかります。的確な課題的コミュニケーションとは，何がどのように伝えられ共有されるのかということによるのです。

　しかし，組織のもつ構造的特性は職務や職位の差異を必然的に備えているため，先に述べたコミュニケーション前提のズレを生じさせやすく，的確なコミュニケーションが阻害されやすいことも知られています。たとえば，上司が「当然わかるだろう」と指示した内容が，部下のほうではまだ経験が浅くその前提が共有されていないために期待された職務が実行されないといったようなことです。また，評価の権限をもつ上司に対して部下は自分にとって都合の悪い情報をあげにくいことも知られています。実際に，後輩が先輩のミスを指摘しにくかったり（大坪ら，2003），昇進願望の強い部下ほど情報伝達に偏りがみられたり（Athanassiades, 1973）することがわかっています。

2. 情緒的コミュニケーション

　情緒的コミュニケーションとは，挨拶，激励や褒めること，叱責や注意など，

表8.2　**高業績チームと低業績チームの電子コミュニケーション内容の違い**（古川，2003）

内容カテゴリー	チームA	チームB
情報交換カテゴリー • 手持ち情報の提供 • 必要情報の問い合わせや請求 （例）「トップに影響力のある人脈ありませんか？」	47%	23%
活動方針カテゴリー • 営業活動方針の記述と確認 • 自分の営業活動方略についての具体的記述 （例）「関係部署の○○との連携で進める予定」	24%	21%
情緒的支援・表出カテゴリー • 他者への支援と叱咤激励 • 自己と他者の動機づけを高めるための記述 • 他者への指摘・批判に関連する記述 （例）「苦戦必至，やるだけやりましょう」	18%	20%
形式的伝達カテゴリー • 形式的挨拶や謝辞 • 形式的な連絡 （例）「お忙しい中申し訳ありませんが，よろしく…」	11%	**36%**
合　　　　計	100%	100%

ある組織の営業チームがチーム内でやりとりした電子メールの内容を分析した結果を示しています。チームAが高業績チーム，チームBが低業績チームです。チームAは，情報交換カテゴリーが多く形式的伝達カテゴリーが少ないのに対し，チームBは逆に情報交換カテゴリーが少なく形式的伝達カテゴリーが多くなっていることがわかります。

互いの情動を出し合い受け止め合うコミュニケーションです（古川，2004）。情緒的コミュニケーションは，職場集団の雰囲気づくりや関係づくりに役立ちます。これは図8.7 のチームワークの行動的要素のうち，対人関係の維持にあたります。また，情緒的コミュニケーションは，チームワークの態度的要素である，モラールや一体感を高めます。たとえば，上司が部下を褒めたり注意したりすることで部下の達成感と成長感が増すことや（繁桝ら，2009），部下を褒めることで上司と部下の雰囲気を良くし関係性を改善することが（山浦ら，2009）示されています。

　ただし，職場集団は，雰囲気が良く仲が良いだけでは，目標達成に到達できません。課題的コミュニケーションと情緒的コミュニケーションの両方が過不足なく十分に行われることが大切です。

8.5 職場の人間関係の問題——職場における葛藤

　図 8.10 は，職場における悩みの原因について調べたものです。職場の人間関係の問題は，ワークライフにおいて主要な悩みの種であり，仕事の成果やメンタルヘルスの問題などに影響を及ぼすこともあります。他者やチームとの間にいざこざを知覚し「うまくいかない」と認識する過程を葛藤とよびます。葛藤とは，メンバー同士，あるいはチーム同士で，価値や信念，資源や行動などに矛盾や違いを知覚することであり（Dreu & Gelfand, 2008），とくに組織で起こるものは組織葛藤とよばれます。ここでは，職場における人間関係の問題の一つとして葛藤についてみていきます。

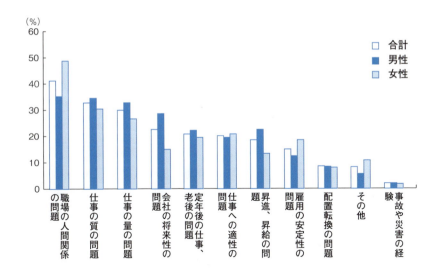

図 8.10　仕事や職業生活に関する不安・悩み・ストレスの原因（平成 24 年労働者健康状況調査（厚生労働省）をもとに作成）
「あなたは現在の自分の仕事や職業生活に関することで強い不安，悩み，ストレスとなっていると感じる事柄がありますか」という質問に「ある」と回答した人に対して，さらにその内容について該当するものを 3 つ以内で選択してもらった結果を示しています。職場の人間関係の問題は，男女を問わずもっとも多く選択されていることがわかります。

8.5.1　課題葛藤と関係葛藤

　職場も含めて集団における葛藤には課題葛藤と関係葛藤があり，これらを区別することは葛藤の有効なマネジメントを考える上で重要です。表 8.3 は，ジェーン（Jehn, K. A., 1995）による課題葛藤と関係葛藤を測定する尺度の項目です。項目内容として示されているように，課題葛藤とは集団が課題を遂行する上での意見や主張の対立を知覚する過程であり，それに対して，関係葛藤とは性格の不一致やメンバー間の不和を知覚する過程です。

　職場集団において，課題葛藤を避けることはできません。これは，組織の分業構造によって，職場集団が協同と競争という相矛盾する関係を併せもつことによります（この矛盾を併せもつ状況は混合動機的状況とよばれます）。図 8.11 は職場における混合動機的状況を表したものです。職場においてメンバーや集団は，共通の目標達成を目指して協力しなければならない協同関係にある一方で，分業による役割や立場の違いがあることで食い違いや対立といった競争関係にもあるのです。

　職場集団における課題葛藤の引き金になる具体的な要因は 4 つにまとめられます（山口，1997）。①限られた資源（人材や予算やモノ，時間など）をめぐる利害の対立，②互いの裁量権や主導権を主張する対立，③互いの役割に関する齟齬，そして④目標達成のための仕事のやり方に関する意見や方針の食い違いです（山口，1997）。これらは，役割や立場の異なるメンバー同士あるいは

表 8.3　**集団内の葛藤を測る尺度** （Jehn, 1995；村山と大坊，2008）

課題葛藤	1. 仕事内容に関する意見のくい違いはどの程度生じましたか。 2. アイデアについての対立はどの程度の頻度でありましたか。 3. あなたの意見や主張に対する対立はどの程度ありましたか。 4. 意見の相違はどの程度みられましたか。
関係葛藤	5. メンバー間での不和はどの程度ありましたか。 6. 性格的に合わないといったことはどの程度ありましたか。 7. メンバー間で，どの程度はりつめた空気が見られましたか。 8. 感情的な対立はどの程度ありましたか。

項目 1〜4 は課題葛藤を，項目 5〜8 は関係葛藤を測定するための項目です。課題葛藤は課題を遂行する上で生じる対立であるのに対し，関係葛藤は情緒的なもつれを意味します。

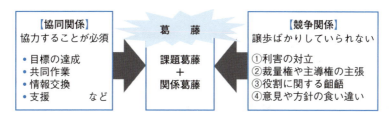

図 8.11　職場における混合動機的状況

職場集団において，メンバー同士あるいはチーム同士は，組織の目標達成を果たすために協力する協同関係でなければなりません。しかし一方で，職場集団やそのメンバーは，組織における分業の構造により生じる組織特有の対立（①利害の対立，②裁量権や主導権の主張，③役割に関する齟齬，④意見や方針の食い違い）について自らの役割や職務を全うするためには簡単に譲歩することのできない競争関係でもあります。この矛盾した混合動機状況で，「うまくいかない」ことが認識される葛藤が起こります。そして多くの場合，課題葛藤に伴い関係葛藤も同時に起こります。

チーム同士がそれぞれ目標達成のために行動するときに生じる不可避の事態です。

　やっかいなことに，こうした課題葛藤は，情緒的なもつれである関係葛藤を伴って顕現化することがよくあります。また，本来は課題葛藤として存在するものを，「相手の性格が悪い」とか「相手と相性が悪い」などと誤認知してしまうことで関係葛藤に発展することもあります（Simons & Peterson, 2000）。こうした情緒的な反応は感情がエスカレートして増幅することもあり，注意が必要です。

　ただし，職場集団にとって，葛藤はネガティブな効果をもたらすばかりではありません。とくに，課題葛藤は，議論を活発化させ，業務の改善や創造的な問題解決の機会をもたらすこともあり，8.2 であげた集団や組織の硬直化を防ぐ機能を果たす可能性もあります。実際に，むしろ適度な課題葛藤が存在する場合のほうが，メンバーの満足感や集団のパフォーマンスが高まることがわかっています（Tjosvold et al., 2003）。

8.5.2　葛藤のマネジメント

　葛藤は，職場集団の生産性やメンバーの満足感やストレスなどに影響を及ぼします。しかし，葛藤が職場集団にとってポジティブな効果をもたらすかネガ

図 8.12　葛藤への対処行動の類型モデル（Rahim & Magner, 1995 をもとに一部修正して作成）

横軸が他者への関心である「同意性」の程度を，縦軸が自分の主張を重視する「主張性」の程度を表しています。この 2 つの組合せにより，対処行動は 5 つに分類されます。①回避的対処行動とは，自分の主張も相手への同意も示さず，問題が放置されることを意味します。②主張的対処行動とは，相手を犠牲にしてでも自らの主張を優先させる対処行動です。③譲歩的対処行動は，自分の主張を抑え相手への同調を示すことです。④妥協とは，互いの主張のそこそこで折り合いをつける方法です。⑤統合的対処行動とは，主張も同意も両方重視し，互いの利益が最大になるような解決を目指すことです。

ティブな影響となってしまうかは，葛藤の内容よりもむしろ葛藤がどのようにマネジメントされるかということによって決まります（DeChurch et al., 2013）。

　葛藤への対処行動は，自分の意見を主張する「主張性」と，他者の主張に関心を示す「同意性」の 2 つの次元でとらえることができ，図 8.12 のような 5 つのタイプに分けられると考えられています。一般的には，統合的対処がもっとも効果的であるとされています。また，ディチャーチとマークス（DeChurch, L. A., & Marks, M. A., 2001）は，自分の意見を積極的に主張し相手を説得する主張的対処行動をとるほど業績などの客観的パフォーマンスが高くなり，相手の話をよく聞き同調する譲歩的対処行動をとるほど満足感などの主観的パフォーマンスが高くなることを示しています。

　さらに，チーム内の葛藤に関するこれまでの研究についてメタ分析を行ったディチャーチら（DeChurch et al., 2013）によれば，統合的対処の他に，チームのオープンな議論や変化への志向性（openness）が，葛藤が業績や満足感にポジティブな効果を生む上で重要であることを指摘しています。チームメ

ンバーが直接互いの意見を表明し合い，批判や情報提供を積極的に行うことが，有効な葛藤のマネジメントを行う上で重要なのです（DeChurch et al., 2013）。

復習問題

1. 集団やチームとよべるための条件は何でしょうか。
2. 集団の特徴を3つ以上あげて説明してください。
3. チームワークの認知的要素について具体的に説明してください。
4. 職場におけるコミュニケーションの歪みについて，どのような現象があるのか，またなぜそのような歪みが起こるのかについて説明してください。
5. 課題葛藤と関係葛藤の違いを説明してください。また，それぞれの葛藤をマネジメントする上で重要なことをまとめましょう。

参考図書

古川久敬（2015）.「壁」と「溝」を越えるコミュニケーション　ナカニシヤ出版

　今日の組織状況を踏まえて，職場におけるチームやリーダーシップ，コミュニケーションのあり方について，実践的な観点からわかりやすく述べられています。中級レベル。

山口裕幸（2008）. チームワークの心理学──よりよい集団づくりをめざして──　サイエンス社

　集団に関する基本的な理論や考え方，またチームワークとは何かについて，わかりやすく解説されています。中級レベル。

吉田新一郎（2000）. 会議の技法──チームワークがひらく発想の新次元──　中央公論新社

　本章では紙面の都合で触れることができませんでしたが，会議も職場のコミュニケーションの重要な形態の一つです。この書籍は，会議の効果的な技法について整理しまとめられています。中級レベル。

第9章 リーダーシップ

組織が存続するためには，持続的な成長を遂げながら，一定の成果を上げる必要があります。その成果は，けっして有能な従業員一人の力のみで実現できるものではありません。組織が取り組む課題が大きくかつ複雑になればなるほど，分業化が進み，多くの従業員がその課題に取り組むことになります。それら多くの従業員を目指すべき目標達成に導くのが「リーダーシップ」の役割です。では，リーダーシップとはどのような意味をもち，期待される成果を実現するためには，どのようなリーダーシップが有効なのでしょうか。本章では，リーダーシップの本質的な意味を理解しながら，効果的なリーダーシップとそれを実現するための要件について概説していきます。

9.1 リーダーシップとは何か？

国家を率いる大統領や首相，企業の経営者，スポーツチームの監督などにみられるように，私たちが目にする組織や集団では，必ずそこにリーダーが存在し，その人物のリーダーシップに関心が寄せられます。私たちがこれまで所属したクラブやサークルなどの集団においても同様です。さて，そもそもリーダーシップとは必要なのでしょうか。まずは，この大きな前提を確認するところから始めましょう。

9.1.1 リーダーシップが求められるとき

いかなる組織も必ず取り組むべき課題を抱えています。今では大企業と称される組織でも，創業時にはある事業を興すことから始まっています。しかし，課題や事業を1人で進めるには限界があり，複数の従業員の協力が必要になります。そうした複数の従業員を課題や目標の達成に導くのがリーダーの役割であり，このことを一般的に「リーダーシップ」とよびます。重要な点は，リー

ダーが先に存在するのではなく，課題やメンバーが先に存在することです（古川，2011）。時折，リーダーのために従業員（フォロワー）がいるという勘違いが起こることがあります。そうした誤った認識を極端にもつと，リーダーとしてのモラルや倫理観から逸脱してしまい，組織を混乱に陥れてしまう「破壊的リーダーシップ」につながる一因になることが近年の研究から明らかにされています（Padilla et al., 2007）。

　さて，リーダーシップとは，複数の従業員を目指すべき目標達成に導く（リードする）ことであることを理解しました。それに関連して，かつてハウスは「パス–ゴール理論」を提唱し，リーダーシップの役割とは，部下が目標（ゴール）に向かうための道筋（パス）に障害となるものを取り払うことであると主張しています（House, R. J., 1971；9.5.2 参照）。たとえば，新しい課題に取り組み始めるとき，誰がどのように取り組むべきか不明瞭です。そのような状況では，リーダーが課題の手順や役割分担を明確にすることが求められます。あるいは，課題が単調で従業員が十分やる気をもつことができなければ，リーダーはやりがいを見出し，従業員を鼓舞することも期待されます。このように，従業員が課題に取り組む際には，さまざまな障害や問題が発生するために，リーダーシップが必要になるといえます。

　さて，すでにお気づきの人もいるように，上記のような問題や障害がなければ，言い換えると課題が構造化やマニュアル化されて，役割分担も明確に定められており，また課題そのものが面白く従業員もやりがいを感じて取り組んでいるときには，究極的に「リーダーシップは不要」になることもあります。カーはこのことにいち早く気づき，課題や状況がリーダーシップの機能の代わりになるとして，「リーダーシップ代替論」（Kerr, S., & Jermier, J. M., 1978）を提唱しています。

9.1.2　リーダーシップの定義

　リーダーシップとは具体的に何を意味するのでしょうか。周知の通り，リーダーシップという用語は，学術的な場面に限らず，ビジネスや政治，スポーツ，さらには子どもたちの学級活動などでも耳にすることからわかるように，きわ

めて日常語と化しています。それゆえに，リーダーシップという同じ用語を用いたとしても，人によってさまざまな意味やイメージで用いられているという問題があります。したがって，本章の内容を概説する上で，リーダーシップが意味すること（定義）を明確にしておく必要があります。

リーダーシップ研究で著名なストッディル（Stogdill, R. M., 1974）は，リーダーシップの定義はその研究者の数だけあることを認めながら，リーダーシップを「集団目標の達成に向けてなされる集団の諸活動に影響を与える過程」であると包括的に定義しています。すなわち，集団は，目標を達成するためにさまざまな活動を行う必要がありますが，メンバーのさまざまな活動を方向づけ，やる気を引き出し，メンバー同士の協力・連携を促すように導く（リードする）影響力のことをリーダーシップとよんでいます。そして，リーダーシップが意味することをより深く理解するためには，次の2つの点に留意する必要があります。

第1に，リーダーシップとは，多くの場合，組織や職場において管理職などの特定の地位についているリーダーについて議論されますが，リーダーとして正式に任命されていないメンバーも発揮することができるものです。たとえば，ある特定のメンバーが，リーダーとともに職場を導いたり，また他のメンバーを励まして鼓舞していればそれも立派なリーダーシップです。

事実，最近の研究では，ある特定のリーダーだけでリーダーシップを発揮するのではなく，リーダーとサブリーダーやリーダーとインフォーマル（非公式）リーダーなど複数のリーダーが協力して，リーダーが発揮すべき役割を分担する「分有型リーダーシップ」（Gronn, 2002）の重要性が指摘されています（図 9.1 の（b））。たとえば，ソニーの創業者としてよく知られている井深　大氏と盛田昭夫氏は，それぞれの得意分野を活かして，井深氏は製品に関わる技術や開発，盛田氏は営業や経営戦略などの組織内のマネジメントで手腕を発揮し，それぞれがリーダーシップを発揮しました。

さらには，図 9.1 の（c）に表されるようにチーム特定のリーダーだけでなく，メンバーも分け隔てなくリーダーシップを発揮する「共有型リーダーシップ」の有効性も確認されています（Pearce & Conger (Eds.), 2003）。これは，

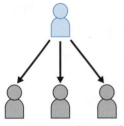

(a)　垂直型リーダーシップ

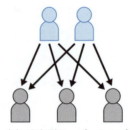

(b)　分有型リーダーシップ

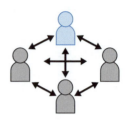

(c)　共有型リーダーシップ

図 9.1　リーダーシップの形態

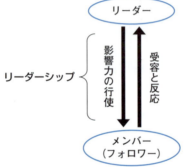

図 9.2　リーダーシップの定義

とくに，プロジェクトチームや医療チームなど時限的で特定の目的のために集められたチームなどでとくにこうした共有型リーダーシップが求められています。

　第 2 は，リーダーシップとは社会的影響過程において産まれる現象だということです。一般に，リーダーシップとは，リーダーによる一方的な働きかけをイメージされがちです。しかし，図 9.2 に示すように，リーダーの働きかけに対するメンバーの理解と受容を前提としています。「笛吹けども踊らず」という諺にあるように，リーダーがいくら優れた言動を発しても，受け手が動かされなければ意味がありません。その意味で，リーダーシップは，後述するようにリーダーによる効果的な働きかけが重要ですが，その受け手であるメンバーも重要な鍵を握っているともいえます。

9.2　**リーダーの影響力の源**

　ここまでで，リーダーシップを発揮するためには，リーダーの働きかけ（言動）に対して，メンバーがそれを受け入れる必要があることを理解しました。では，メンバーはどのようにそれを受け入れるようになるのでしょうか。以下にリーダーの影響力の源となる条件を概説していきましょう。

9.2.1　集団の典型的な人物になる

　まずはリーダーが集団を代表する典型的な人物であるとメンバーから認識される必要があります。これについて，最近，ハスラムら（Haslam, S. A. et al., 2011）は，「社会的アイデンティティ理論」を基盤とした新しいリーダーシップ理論を展開しています。

　社会的アイデンティティとは，自己概念の一部であり，自分自身を自分が所属している集団と同一視することです（Tajfel & Turner, 1986）。自分自身を，〇〇社や△△部のような集団のメンバーの一員と考えることで，それに相応しい行動をとるようになります。そして，自分たちの集団（内集団）に相対する集団（外集団）の存在が顕在化すると，自分たちの集団のことを過大に評価（内集団びいき）し，そして外集団を否定的に考えるようになる（外集団差別）ことが実験的に明らかにされています。

　ハスラムらは，この社会的アイデンティティ理論をリーダーシップに適用しています。それによると，集団において社会的アイデンティティが共有されているときには，その集団においてもっとも典型的な人物が集団のメンバーに対してもっとも影響力をもつようになるといいます。つまり，集団のメンバーと同じ立場の「一員」でかつもっとも集団を代表する人物こそがリーダーとして集団のメンバーから信任を得て，影響力を行使することが可能になるとされています。

9.2.2　社会的勢力を獲得する

　2つ目は，リーダーとしての「社会的勢力」（French, J. R. P., Jr., & Raven,

B. H., 1959）を獲得することです。社会的勢力とは，一般的に「影響力を行使できる潜在能力」を意味し，フレンチとレイブンは，リーダーにみられる社会的勢力として5つの勢力を示しています。なお，ここで重要なことは，リーダーの社会的勢力の有無を決めるのは，リーダーではなく，受け手であるメンバーの認知であるということです。

1. 正当勢力

　組織において任命されたリーダーに与えられるもっとも基本的な勢力です。これは，リーダーがメンバーに対して職務上の指示や命令を与えることのできる職務権限に基づくものです。

2. 報酬勢力

　リーダーがメンバーに対して報酬を与えることができる勢力のことです。この報酬とは，給与や賞与などの金銭的報酬もあれば，昇進や職務の割り当てなども含まれます。

3. 強制（罰）勢力

　リーダーがメンバーに対して懲罰を与えることができる勢力のことです。

4. 準拠勢力

　メンバーがリーダーに対して好意や信頼，尊敬を抱くことで，リーダーを同一視することに基づく勢力のことです。

5. 専門勢力

　リーダーが職務に関する知識やスキルをもっているとメンバーが認めることに基づく勢力のことです。

　このように5つの社会的勢力をみると，実は1から3は管理職などの公式な地位に付随して得られる社会的勢力の種類であることに気づきます。つまり，リーダーという特別な権限を用いて，メンバーを動かす影響力です。一方で，4と5は，管理職であるか否かに関わらず獲得し得る社会的勢力です。

　研究者によっては，1から3に基づく影響力を「マネジメント」，他方4と5に基づく影響力を「リーダーシップ」とよぶこともあります。

9.2.3 信頼を得る

リーダーシップは，メンバーからの受け入れがあってはじめて成立する現象であることを理解しました。では，どのようなときにメンバーはリーダーシップを受け入れるのでしょうか。これに関して，クーゼズとポスナーは「信頼」が重要であることを指摘しています（Kouzes, J. M., & Posner, B. Z., 1993）。信頼は，リーダーシップを発揮する上でももっとも重要な要素ともいえるでしょう。

また，組織のリーダーは，組織の現状を維持するだけでなく，絶え間なく変化する環境に適応するために組織や集団を変革することも求められます。組織の変革は，それまで築いてきたやり方を見直すことが求められるために，多くの場合，メンバーにとっても大きな負担を強いることになります。場合によっては「変化に対する心理的抵抗」が産まれることさえあります。それでも，リーダーがこうした革新的な行動をとることができる理由は，リーダーが日頃から蓄積してきた「特異性信頼」（idiosyncrasy credit）によるとホランダー（Hollander, E. P., 1978）は主張しています。

9.2.4 奉仕するリーダーシップ

では，リーダーとしてメンバーから信頼を得るためには，どのようなリーダーシップが有効でしょうか。そこで，メンバーから信頼を獲得し，また自律的なモチベーションや協力する風土を醸成するために有効な新しいリーダーシップとして「サーバント・リーダーシップ」が関心を集めています。

これまでのリーダーシップとは，リーダーはメンバーを上から指示・命令したり，先頭に立って引っ張ったりすることをイメージしてきました（図9.3）。それに対して，グリーンリーフは，目標の達成に向けて，メンバーが活躍しやすいように支援し，奉仕するリーダーシップのことを「サーバント・リーダーシップ」（Greenleaf, R. K., 1970）とよんでいます。最近では，サーバント・リーダーシップの意義に注目が集まり実証的な知見が蓄積されています。

【従来のリーダーシップ観】
- トップダウン
- 上意下達
- 指示・命令

【サーバント・リーダーシップ】
- 奉仕する
- 下から支える
- 人の役に立つ

図 9.3　従来のリーダーシップ観とサーバント・リーダーシップ

9.3　リーダーに求められる特性・能力

　リーダーシップは，課題を見極めて，それを構造化する知的な作業だけでなく，メンバーの人間関係や情緒的な側面にも関わる問題です。そのため，リーダーシップを発揮するためにはさまざまな特性や能力が関わっています。本節では，リーダーに求められる特性と能力を概観します。

9.3.1　偉人論と特性論の衰退

　リーダーシップへの最初の関心は，優れたリーダーはどのような特性を備えているかを明らかにするものでした。たとえば，歴史上の偉人（たとえば，ナポレオンやリンカーンなど）を基に，彼らに共通する資質や能力などの特性を抽出しようとしていました。すなわち，偉大なリーダーは，そうでないリーダーやメンバーとは基本的に異なり，独自のパーソナリティ特性や資質などを備えていると考えられていたからです。このことを，**リーダーの偉人論**（great man theory）とよびます。この偉人論は，直感的に理解しやすい利点をもっていますが，科学的に証明されたものではなく，一般性に乏しいという限界をもっています。

　20世紀に入ると，偉人論から脱し，科学的な方法によって有能なリーダーの特性を明らかにする研究が始まりました。このことを**リーダーの特性論研究**とよびます。

　リーダーの特性は，大きく 2 つのアプローチによって明らかにされています。その一つは，リーダーの出現あるいは発生（leadership emergence）に関する研究です。ここでは，どのような特性や資質をもった人がリーダーとして選ばれるかが注目されました。具体的には，リーダーが存在しない討議集団を設定し，そこでの相互作用を通してリーダーとして選出される人のパーソナリティ特性と他の人のパーソナリティ特性とが比較されました。

　もう一つは，どのようなパーソナリティ特性や資質を備えたリーダーが効果的で，高い業績を上げるかに焦点を当てたリーダーシップの効果性（leadership effectiveness）に関する研究です。このアプローチは，リーダーのパーソナリティ特性とパフォーマンスとの関係性について検討されました。

　リーダーの特性を解明することを試みた研究は数多く存在しますが，ストッディル（Stogdill, R. M.）は，1904 年から 1947 年までの 124 編にわたる研究知見を丁寧に整理し，優れたリーダーの特性として「知能」（判断力や創造性など），「素養」（学識，経験），「責任感」（信頼性や自信など），「参加性」（活動性，社交性，協調性，ユーモアなど），「地位」（社会経済的地位や人気）を見出しています。ただし，特性とリーダーシップとの関係の強さが研究によって一貫していないか，一貫していても必ずしも強い関係とはいえませんでした。このことを受けて，彼は「リーダーに求められる特性や技能は，そのリーダーが率いる集団や事態の特徴によって決まる」と結論づけています。

9.3.2　リーダーの特性への注目

　しかし，1980 年代以降，リーダーの特性の重要性が再認識され始めました。それまでの特性論研究では，リーダーの発生に関する研究とリーダーシップの効果性に関する研究はほとんど区別されていませんでした。ロードら（Lord, R. G. et al., 1986）はこの点に着目し，特性論に関する複数の研究をメタ分析という統計手法を行って再度検討しました。その結果，実はリーダーの特性のうち知能（intelligence）や男性性（masculinity），支配性（dominance）は，リーダーの発生とはほとんど関係がないものの，部下や上司が評価するリーダーシップの効果性認知と関係をもつことが明らかになりました。

表9.1　ジャッジら（2002）によるビッグファイブとリーダーシップとの関係に関する
メタ分析結果（Judge et al., 2002）

	リーダーの発生 （出現）		リーダーシップ 効果性	
	k	ρ	k	ρ
神経症傾向	30	− .24[a]	18	− .22[a,b]
外 向 性	37	.33[a,b]	23	.24[a,b]
経験への開放性	20	.24[a,b]	17	.24[a,b]
協 調 性	23	.05	19	.21[a]
誠 実 性	17	.33[a,b]	18	.16[a]

k はメタ分析で用いた相関の数，ρ は推定された相関係数。
a は 95%信頼区間，b は 80%信頼区間を意味します。

　また，従来の研究では，リーダーの特性を測定するための測度が十分な精度を備えていなかった点も問題として指摘され，改めて標準化されたパーソナリティ尺度を用いた検討も行われています。

　たとえば，ジャッジら（Judge T. A. et al., 2002）はパーソナリティのビッグファイブ（神経症傾向，外向性，経験への開放性，協調性，誠実性）とリーダーシップとの関係を検討しています。その結果を示した表9.1によると，ビッグファイブパーソナリティ特性とリーダーシップとの全体的な関係は，それほど悲観するほどの結果ではなく，またリーダーの発生とリーダーシップの効果性のいずれとも統計的に有意な関係性があることが明らかになっています。

　また，偉大なリーダーや指導者にみられる「カリスマ」（charisma）の特性にも脚光が集まるようになりました。このカリスマに関する議論を初めてリーダーシップの研究で展開したのはハウス（House, R. J., 1971）です。彼は，カリスマの特性をもつリーダー（カリスマ的リーダーシップ）が，どのようにメンバーの内面的変化を引き起こし，カリスマと認知されるかについて関心を寄せました。そして，カリスマ的リーダーにみられる特性として，異常に高い「支配」「自信」「影響力の要求」「自己の価値の信念」があることを示しています。

9.3.3　リーダーに求められるスキル・能力

　そのほか，リーダーシップには具体的なスキルや能力も求められます。それ

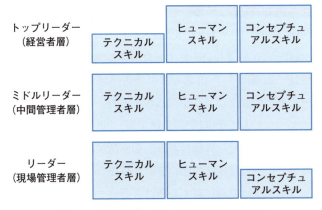

図 9.4　**各階層のリーダーと求められるスキル**

について古典的ですが，代表的なアプローチとしてカッツ（Katz, R. L., 1955）はマネージャーに必要とされる能力を，職務に関する知識や技能を示す「テクニカルスキル」（technical skill），組織における人材を協働化していく能力として「ヒューマンスキル」（human skill），そして経営理念に基づいて職務を遂行する能力として「コンセプチュアルスキル」（conceptual skill）の 3 つを取り上げています（図 9.4）。これら 3 つのスキルはいずれも重要ですが，地位が高くなるにつれてコンセプチュアルスキルの必要性が増すことになります。

9.4　効果的なリーダーシップ

9.4.1　リーダーに求められる行動

　リーダーの特性論アプローチが，ストッディル（Stogdill, R. M., 1948）らの文献展望をきっかけに衰退の一途をたどるようになると，有効なリーダーとそうでないリーダーとの違いを，彼らが備えている特性から，実際に観察可能な「行動」に焦点が当てられるようになったのです。これが，行動アプローチです。

1. 民主的リーダーシップの研究

　リーダーの行動は，集団の課題遂行や雰囲気，そしてメンバーの態度にどのような影響を与えるのでしょうか。リーダーシップの効果性を初めて実験的に検証したのが，レヴィン（Lewin, K.）とホワイトとリピット（White, R., & Lippitt, R., 1960）による「社会的風土」に関する実験です。

　この実験では，10歳の少年15名が3つの集団に分かれて，それぞれの大学生のリーダーのもとでお面づくりが行われました。3つの集団に対するリーダーシップ・スタイルとして「専制型」「民主型」「放任型」が設定され，それぞれの効果が検討されました。専制型では，集団活動のすべてをリーダーが指示・決定しました。民主型では，集団の方針は可能な限り子どもたちの討議によって決定し，リーダーは討議に対する助言を行いました。放任型では，子どもまかせで，リーダーはほとんど関与しませんでした。

　その結果，作業の質については民主型リーダーのもとでもっとも優れ，作業量については専制型と民主型リーダーのもとで優れていました。また，民主型リーダーのもとでは，子どもたちの作業に対する動機づけは高く，創造性に優れ，集団の雰囲気は友好的でした。専制型リーダーのもとでは，作業量こそ多かったものの，集団の雰囲気は攻撃的で，リーダーがいるときには作業に取り組むものの，いないときには作業を怠けることが確認されました。放任型リーダーのもとでは，作業量や質がもっとも低く，作業を行わずに遊ぶ子どもが多くいました。

2. リーダー行動の不動の2次元

　リーダー行動の違いが，集団に影響を及ぼすのであれば，実際にリーダーがどのような行動を行っているかに関心が移りました。アメリカを中心に各地で効果的なリーダー行動を探る研究がなされました。その代表的な研究として，ハーバード大学のベールズ（Bales, R. F., 1950）は，あらかじめリーダーが存在しない討議集団においてメンバー間の相互作用を観察しました。すると，大きく課題行動（他者に示唆を提供したり，意見を述べたりする行動）と社会・情緒的行動（連帯性を示したり，緊張緩和を示す行動）の2つの行動を見出しました。

　また，ストッディルらのオハイオ州立大学のグループ（Halpin & Winer,

1957）は，まず職場の管理者（リーダー）の行動を部下から多数収集し，それを基に150の質問項目からなる「リーダー行動記述調査票」を開発しました。そして，そのデータを因子分析によって分析したところ，リーダー行動は2つの因子から構成されていることを明らかにしました。一つは，「構造づくり」行動とよばれるもので，職務活動を明確化したり，部下の役割や責任を定義する課題に志向した行動です。もう一つは，「配慮」行動とよばれるもので，リーダーと部下との相互の尊敬や信頼を作り出す行動で，関係に志向した行動を指します。

これらの研究を結論づけると，多様なリーダー行動は最終的に2次元のスタイルに集約できることが明らかになりました。すなわち，集団の目標を達成することや課題の取組みに志向した「課題志向的行動」，そして集団内の人間関係の維持や，チームワークや雰囲気の醸成，さらにはメンバーの満足感を充たすことなど主として人間関係の配慮に志向した「人間関係志向的行動」です。これら2つを「リーダー行動の不動の2次元」とよびます（金井，2005）。

3. 2次元のリーダー行動の効果性

リーダー行動は大きく2次元から構成されていました。それでは，「課題志向的行動」（構造づくり）と「人間関係志向的行動」（配慮）のどちらが効果的でしょうか。表9.2には，リーダー行動2次元とパフォーマンス（集団の生産性，メンバーの満足感）との関係を検証した複数の研究がまとめられています。

それをみると，リーダー行動とパフォーマンスとの間には明確な関係を認め

表9.2 リーダー行動2次元と集団の生産性およびメンバーの満足感との関係を検証した研究数（Stogdill，1974を参考に作成）

	正の相関	無相関	負の相関
構造づくり			
⇔集団の生産性	47	26	7
⇔メンバーの満足感	14	8	11
配 慮			
⇔集団の生産性	47	32	14
⇔メンバーの満足感	48	9	7

表中の数字は，研究数を示します。

ることができません。この結果を受けて，リーダーの行動 2 次元のうちどちらかの行動が効果的かではなく，むしろ両方の行動を発揮することが重要であると気づかれるようになりました。その代表的な理論が，九州大学の三隅二不二による PM 理論です。

9.4.2　P M 理 論

　三隅（1984）は，リーダー行動のパターンを P 機能と M 機能の 2 つに分類しています。P 機能とは，課題達成（performance）機能を意味し，課題志向的な側面についてのリーダーの行動パターンを表します。具体的には，メンバーを最大限働かせる，仕事量をやかましくいう，所定の時間までに仕事を完了するように要求する，目標達成の計画を綿密にたてるなどの行動です。

　それに対して，M 機能とは，集団維持（maintenance）機能を意味し，リーダーの人間関係志向的な側面の行動パターンを示します。具体的には，リーダーがメンバーを支持する，メンバーの立場を理解する，メンバーを信頼する，メンバーが優れた仕事をしたときには認める，メンバーたちを公平に取り扱うなどです。

　そして，これら 2 つの機能には高低 2 水準があると考え，それぞれの組合せによって，図 9.5 のように 4 つに類型化しました。

　pm（スモール・ピー・エム）……課題達成機能および集団維持機能の両側面について消極的なリーダー行動を意味します。

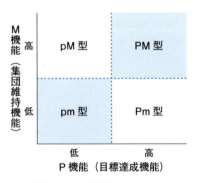

図 9.5　PM 理論の 4 つの類型（三隅，1984 より作成）

　Pm（ラージ・ピー，スモール・エム）……課題達成や目標達成に関わるリーダー行動をとくに実践しているのに対し，メンバー間の人間関係や集団内の雰囲気には配慮していないことを意味します。

　pM（スモール・ピー，ラージ・エム）……課題達成に関わる行動よりはむしろ，集団内の人間関係の調和やメンバーの情緒的な面に配慮することに重点を置くリーダー行動のパターンを意味します。

　PM（ラージ・ピー・エム）……課題達成や目標達成を強調しながらも，同時に集団内の人間関係や雰囲気にも配慮するリーダー行動のパターンを示します。

　PM 理論に基づく研究は莫大な数にのぼります。その中でも，4つのリーダー行動のスタイルが集団の生産性やメンバーの満足感にどのような違いを生じさせるかについて結果を整理すると以下のようになります。まず，集団の生産性については，短期的には PM 型＞Pm 型＞pM 型＞pm 型となり，長期的には PM 型＞pM 型＞Pm 型＞pm 型の順に低くなります。さらに，メンバーの意欲や満足度については，PM 型＞pM 型＞Pm 型＞pm 型の順に低くなります。いずれも，PM 型のリーダー行動スタイルがもっとも効果的であることがわかります。

9.4.3　変革型リーダーシップ論

　1980 年代後半になると，アメリカでは経済の不況が影響し，多くの企業組織で組織変革が叫ばれるようになります。こうした社会的動向に連動して，新たに組織を変革することを目指した「変革型リーダーシップ（transformational leadership）」に関心が集まるようになりました。なお，これまでのリーダーシップ理論は，基本的に組織内部に関心があり，メンバーとの相互交流を通じて，目標や課題を確実に遂行することを目指したものでした。これを「交流型リーダーシップ（transactional leadership）」とよびます。それに対して，組織外部の環境に関心をもち，それに適応するために，組織に変化を導入したり，革新の創出を指向したものを「変革型リーダーシップ」とよびます。

　バス（Bass, B. M.）は，変革型リーダーシップをメンバーに影響を及ぼす

リーダーの効果性の観点から定義しています。それによると，リーダーは，メンバーに明確かつ理想的な目標の重要性や価値に気づかせて，組織のために私欲から抜け出させ，そしてより高いレベルの欲求を活性化させることで，メンバーの質を変容させることを目指しています。

変革型リーダーシップは，4つの要素から構成されています。

1. 理想的影響

リーダーのカリスマ性を意味する。

2. モチベーションの鼓舞

リーダーが，メンバーのモチベーションを喚起することによって影響を及ぼすもの。

3. 知的刺激

メンバーの考え方や視野を広げたり，転換させたりするなどの刺激を与えること。

4. 個別的配慮

メンバー個々の達成や成長のニーズに注意を払って，仕事をサポートしたり，適切な助言を行う配慮的な行動。

これまでの研究では，変革型リーダーシップは，交流型のそれよりも，組織の業績やメンバーの満足感，モチベーションに効果的であることが明らかになっています。ただし，どちらか一方を発揮するのではなく両方を兼備することがもっとも望ましいとされています。すなわち，交流型リーダーシップだけでは，「期待された成果（expected outcome）」しか上げることができませんが，それに変革型リーダーシップも発揮することで「期待以上の成果（performance beyond by expectations）」を上げることが可能になることが指摘されています。

また，アボリオ（Avolio, B. J., 1999）は，これまでの変革型リーダーシップやその他の研究を踏まえて，もっとも効果的なリーダー行動のモデルとして「フルレンジ・リーダーシップ（full range leadership）」を提唱しています。

このモデルでは，リーダー行動を「変革型リーダーシップ」(4つのI's)，「交流型リーダーシップ」（パフォーマンスに即応して報酬を与える行動，能動的

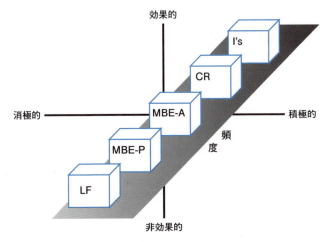

図9.6　フルレンジ・リーダーシップ（Avolio, 1999）

【変革型リーダーシップ】
I's……4 つのI's からなる変革型リーダーシップ
- 理想的影響
- モチベーションの鼓舞
- 知的刺激
- 個別的配慮

【交流型リーダーシップ】
CR……パフォーマンスに即応した報酬行動
MBE-A……能動的な例外時罰行動
MBE-P……受動的な例外時罰行動

【非リーダーシップ】
LF……放任的行動

　な例外時罰行動，受動的な例外時罰行動），そして「放任型リーダーシップ」（ほとんどリーダーシップを発揮しない）の5つに分類します。そして，これらのリーダー行動は，図9.6 に示すように「効果的—非効果的」と「積極的—消極的」，そして「頻度」の3次元上で表します。

　最適なリーダーシップとは，座標軸の右上にある（効果的で積極的）リーダー行動を発揮している頻度が多い状態です。すなわち，第1に変革型リーダーシップ，そして第2にパフォーマンスに即応して報酬を与える行動（交流型リーダーシップ）の順の頻度で発揮していることが望ましいとされています。

　逆に，もっとも貧困なリーダーシップとは，座標軸の左下のリーダー行動の頻度が高い状態を指します。つまり，第1に放任型リーダーシップ，第2に受動的な例外時罰行動の順の頻度で発揮しているリーダーシップ・スタイルを指します。

9.5 状況を見極める

　上記の特性アプローチや行動アプローチは，状況普遍的に効果的なリーダーの特性や行動の解明を目指したものでした。それに対して，普遍的に唯一最善のリーダーの特性や行動は存在しない，言い換えるとある特定のリーダーの特性や行動の効果は，さまざまな状況要因によって変化するという立場に立つのがコンティンジェンシー・アプローチ（状況即応）です。

9.5.1 「集団の状況」を見極める――コンティンジェンシー理論

　コンティンジェンシー・アプローチの先駆けになったのが，フィードラー（Fiedler, F. E.）によるコンティンジェンシー理論です。このモデルでは，まずリーダーの特性をLPC得点によって把握します。そして，集団の状況として「リーダーとメンバーの関係のよさ」，「課題が構造化されている程度（仕事の目標，手続きの明瞭さ）」，そして「リーダーのもつ地位勢力」の3つの要因でとらえます。そして，そのリーダー特性と集団状況との組合せによって，リーダーシップの有効性が明らかになります。

　フィードラーの理論でもっとも特徴的な「LPC」とは，Least Preferred Co-worker の頭文字を組み合わせたものです。これは「一緒に仕事をする上でもっとも苦手な仕事仲間」を意味します。実際には，リーダーに今までの体験からこの人に該当する人を1人だけ思い出してもらい，その人を肯定的にとらえている度合いを尋ねます。LPCを高く評定するリーダー（高LPCリーダー）は「人間関係の維持」に動機づけられていることから「人間関係志向的」，そして低く評定するリーダー（低LPCリーダー）は「課題の達成」に動機づけられていることから「課題達成志向的」と表します。

　フィードラーは，LPC得点によって表されるリーダーの特性（人間関係志向的，課題達成志向的）と3つの集団状況の組合せによって，リーダーシップの有効性（業績）が決まることを主張しています。このことを示したのが図9.7です。

　たとえば，集団状況がリーダーにとって有利な状況（リーダーとメンバーの

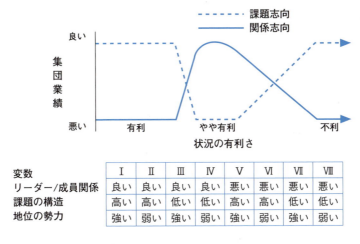

図 9.7　**条件即応モデル** (Fiedler, 1967；山田（監訳），1970)

関係が良好で，課題が構造化されている程度が高く，リーダーの地位勢力も強い集団状況）や不利な状況（リーダーとメンバーの関係が悪く，課題が構造化されている程度が低く，リーダーの地位勢力も弱い集団状況）では，低 LPCの課題達成志向的リーダーが有効です。他方，集団状況がリーダーにとって中程度に有利な状況，すなわち集団状況を表す 3 要因が，リーダーにとって有利な状況と不利な状況が混在している場合（例：リーダーと成員との関係が悪く，課題の構造化が高く，リーダーの地位勢力が高い）には，高 LPC のリーダーが有効です。

　このモデルは，リーダー行動のスタイルの有効性が，さまざまな状況に応じて異なることを示した点で，その後のコンティンジェンシー・アプローチの発展に大きく貢献しました。

9.5.2　「課題の構造化度」を見極める——パス—ゴール理論

　ハウス（House, R. J., 1971）によって提唱された**パス—ゴール理論**（通路—目標理論と訳されることもあります。9.1.1 参照）は，リーダーがメンバーの仕事への動機づけや満足感を高めることを強調し，そのためには，リーダーがフォロワーの欲求を理解し，その欲求と組織の目標を関連づけ，リーダーが

指示や指導などを行うことで，目標に到達するための道筋（パス）を明らかにする必要があるというものです。

　また，この理論は，リーダー行動を「構造づくり」行動と「配慮」行動の2つの側面でとらえ，集団状況によってそのリーダー行動の有効性が異なるとしています。

　たとえば，仕事や課題が構造化されていない場合（非定型的な仕事）では，メンバーは自らの役割や課題をどのように進めるべきかを明確化することが難しいと考えられます。このときには，仕事や課題を方向づける「構造づくり」行動のほうが「配慮」行動よりも，メンバーの満足感や業績を高める効果をもつと指摘されています。逆に，役割や課題が構造化されている場合（定型的な仕事）では，メンバーは単純反復作業を強いられるために，強いストレスを感じることが多くなります。このときには，「配慮」行動のほうがより効果的であると指摘されています。

9.5.3　「メンバーの成熟度」を見極める――ライフ・サイクル理論

　ハーシーとブランチャード（Hersey, P., & Blanchard, K. H., 1977）は，メンバーの成熟度の違いに応じて，効果的にリーダーが変わることを主張しています。このことをライフ・サイクル理論とよびます。この理論では，リーダー行動を指示的行動（課題志向）と協労的行動（関係志向）の2次元，そして状況特性をメンバーの成熟度でとらえています。

　この理論の興味深いところは，メンバーの仕事に関わる発達レベルを取り入れているところです。そして，この発達レベルを「メンバーの成熟度」で表しています。そして，メンバーの成熟度は，与えられた職務に必要な「能力」（知識や技術の習得度など）と職務を遂行しようとする「意欲」という2つの要素からなります。そして，それらの組合せによって成熟度を4段階（低い，やや低い，やや高い，高い）に設定します。

　また，ハーシーとブランチャードは，先述した2つのリーダー行動それぞれの高低の組合せによって，4つのリーダーシップ・スタイルを設定しました。図9.8は，メンバーの成熟度とリーダーシップ・スタイルとの関係を示してい

効果的なリーダーシップスタイル

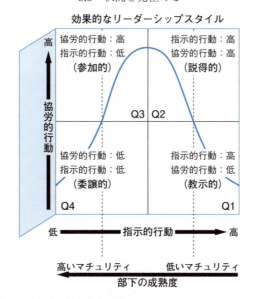

図 9.8 ライフ・サイクル理論 (Hersey & Blanchard, 1977)

ます。

　まず Q1 の段階では，メンバーの成熟度がもっとも低く，職務を遂行する能力も十分ではありません。そのため，指示的行動を中心とした「教示的リーダーシップ」がもっとも効果的となります。Q2 の段階でも，まだメンバーの成熟度は十分ではないためにリーダーの指示的行動は必要になります。これに加えて，リーダーの情緒的な面も配慮する必要が出てくるために協労的行動を増やした「説得的リーダーシップ」が必要になります。Q3 では，メンバーの成熟度がやや高くなるために，リーダーの指示的行動の必要性は低くなります。それに対してメンバーのモチベーションを高める必要がありますので協労的行動を増やした「参加的リーダーシップ」が有効となります。メンバーの成熟度がもっとも高い Q4 の段階は，メンバーの職務に必要な能力や意欲はもっとも充実した状態を意味します。ここでは，リーダーの指示的行動や協労的行動の必要性が低くなりますので，メンバーの自主性や自律性を尊重した「委譲的リーダーシップ」が有効となります。

　この理論の特徴は，メンバーの成熟度の発達という時間軸を状況要因として取り上げたことです。ライフ・サイクル理論とよばれるゆえんはここにあります。

9.6　優れたリーダーの開発

　効果的なリーダーシップを発揮するためには，リーダーの育成や成長を意図したリーダーシップ開発（leadership development）が必要不可欠です。かつてから，OFF-JT（Off the Job Training）によるリーダーシップ訓練プログラムも依然として盛んに行われています。1990 年代以降の近年では，リーダーの職務経験に着目し，その経験から自律的に学習し，成長するように仕向けることに注目が集まっています。マッコール（McCall, M. W., Jr.）らは，リーダーの「一皮むける経験（quantum leap experiences）」に注目し，リーダーの成長を促す経験とその教訓を明らかにしています。マッコールら（McCall et al., 1988）は，アメリカ企業における 191 人の経営幹部から聞き取った 616 にものぼる経験（出来事）から，最終的にリーダーの成長には「初期の仕事経験」「最初の管理経験」「ゼロからのスタート」など 16 種類の経験から得られる教訓が深く関わっていることを報告しています。

復習問題

1. どのようなときにリーダーシップは必要なのでしょうか。リーダーシップが求められる要件を述べてください。

2. サーバント・リーダーシップとは，従来のリーダーシップの考え方とは何が異なるのでしょうか。説明しなさい。

3. PM 理論に基づくと PM 型リーダーがもっとも効果的ですが，それはなぜでしょうか。説明してください。

参考図書

金井壽宏（2005）．リーダーシップ入門　日本経済新聞社

　リーダーシップに関わる学術的研究がわかりやすく紹介され，松下幸之助など著名な経営者の事例なども丁寧に解説されており，リーダーシップを多面的に理解する上で最適の書籍といえます。リーダーシップを初めて学ぶ方には最適な一冊です。

古川久敬（2004）．チームマネジメント　日本経済新聞社

　チームを具体的に運営し，成果をあげていくための実践的な示唆を，最新の研究知見を拠り所にわかりやすく解説されています。とくに，チームワークやコンピテンシー（業績直結能力）などリーダーシップを担う上で不可欠なテーマが盛り込まれています。リーダーシップを実践しようとする人に役立つ一冊です。

坂田桐子（編著）（2017：近刊）．社会心理学におけるリーダーシップ研究のパース　　ペクティブⅡ　ナカニシヤ出版

　リーダーシップに関わる最近のテーマや理論を丁寧にまとめた専門書です。サーバント・リーダーシップやリーダー－メンバー交換理論，共有型リーダーシップ，そして破壊的リーダーシップなどの最新の研究成果を把握することができます。

第 **10** 章

仕事の能率と安全

　組織が高い生産性を維持するには，そこで働く人々が仕事を素早くこなし，能率を高めることが求められます。しかし，効率だけを追求して，仕事の途中でミスをすれば，かえって生産性は損なわれます。場合によっては，悲惨な事故や組織の不祥事として甚大な損失を被ることすらあります。本章では，両立の難しい仕事の能率と安全を理解するための視点について説明します。

10.1　仕事における能率

10.1.1　仕事のムリ・ムダ・ムラの排除

　仕事の能率を高めるには，作業の方法や手順，人数と役割分担，1 人あたりや 1 日あたりの作業量や作業時間，道具や設備の配置などを，適切に設計する必要があります。そのために仕事におけるムリ・ムダ・ムラ（3 ム）を見つけ出し，それらを排除する改善と標準化を行うことで，生産性が向上されます。作業改善のためには，作業の動作や時間に着目し，体系的な分析を行う作業研究（work study）の技法が古くから用いられてきました（コラム 10.1 参照）。現在でも，作業研究は経営工学やインダストリアル・エンジニアリング（IE）の分野で発展し，作業を適切に設計するための重要な手法となっています。

　また 3 ムを排除し，適切な作業環境を維持・改善するために，産業現場では 5S の徹底が取り組まれています（表 10.1）。1980 年代以降，トヨタ生産方式をはじめ，日本の製造業における継続的な改善は KAIZEN とよばれ，国際的に注目を集めています。5S の徹底はこの KAIZEN の基本です。

表10.1　5S活動の内容

5　　S	活 動 内 容
整　　理	必要なものと不要なものを区別し，不要なものを処分する。
整　　頓	必要なものをわかりやすく，使いやすい場所に置く。
清　　掃	身の回りや職場をきれいにして，使いやすい状態にする。
清　　潔	整理・整頓・清掃の行き届いた状態を維持する。
躾（習慣）	職場で定められたルールや規律を正しく守る。

5Sの「S」とは，整理・整頓・清掃・清潔・躾（習慣）のローマ字表記の頭文字に由来します。

10.1.2　作業の習熟と人間の判断・行動パターン

　新人とベテランでは仕事の能率が大きく異なります。最初は難しく時間がかかる作業でも，繰返し経験するうちに，そのコツをつかんで要領よく実施できるようになります。ラスムッセン（Rasmussen, J., 1986）のSkill-Rule-Knowledge（SRK）モデルは，作業の習熟度を反映した人間の行動・判断のパターンを3つの段階に分類して説明しています（図10.1）。つまり，人間の判断・行動は，一般的には経験を蓄積して作業に習熟するにつれ，知識ベースからルールベース，最終的にスキルベースへと変化していきます。たとえば，作業に不慣れな新人や未経験者は，手順を逐一確認して，注意深く考えながら取り組みます。これは知識ベースの行動です。ベテランや熟練者は，同じ作業を考え込まずに素早く処理し，スキルベースで行動します。

　ただし，熟練者であっても，何らかの異常や問題を感じ取ると，ルールベースや知識ベースの判断・行動で対処します。直面する状況に応じて，注意や思考を働かせて，どれくらい意識的な行動の制御を行うのかが異なってきます。リーズン（Reason, J., 1997）は，3つの行動パターンを作業の状況（ルーチンワーク（日常的に慣れ親しんだ課題）から未知の問題）と心理的な制御（意識的な制御，混成，自動的な制御）によって整理しています（図10.2）。

　仕事の能率という観点では，習熟したスキルベースが望ましいといえますが，上記のように必要に応じて各ベースの判断・行動を使い分けることが大切です。さらに，次節で詳しく述べますが，ヒューマンエラー，つまり判断や行動の間違いは，いずれの行動パターンにおいても起こります。

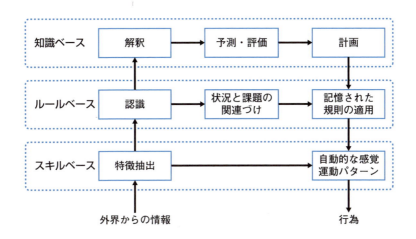

図 10.1　**SRK モデル**（Rasmussen, 1986 をもとに作成）

知識ベースの判断・行動は，未経験の状況や困難な問題に遭遇した場面で用いられます。入手した情報から状況を認識・解釈し，現状や今後の展開を評価して，必要な行為を計画して行います。ルールベースの判断・行動は，過去に遭遇した同様の状況での経験を基に，適切と思われる判断・行動の規則を適用して実行に移します。そしてスキルベースの判断・行動は，反復経験により習熟が進み，ほとんど何も考えずに自動的に動作を行う状態を指します。

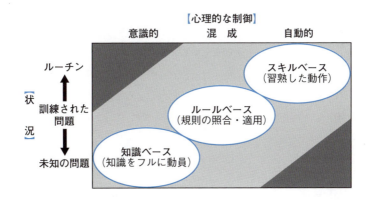

図 10.2　**状況と心理的な制御による行動パターンの整理**（Reason, 1997 を一部改変）

10.2　仕事における安全

10.2.1　労働災害と産業事故

　労働災害とは，「労働者の就業に係る建設物，設備，原材料，ガス，蒸気，粉じん等により，又は作業行動その他業務に起因して，労働者が負傷し，疾病にかかり，又は死亡すること」（労働安全衛生法，第 2 条の 1）と定義されます。我が国における労働災害による死亡者数は，1961 年に最多を記録した6,712 人から，1972 年の労働安全衛生法施行を契機に，長期的には減少傾向にあります（図 10.3）。2015 年には，統計を取り始めて以来，死傷者数が初めて1,000 人を下回る 972 人となりました。これは関係行政機関や企業が，産業現場の安全管理体制の整備，事故防止対策の充実に尽力してきた成果といえるでしょう。

　しかし，過去最少を記録したとはいえ，2015 年においても多くの死亡者が発生しており，休業 4 日以上の負傷者を含めると 11 万 6,311 人もの人々が労働災害に見舞われています（図 10.4）。今後も安全性向上のための努力は継続

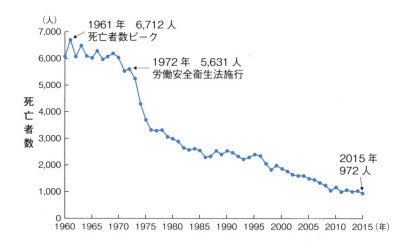

図 10.3　**労働災害による死亡者数の推移（全産業）**（中央労働災害防止協会（編），2016をもとに作成）

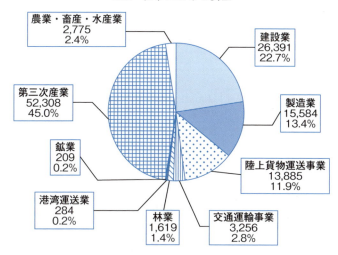

図 10.4　業種別死傷災害（休業 4 日以上）の発生状況（2015 年）（中央労働災害防止協会（編），2016 をもとに作成）
図は 2015 年に発生した業種別の死傷災害の発生状況を表しています。建設業，製造業，陸上貨物運送事業の 3 つの業種で多くの災害が発生しており，全体の約 5 割を占めます。なお，第三次産業（小売業，社会福祉施設，飲食店，など）での死傷災害が 4 割を超えており，近年，増加傾向にあります。

していく必要があります。

　重篤な労働災害は，当事者本人の人命を損なうばかりか，その影響が広範囲に及ぶ産業事故にもつながります。航空，鉄道，原子力発電，化学プラント，医療などの産業現場で起きた事故は，第三者や社会に多大な損害を与えます。表 10.2 に，近年，我が国で発生した主要な産業事故の概略を示しました。

　技術が高度化し，機械の自動化や信頼性の向上が進んだ現在の産業では，災害や事故の多くに人間の不安全行為が関与しています。複雑で巨大なシステムを運用する現場では，作業者の 1 つのミスが大規模な被害を招きます。たとえば，井上と高見（1988）はさまざまな産業分野で生じた事故において，ヒューマンエラーが関与した割合を表 10.3 のように整理しています。

表 10.2　過去に国内で発生した主な産業事故（1999 年以降）

発 生 年 月	名　称	被害の概要
1999 年 1 月	横浜市立大学病院患者取り違え事故	横浜市立大学医学部附属病院第一外科で，肺手術と心臓手術の患者を取り違えて手術が行われた。
1999 年 9 月	東海村 JCO 臨界事故	東海村の JCO の核燃料加工施設でウラン溶液が臨界状態に達し，作業員 3 名が大量被爆し，後日 2 名が死亡した。臨界状態は 20 時間に及び，半径 350 m 内の住民へ避難指示，半径 10 km 内では屋内待避勧告が出された。
2000 年 3 月	日比谷線列車脱線衝突事故	地下鉄日比谷線中目黒駅手前の曲線で列車が脱線し，対向列車と側面衝突した。乗客 5 名が死亡し，63 名が負傷した。
2001 年 1 月	日航機駿河湾上空ニアミス事故	駿河湾上空で日本航空の 907 便と 958 便の 2 機がニアミスを起こした。衝突は回避されたが，急降下した 907 便の乗員乗客 42 名が重軽傷を負った。
2004 年 8 月	美浜原子力発電所 3 号機配管破断事故	関西電力美浜原子力発電所 3 号機で二次冷却系の復水系配管が破断し，高温の蒸気により作業員 5 名が死亡し，6 名が重軽傷を負った。
2005 年 4 月	JR 福知山線脱線事故	JR 福知山線塚口駅―尼崎駅間で上り快速列車が脱線し，線路脇のマンションに激突した。列車の運転士を含む 107 名が死亡し，562 名が負傷した。
2007 年12月	三菱化学鹿島工場火災	三菱化学鹿島工場の第 2 エチレンプラントの分解炉で大量のオイルが配管から漏れ，火災により作業員 4 名が死亡した。
2011 年 3 月	福島第一原子力発電所事故	2011 年 3 月 11 日の東北地方太平洋沖地震と津波の影響により，東京電力福島第一原子力発電所で炉心溶融など放射性物質の放出を伴う原子力事故が発生した。放射性物質による汚染，住民の避難をはじめ，広範な社会的・経済的影響をもたらした。
2011 年 5 月	石勝線特急列車脱線火災事故	特急列車が JR 石勝線の清風信号場内で脱線し，構内トンネル内停止後に火災が発生した。車内に充満した煙により，乗客 39 名が病院へ搬送された。
2012 年 4 月	三井化学岩国大竹工場爆発事故	三井化学岩国大竹工場のレゾルシン製造プラントで爆発・火災が発生した。社員 1 名が死亡し，作業員 11 名が重軽傷を負った。爆発の衝撃波で近隣の建物にも被害が及び，地域住民 11 名が負傷した。
2016 年 1 月	軽井沢スキーバス転落事故	長野県の国道 18 号碓氷バイパス付近で大型観光バスが道路脇に転落し，乗員 2 名と乗客 13 名が死亡，26 名が負傷した。

表 10.3　**ヒューマンエラーが関与した事故の割合**（井上と高見，1988を一部改変）

産 業 分 野	ヒューマンエラーが 関与した事故の割合
構造物事故	60〜90%以上
ロボット事故	45%
化学プラント事故	60%以上
石油化学コンビナート火災	45〜65%
危険物工場火災	50%
製造業事故	40%以上
航空機・船舶・発電所事故	70〜90%
医療事故	80%以上
自動車事故	90%以上

さまざまな産業分野で発生した事故のうち，ヒューマンエラーが関与した割合を文献調査により整理した結果を示しています。分野により違いはありますが，ヒューマンエラーが関与する事故の割合は，40〜90%以上にも達しており，その対策の重要性が示唆されています。

10.2.2　効率と安全のジレンマ

　工場や工事現場では，「安全第一」という標語が掲げられています。文字通り，安全確保を最優先して作業に取り組むことを啓発するものです。この標語の由来は，英語の"safety-first"であり，1912年にアメリカの鉄鋼会社USスチールのゲーリー（Gury, E. H.）会長が打ち出した「安全第一，品質第二，生産第三」の経営方針といわれています（鎌形，2001）。当時の不況下の工場では，劣悪な労働環境で作業者が危険な業務を担っており，労働災害が多発していました。この状況を鑑みて，同社では安全対策として大規模な設備投資を行い，その結果として品質や生産までも向上したという逸話が残されています。

　この逸話は「安全第一」の方針が，生産性と両立し得ることを示した好例です。しかし，この方針を実際の現場で常に守ることは容易ではありません。組織の成長・存続には，経営目標を達成するために生産効率の向上が求められます。逼迫した工期や納期に追われて安全性よりも生産性が優先され，安全対策に必要な資源がコストとして削減されることもあるでしょう。

　安全確保のために設備を入念に点検したり，専任の人員を充てたり，対策の立案・実施に時間と労力をかければ，少なくとも一時的には生産性は低下しま

す。人員，予算，時間など資源が有限である以上，生産性と安全性を同時に両立するのは困難です。それでもなお，安全性を優先し，かつ生産性を確保する努力を続けることが求められます。結果として一時的に低下した生産性が回復し，以前より向上したときに，はじめて生産性と安全性は両立したといえます。

　では，安全確保のためにどのような対策が有効なのでしょうか。対策を考える上では，人間の行動への深い理解と洞察が不可欠です。人間工学やヒューマンファクターの分野では，人間のもつさまざまな特性を踏まえて安全管理の問題を解決するための研究が進められています。次節では，こうした分野の知見に基づき，人間の不安全行為について解説します。

10.3　人間の不安全行為

10.3.1　ヒューマンエラーの定義と分類

　ヒューマンエラーにはさまざまな定義が提案されています（表 10.4）。ここでは，とくに人間の認知的な過程，行為者本人の「意図」を重視したリーズン

表 10.4　ヒューマンエラーの代表的な定義

研 究 者	定 　 義
スウェインとガットマン（1983）	システムに定義された許容限界を超える一連の人間行動。
岡田（2005）	一連の行為における，ある許容限界を超える行為，すなわちシステムによって規定された許容範囲を逸脱する行為。
黒田（2001）	達成しようとした目標から，意図せずに逸脱することとなった，期待に反した人間の行動。
リーズン（1990）	計画された一連の心理的・身体的過程において，意図した結果が得られなかった場合を指す用語。
芳賀（2006）	意図した目標を達成することに失敗した，あるいは意図しない負の結果（事故や損失など）をもたらした人間の決定や行動。
佐相（2009）	人間の行為の対象となっているシステムの許容範囲を超えて，事故などの好ましくない結果をもたらした人間の行為であり，行為の結果が実施者の意図に反しているもの。

(Reason, J., 1990) や芳賀（2006）の心理学的な定義に着目します。「意図した結果」や「意図した目標」とは，本人がある行為や判断を実行して達成するつもりであった事柄を指します。これを達成できずに，望ましくない「意図せざる結果」をもたらした行為がヒューマンエラーです（図10.5）。

また，ヒューマンエラーはいくつかのタイプに分類できます。図10.6はス

場面例：スイッチを操作して機器の電源を ON にしたい……

ボタンA
（正しい操作）　　　　ボタンB

適切な行為：「ボタン A を押す」
　○ 意図した目標・結果：「機器の電源を ON にする」

　不適切な行為：「ボタン B を押してしまった」
　　　　　　　　「ボタンを押し忘れた」
　　　　　　　→ ヒューマンエラー

　● 意図せざる結果：「機器の電源は OFF のまま」

図 10.5 「意図した目標・結果」とヒューマンエラー

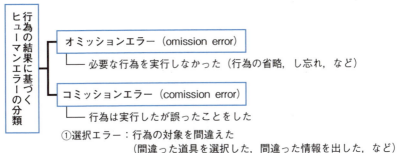

行為の結果に基づくヒューマンエラーの分類

オミッションエラー（omission error）
└ 必要な行為を実行しなかった（行為の省略，し忘れ，など）

コミッションエラー（comission error）
└ 行為は実行したが誤ったことをした
①選択エラー：行為の対象を間違えた
　　　　　　　（間違った道具を選択した，間違った情報を出した，など）
②順序エラー：行為の順序を間違えた
③タイミングエラー：行為のタイミングが適切でなかった
④質的エラー：行為の強度，実行時間（継続時間）などが適切でなかった

図 10.6 　行為の結果に基づくヒューマンエラーの分類 (Swain & Guttmann, 1983をもとに作成)

ウェインとガットマン （Swain, A. D., & Guttmann, H. E., 1983） による行為
の結果に基づく分類です。この分類では，見かけ上の行為の結果によってエラ
ーを比較的簡単に整理することができます。しかし，あくまで結果としての行
為のみを取り上げているため，エラーが生じた心理的背景や経緯を吟味するに
は不向きです。

　たとえば，図 10.5 のスイッチ操作の場面で「ボタン B を押してしまった」
という不適切な行為がみられたとします。この場合，作業者が「ボタン A を
押すつもりでいたが，いざ操作をするときにボタン B を押した」というケー
スもあれば，「はじめからボタン B を押すのが正しい操作だと思い込んで実行
した」というケースもあります。行為の結果に基づけば，どちらも同じ選択エ
ラーに該当しますが，行為に至るまでの本人の意図のもち方は大きく異なりま
す。

　この違いを踏まえて，リーズン （Reason, 1990） は人間の情報処理過程に基
づく分類を提唱しています （図 10.7）。この分類では，10.1 で示した SRK モ
デルの考え方も考慮し，ヒューマンエラーの基本的タイプが整理されています。
まずエラーは，意図しない行為と意図した行為の 2 つに大別されます。意図し

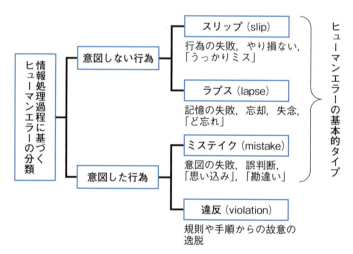

図 10.7　情報処理過程に基づくヒューマンエラーの分類 （Reason, 1990 をもとに作成）

ない行為のうち，正しいことを行うつもりが，実行する際の注意の減少により，手元が狂ったり，やり損ないをする行為の失敗が**スリップ**です。また適切な行為を実行に移す直前や途中で，必要な情報や実行自体を忘れてしまう記憶の失敗を**ラプス**といいます。スリップとラプスは，いずれも SRK モデルにおけるスキルベースの行動で生じるエラーに位置づけられます。

意図した行為に分類され，行為を計画する段階で不適切な意図を形成する誤りを**ミステイク**といいます。いわゆる「思い込み」や「勘違い」などの判断の失敗であり，SRK モデルのルールベースや知識ベースの行動で生じるエラーです。これらスリップ，ラプス，ミステイクの 3 つが，ヒューマンエラーの基本的タイプとされます。

なお，意図した行為には，定められた規則や手順書から故意に逸脱する**違反**も含まれます。ミステイクは行為者本人に実行する行為が不適切という認識がないのに対し，違反はそれが不適切であると自ら認識しながら選択される行為です。違反に関する心理的過程はヒューマンエラーとは異なるため，その対策も含め区別して検討する必要があります。

ヒューマンエラーの基本的タイプに関与する心理的過程を考慮することで，有効な対策を考えることができます（**表 10.5**）。スリップの防止には，行為の実行前に注意を喚起して，再確認を促す**指差呼称**が有効です。また，機械・設備のスイッチの操作方向・位置の標準化，誤操作をしても事故につなげない**フールプルーフ**や**フェイルセーフ**などの工学的な仕組みも有効です。ラプスの防止には，記憶を補助するためのメモやチェックリストの活用が有効です。ミステイクの防止には，正しい判断を確実に行えるように，教育・訓練，機器の表示・位置の改善，復唱・確認会話などのコミュニケーション上の工夫が有効です。

10.3.2　違反の定義と分類

安全に作業するための規則や手順書を整備しても，それが作業者に守られなければ意味がありません。自動車の速度超過運転，高所作業での安全帯の不着用，作業手順の省略など，規則や手順書を故意に逸脱する違反は，ヒューマン

表 10.5　ヒューマンエラーのタイプ別対策の例

エラーのタイプ	対策の例
スリップ	・指差呼称：作業内容や対象を目視・指差し，発声して確認する作業方法。 ・機械や設備の標準化：スイッチの操作方向や位置を統一する。 ・フールプルーフ：誤操作をしても機械・設備の側で受けつけないようにする仕組み。 　例：ドアを閉めなければ加熱できない電子レンジ。 　　　正しい方向でしか挿入できない USB メモリ。 ・フェイルセーフ：誤操作で異常が生じたら，安全な状態に移行させる仕組み。 　例：赤信号で列車を進行させると自動的にブレーキをかける自動列車停止装置（ATS）。
ラプス	・実施すべき事柄をメモする。 ・実施の順序を整理したチェックリストに従って作業する。 ・リマインダー：重要なことを思い出させる手がかりを用意する。 　例：思い出すべき時間にタイマーのアラームを鳴らす。 　　　思い出すべき内容を目につくところに表示しておく（付箋を貼る，など）。
ミステイク	・教育・訓練：単なる手順や規則だけでなく，その背景や意義，必要性の知識も含めて教える。 ・機器の表示・位置：わかりやすく色分けしたり，明確な表示・配置に変更する。 　例：路線ごとに色分けされた電車の路線図と案内表示。 　　　オーディオの赤（右音声），白（左音声），黄（映像）の信号別に色分けされたプラグ。 ・復唱：口頭での情報伝達の際，伝えられた内容を受けた側が繰り返して発声する。 ・確認会話：伝達する情報を別の表現に言い換え，詳しく述べて確認する。 　例：「来週の金曜日の 6 時にお会いしましょう」と言われたら， 　　　「来週の金曜日は 12 月 9 日ですね。では，9 日の 18 時にお目にかかります」と確認する。

表 10.6　**違反の分類とその背景**（HSE, 1995 をもとに作成）

分　類	内容と背景
1.　日常的な違反	規則や手順書の違反が繰り返され，職場で常態化している場合。 背景：労力や時間を節約したいという欲求，規則が厳格すぎる，現場の実態に即していないという認識。
2.　状況に依存した違反	規則や手順書を守ると，予定期間内に作業を完了させることが難しい場合。 背景：短時間で作業完了を迫る時間圧，人員不足，工具や保護具の不足，管理・監督者による違反の黙認。
3.　例外的な違反	作業中に異常が生じ，早急に問題解決をするために違反が行われる場合。 背景：違反による危険の理解の不足，危険でも違反をしないと問題を解決できない状況，解決を急ぐ職務上の使命感。
4.　楽観的な違反	単調で変化のない作業に従事しており，刺激を求めて違反が行われる場合。 背景：好奇心や自己満足，危険を冒すスリルを感じたい，技量の高さや度胸の強さを誇示したいという欲求。違反すること自体が目的となる。

エラーと同じく災害や事故の引き金となります（Reason, 1997；芳賀, 2000）。表 10.6 は，英国安全衛生庁（Health and Safety Executive（HSE）, 1995）が産業現場での違反の実態と背景を踏まえて整理した分類です。

　規則や手順書からの故意の違反は，産業界では不安全行動とよばれています。不安全行動は危険と知りつつあえてそれを行うリスク・テイキングの一種ととらえられ，「本人または他人の安全を阻害する可能性のある行動を意図的に行うこと」（芳賀, 2000）と定義されています。リスク・テイキングに関連する心理的要因の観点から，①作業者が違反に伴う危険に気づかないか主観的に小さく見積もる場合（リスク要因），②危険を冒して得られる目標の価値が大きい場合（ベネフィット要因），③危険を回避するためにかかるデメリットが大きい場合（コスト要因）に，違反は誘発されやすくなります（図 10.8）。

　違反の防止には，その実態とリスク・テイキングの心理的要因を考慮して，作業環境の改善を検討することが必要です。

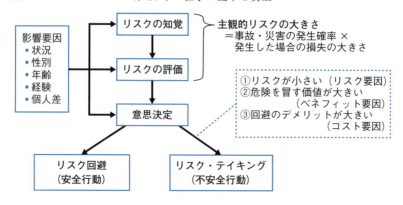

図 10.8　リスク・テイキングのプロセス（芳賀, 2000 を一部改変）

10.3.3　行動形成要因

　人間の行動は，その人自身がもつ知識や経験，生理現象の影響だけでなく，外部の環境や状況からも影響を受けています。こうした人間の行動に影響を及ぼす要因は行動形成要因（Performance Shaping Factor：PSF）とよばれます。

　PSF は，一般に外的 PSF（作業環境，状況，手順書など），内的 PSF（過去の経験，パーソナリティ，体調など），ストレッサー（作業負荷，疲労，不快感など）の 3 種類に分類されます（Swain & Guttmann, 1983）。ヒューマンエラーにつながる PSF としては，表 10.7 のようにさまざまな PSF の存在が指摘されています（佐相, 2009）。また，PSF は作業の際の行動に直接影響するだけでなく，PSF 同士も関連しあって，間接的・潜在的な影響をもたらす場合もあります。

　ヒューマンエラーや違反という不安全行為は，PSF が複雑に関与して生じる結果としてとらえられます。言い換えれば，ある PSF が存在する条件下では，誰でもエラーをし，本意ならず違反をする可能性があります。個人を処罰したり，注意喚起をする以前に，PSF に目を向けることによって，本質的に対策が必要な組織や職場の問題点が明らかになります。

表 10.7 行動形成要因（PSF）の分類（佐相，2009 より一部抜粋）

PSF の分類	PSF 項目の例	PSF の分類	PSF 項目の例
判断上の負担	瞬時に判断が必要になる。 同時に複数の判断が要る。 具体的な判断基準がない。	作業空間	作業空間が狭くて不便。 足場が狭いなど作業場所に危険がある。 他の作業と作業場所が重なっている。
身体的な負担	作業時間が長く続く。 作業に精密さが求められる。 身体の一部に大きな負担がかかる。	組織	作業場の雰囲気がよくない。 コミュニケーションが悪い。 監督者や代表者が形式的な存在になっている。
心理的な負担	時間的な制約が厳しい。 危険な作業。 同じような作業が続く。	チーム	チームの構成が不適切。 チーム内での役割分担が不明確。 責任の所在が不明確。
確認・方法	記録が不完全で，必要な情報が得にくい。 作業の進捗状況を把握しにくい。 作業結果のフィードバックが弱い。	工程管理	工数，工程の見積もりが甘い。 次の作業工程が重なる，または取り合いが悪い。 利用する設備，機器，工具，供給品などが不足。
指示・連絡	必要な指示や連絡に誤りや不十分さがある。 指示や連絡の方法や内容が明確でない。 指示や連絡がよく聞こえない。	身体的要因	体調がすぐれない。 空腹，のどの渇きなど。 シフトなどによる概日性周期の乱れ。
機器・工具	器具，工具，測定器具などが不適切。 工具や測定器具などの値表示が読みにくい。 専用工具などの種類が多すぎる。	精神的要因	不安や心配事がある。 自信不足または自信過剰。 士気・動機に欠ける。
環境	温度，湿度，換気などが不適切。 照明が不適切。 騒音・振動が大きい。	経験・知識・能力	作業に対する経験が浅い。 作業に必要な知識が不足している。 実技能力が不足している。

10.4 事故の発生と防止

10.4.1 事故発生の理論的モデル

　災害や事故の発生には，人間のヒューマンエラーや違反だけでなく，その背後にさまざまな要因が関与しています。災害や事故が発生した経緯を調べると，作業者個人の不適切な行為だけでほぼ説明できる場合もあれば，作業者間のコ

ミュニケーションや仕事の引き継ぎで生じた問題が事故につながる場合や，機器類や経営・管理上の不備など，システム全体に関わる要因がみられる場合があります。事故発生における個人，コミュニケーション，システムの要素をそれぞれ重視する代表的なモデルとして，以下の 3 つがあげられます（申，2006）。

1.　ハインリッヒの法則

　個人の要素とその背後の潜在要因に注目する考え方です。ハインリッヒ（Heinrich, H. W., 1959）は，1 件の重篤な傷害を伴う事故の背後には，軽傷の事故が 29 件，無傷の事故が 300 件存在するという法則性を見出しました（図 10.9）。さらに無傷の事故の背景には，事故を免れた無数の不安全な行為や状態が存在すると指摘しています。つまり，重大事故の防止には，傷害に至らなかった事例の情報も収集し，そこに見出される問題を改善する必要があることが示唆されます。

2.　スノーボール・モデル

　個人とコミュニケーションの要素に注目し，とくに医療事故の発生過程を説明するモデルです（山内と山内，2000）。医療現場での患者への処置や治療は，複数のスタッフが仕事を引き継いで実施しています。仕事を引き継ぐ際のコミ

図 10.9　ハインリッヒの法則（Heinrich，1959 をもとに作成）
ハインリッヒの法則は労働災害の保険請求データに基づいて，重篤さの異なる事故が 1：29：300 の比率で生じていることを示した経験則です。ただし，この比率の数値がすべての産業にそのまま当てはまるわけではありません。この考え方の重要な点は，数値そのものではなく，重大事故は多数の不安全状態の氷山の一角として存在することを示唆したことです。

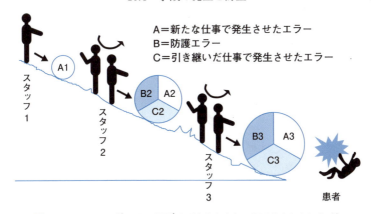

図 10.10　スノーボール・モデル（山内と山内，2000 をもとに作成）
たとえば，患者への与薬業務では，まず医師が患者を診療して与薬指示をし，それに基づいて薬剤師が調剤を行い，看護師が患者に与薬をします。この引き継ぎの過程のどこかでエラーが生じ，それが発見・訂正されないと，そのエラーまでも引き継がれ危険は大きくなっていきます。

ュニケーションの過程において，前段階のスタッフの失敗を次の段階のスタッフが発見できなかったり，新たに失敗をしてしまったりして，医療事故が生じます（図 10.10）。このモデルは，患者への直接的な行為の実施に近い段階になるほど，引き継がれた失敗に気づくことが困難になり，より危険が増幅されることを雪玉が転がり落ちる様子に例えて説明しています。

3.　スイスチーズ・モデル

　リーズン（Reason, 1997）は，組織の経営管理上の意思決定やプロセスの失敗が潜在的な要因となり，ヒューマンエラーや違反を誘発する条件を作り出し，甚大な被害を広範囲にもたらす「組織事故」という考え方を提唱しました。この考え方は，事故の発生に関して組織のシステム全体を考慮することを重視した立場です。化学プラントや原子力発電所など，複雑で高度な技術で運用されるシステムでは，安全のための防護が幾重にも設けられています。1つの防護がうまく機能しなくても，別の防護がそれを補うように設計されています（深層防護）。しかし一つひとつの防護には欠陥があるため，偶然にも防護の穴が重なったときに，危険がそれを通り抜けて重大事故に至ります。

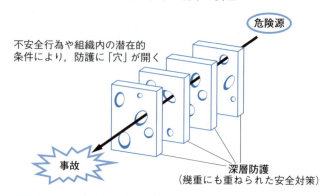

図 10.11　**スイスチーズ・モデル**（Reason, 1997 をもとに作成）
スイスチーズとは気孔のあるチーズで，図中ではチーズ片が個々の防護として表されています。チーズの穴は防護の欠陥を表し，作業者の不安全行為や設備トラブル，組織の管理上の問題点などにより，絶えず場所を移動し，開いたり，閉じたりしています。この欠陥が偶然重なりあったときに危険がすり抜けて事故が起こります。

　スイスチーズ・モデルは組織事故の考え方に基づき，こうした多層の防護をすり抜けて事故が生じる過程を表現しています（図 10.11）。このモデルは，事故の発生要因として単一の問題点に着目するだけでは，有効な対策につながりにくいことを示しています。事故の発生過程には，作業者個人，作業現場，機器・設備の技術的問題，組織管理上の問題など，さまざまな要因が関与するため，それらを多角的に洗い出し，対策を考える必要があります。参考までにコラム 10.2 に，産業現場で行われている安全活動や対策の主な例を記しました。

10.4.2　組織としての安全力向上

　組織事故が示すように，災害や事故の背後要因として組織内に潜在する問題やシステムの欠陥が重要視されています。個々の作業員や現場のみならず，組織全体として事故防止のための安全力の向上が求められており，それに関連する考え方が提唱されています。

1. 安 全 文 化

　組織を構成するメンバーが共有する認識や行動のパターンは組織文化とよばれます。とくに，安全の重要性や事故防止への姿勢に関わる組織文化が**安全文**

表 10.8 **安全文化の構成要素**（Reason，1997 をもとに作成）

構成要素	内　容
報告する文化	組織内でエラーやニアミスを隠さず，積極的に報告しようとする雰囲気をつくる。組織への信頼感を醸成するとともに，報告しやすい仕組みや迅速なフィードバックの体制を構築する。
正義の文化	組織内で許容できない行動に関する明確な合意を確立し，規則違反や故意の不安全行動を放置せず，罰すべき点は処罰する。
学習の文化	過去に起きたエラーや事故から安全に関する情報を抽出し，その教訓を踏まえて，組織内で必要な変革を実施する。
柔軟な文化	業務過多や危険に直面した緊急時には，必要に応じて組織内の決定権限や指揮命令系統などを柔軟に変えられるようにする。

化の概念であり，1986 年のチェルノブイリ原発事故を契機に国際原子力機関（International Atomic Energy Agency；IAEA）によって提唱されました。IAEA（1991）は安全文化を「すべてに優先して安全の問題が，その重要性にふさわしい注意を集めることを確保する組織と個人の特質と姿勢を集約したもの」と定義しています。また，リーズン（Reason, 1997）は組織が優れた安全文化を備えるには，表 10.8 の 4 つの要素を向上することが必要だと指摘しています。

2. 高信頼性組織

　航空管制や原子力などの産業分野では，些細な失敗が大事故につながる危険があっても，複雑なシステムを運用し，長期にわたり高い安全性を実現している組織もあります。こうした組織は高信頼性組織（High-Reliability Organizations；HROs）とよばれ，1990 年代から経営学，政治学，社会心理学などの分野による学際的研究が進められてきました（たとえば Roberts, 1990）。HROs は，リスクの高い環境で活動しつつ，災害や事故など不測の事態の発生を未然に防止し，また失敗を敏感に察知して迅速に対処することで，被害の緩和と復旧を可能にしています。ワイクとサトクリフ（Weick, K. E., & Sutcliffe, K. M., 2001, 2007）は，HROs を特徴づける 5 つの組織的機能をあげています（表 10.9）。

　近年，我が国は相次いで自然災害に見舞われており，不測の事態に強い組織の構築を考える上で HROs の知見は示唆に富みます。ただし，その知見の多

表 10.9　**高信頼性組織の組織的機能**（Weick & Sutcliffe, 2001, 2007 をもとに作成）

組織的機能	内　　　容
失敗からの学習	過去の失敗を組織全体の中で分析し，教訓を迅速に学習する。
予測の非単純化	状況を多様な視点でとらえ，将来起こり得るさまざまな事態を予測する。
現場状況への敏感さ	常に現場の状況に気を配り，問題に関する情報を即座に共有し，解決のための戦略を立案する。
復旧能力の向上	緊急時の迅速な対応に習熟し，平時とは異なる方法で対処する。
専門性の尊重	発生した事態の対処や問題解決に適した人材に権限を移譲し，平時と異なる体制で対処を速やかに実行する。

くは事例検討に基づくため，定量的な実証研究も必要です（三沢と長谷川，2015）。

3. Safety-II とレジリエンス・エンジニアリング

　これまでの安全管理では，災害や事故などの悪い結果が起こらない状態を安全ととらえ，悪い結果を回避するためにその原因の除去に努めてきました。この従来の考え方をホルナゲル（Hollnagel, E., 2014）は Safety-I とよび，より現実に即して安全管理を充実するには Safety-II という新しい安全のとらえ方が有効だと主張しています（表 10.10）。Safety-II とは，絶えず変化が生じる状況の中で，物事を適正に進めることを目標とする考え方です。この考え方に基づく安全管理は，悪い結果のみに着目するのではなく，成功にも目を向け，日頃の仕事の実施のされ方を重視したものとなります。

　組織の安全管理において Safety-II の実践を目指す専門分野がレジリエンス・エンジニアリングです。レジリエンスとは，組織のシステムが状況の変化の発生前から発生後に至るまで，機能を調整して必要な動作を維持できる能力を指します（Hollnagel, 2011）。この能力を備えるためには，4 つの要素が必要とされます（表 10.11）。レジリエンス・エンジニアリングの研究は，現在精力的に進められ，さまざまな概念や分析・研究手法も提案されており，今後の発展が期待されています。

　仕事の能率や生産性を向上させることは，組織が存続していく上で必須の課題です。しかし，その一方で災害や事故を防止し，安全を確保していくことも

表 10.10　**Safety-Ⅰ と Safety-Ⅱの比較**（Hollnagel，2014 を一部改変）

	Safety-Ⅰ	Safety-Ⅱ
安全の定義	失敗の数が可能な限り少ないこと。	成功の数が可能な限り多いこと。
安全管理の原理	受動的で，何か許容できないことが起こったら対応する。	プロアクティブで，連続的な発展を期待する。
事故の説明	事故は失敗と機能不全により発生する。事故調査の目的は原因と寄与している要素を明らかにすることである。	物事は結果に関わらず，基本的には同じように発生する。事故調査の目的は，時々物事がうまくいかないことを説明する基礎として，通常どのようにうまくいっているかを理解することである。
人的要因への態度	人間は基本的にやっかいで危険要因である。	人間はシステムの柔軟性とレジリエンスに必要な要素である。
パフォーマンス変動の役割	有害であり，できるだけ防ぐべきである。	必然的で有用である。監視され，管理されるべきである。

表 10.11　**レジリエンスの 4 つの要素**（Hollnagel，2011 をもとに作成）

要　素	内　容
学　習 （learning）	すでに起こった事実を処理する能力。過去の失敗と成功の双方を含む事例の経験から，適切な教訓を抽出する。
監　視 （monitoring）	危機的な事態を処理する能力。外部環境とシステム内部の双方について，直近の脅威またはその兆候を監視する。
予　見 （anticipating）	将来の可能性に対処する能力。今後生じうる変化，混乱，圧力，その結果がもたらす事象の進展，脅威，好機などを予測する。
対　応 （responding）	現在直面している状況を処理する能力。事前に用意した方法，またはそれらを適切に調整して，混乱や外乱に対処する。

重要です。安全のための費用や労力は，しばしば生産性を圧迫するコストとみなされ，経営効率の犠牲となることがあります。リーズン（Reason, 1997）は安全管理の取組みを「最後の勝利なき長期のゲリラ戦」と例えています。長期間，無事故の状態が続いていたとしても，それは危険が完全に存在しないことを示すとは限りません。潜在する危険を探究し，さまざまな手段を講じて，組織としての防護の改善・強化を継続していくことが，安全性の向上には求められます。

コラム 10.1　作業を改善するための作業研究

　産業心理学を創始したといわれるミュンスターベルク（Münsterberg, H.；1.2.1 参照）は，その著書『心理学と産業能率（*Psychology and industrial efficacy*）』（1913）において，心理学を産業場面へ応用する目標の一つに「最善の仕事方法の考案」をあげていました。この目標の達成，すなわち作業を改善して能率を向上させるため，作業の実態を分析する技法として発展したのが作業研究です。作業研究にはさまざまな手法がありますが，以下の時間研究（time study）と動作研究（motion study）の 2 つが基礎となっています。

1．時間研究

　時間研究は，20 世紀初頭のアメリカにおいて，製鋼会社の機械技師テイラー（Taylor, F. W., 1911）が考案した作業を合理的に標準化する手法です。当時，アメリカの製造業は大量生産の時代を迎え，労使の対立が深刻化し，工場の生産性が伸び悩んでいました。こうした状況の中，テイラーは作業者に課す「1 日あたりの公正な作業量」を時間研究によって解明しました。

　時間研究では，作業を細かい要素に分解した上で，個々の要素の遂行にかかる時間を計測します。この作業時間を分析することで，無駄な部分を抽出・排除して，作業を標準化するための資料が得られます。たとえば，熟練者の作業の計測時間を基に，もっとも能率の高い作業方法を明らかにし，それを基準にして他の作業者に課す標準作業量（課業）を公正に設定できます。また，作業の要素のうち，もっとも時間のかかる部分や，時間の個人差が大きい部分を明らかにして，作業条件の改善や作業者への重点的な訓練を行うことも可能となりました。

　テイラーは金属の切削作業やシャベルでの採掘作業など，さまざまな作業の改善に成功しました。時間研究に基づく作業の改善と標準化，差別出来高性賃金の導入は，「科学的管理法の原理」（Taylor, 1911）として知られ，当時のアメリカの製造業の生産性向上に寄与しました。

2．動作研究

　動作研究は，作業の動作に着目して最善の作業方法を探る方法であり，テイラーと同時期に活躍したギルブレス夫妻（Gilbreth, F. B., & Gilbreth, L. M., 1918）が考案しました。動作研究では，作業中の動作を写真に連続して撮影し，動作の一連の流れや所要時間を把握し，無駄を特定・排除することで作業方法を改善します。

　ギルブレス夫妻はさまざまな作業の詳細な観察を重ねることで，どの作業にも共通して 17 個の基本動作（要素動作）が含まれており，これらを組み合わせて一連の作業が構成されていることを見出しました。また，熟練者は比較的少ない動作で

作業を構成していることも明らかにしました。

　動作研究では，作業中の基本動作をサーブリッグ記号（表10.12）を用いて記録します（サーブリッグ（Therblig）とは，ギルブレス（Gilbreth）のスペルを逆に綴ったもの）。記録の結果から，不要な動作を特定し，それを排除することで作業の動作を改善します。

3. 動作経済の原則

　バーンズ（Barnes, R. M., 1980）は，時間研究と動作研究の知見を整理し，その集大成として作業能率の向上や作業者の疲労軽減を図るための「動作経済の原則」を提唱しています。この原則には，(a) 身体の使用（例：手作業をする際に両手を同時かつ対称的に動かせるように工夫する），(b) 作業現場の配置（例：使用する工具や材料は互いに近い位置に置き場所を定める），(c) 道具・設備の設計（例：足で操作するペダルの活用，釘抜き付きハンマーや消しゴム付き鉛筆など複数の用途をもつ道具の使用）の3つの側面についての指針が整理されています。

表10.12　**サーブリッグ記号**（通商産業省産業構造審議会管理部会（編），1962を一部改変）

番号	名称	サーブリッグ記号		説明	具体例 "机上の鉛筆を手に取り字を書く"
1	探す	Sh	⬯	物を探している眼	鉛筆がどこにあるか探す
2	見出す	F	⬯	物を探しあてた眼	鉛筆を見つける
3	選ぶ	St	→	対象に向かう	数本の中から使う鉛筆を選ぶ
4	空手	TE	∪	空の皿	鉛筆の置かれた所へ手を出す
5	つかむ	G	∩	物をつかむ手	鉛筆をつかむ
6	運ぶ	TL	⌣	物をのせた皿	鉛筆を持ってくる
7	位置決め	P	9	物を置いた指	鉛筆の先を書く位置につける
8	組合せ	A	#	組み合わせた形	鉛筆にキャップをかぶせる
9	使用	U	∪	上向きのコップ（Use の頭文字）	字を書く（鉛筆を使う）
10	分解	DA	⧺	組合せから1本抜いた形	鉛筆のキャップをはずす
11	はなす	RL	⌢	逆さにした皿	鉛筆をはなす
12	調べる	I	◯	レンズの形	字の出来映えを調べる
13	前置き	PP	8	ボーリングの棒を立てた形	鉛筆を持ち直す
14	保持	H	⨅	磁石に物をつけた形	鉛筆を持ったままでいる
15	避けられない遅れ	UD	⬦	倒れた人	停電で字が書けず待つ
16	休息	R	⌐	腰掛けた人	疲れたので休む
17	避けられる遅れ	AD	∟○	寝ている人	よそ見をして字を書かずにいる
18	考える	Pn	⌐	頭に手をあて考えている人	何を書くか考える

サーブリッグ記号は当初は17種類が用いられていましたが，現在では表中の「2 見出す」が追加された18種類が日本で使用されています。

コラム 10.2　事故防止のための対策・活動

　産業現場では事故を防止するためのさまざまな活動や組織的な取組みがなされています。以下にその主なものを取り上げます。

1. 指 差 呼 称

　作業前に操作する対象を目視し，指差して，作業内容を発声して確認する方法です。もともと鉄道の運転士が信号を確認する際に用いていた方法ですが，現在では製造や医療など，他の産業でも広く普及しています。なお，指差呼称によるエラー防止の効果は，選択反応課題を用いた室内実験で確認されており，何もしない場合の 6 分の 1 までエラーの発生率を低減できることが報告されています（芳賀ら，1996）。

2. 危険体験教育

　近年，普及している安全教育の手法であり，災害が発生し得る状態を擬似的に体験させ，危険に対する感受性を高めることを目的としています（安全体感，危険体感などさまざまな呼称があります）。現場で発生した危険な状態や災害をシミュレータや実際に使用する道具・機器に工夫を凝らした装置を用いて模擬し，身近な危険への直感的理解を促します。

3. 危険予知活動（KY 活動）

　作業の開始前に，作業の内容や現場のどこに危険があるかを話し合い，安全上の注意点を明確にして，全員で行動目標を共有する小集団活動です（表 10.13）。1974 年に住友金属工業（現 新日鐵住金）で考案され，多くの産業現場で導入されています。作業中のイラストや写真を用い，潜在的な危険に関する知識と感受性の向上のための安全教育として行われることもあり，この場合は危険予知訓練（KY 訓練）とよばれます。

4. ヒヤリ・ハット報告／インシデントレポート

　作業中に危険ではあったものの，幸いにも災害や事故を免れた事例をヒヤリ・ハットやインシデントとよびます。ハインリッヒの法則の考え方に基づけば，こうした事例は，日頃の不安全な行為や状態を把握するのに役立ちます。ヒヤリ・ハット報告やインシデントレポートという形式で情報を収集・分析し，災害や事故を未然に防止するための対策が検討されます。

5. リスクアセスメント

　災害や事故につながる危険な要因について，事前にそのリスクの大きさ（被害の重大性と発生可能性）を評価し，優先順位をつけて対策を立てる手法です（表

表 10.13　**危険予知活動の基本的な流れ（4ラウンド法）**（中央労働災害防止協会（編），2015a を一部改変）

ラウンド	検討内容	実施内容
1. 現状把握	どんな危険が潜んでいるか	どのような危険が潜んでいるか，問題点を摘出。問題点の指摘は自由に行い，他者の指摘内容への批判は避ける。
2. 本質追究	危険のポイントは何か	指摘内容が一通り出そろったところで，その問題点の原因などについて検討し，整理する。
3. 対策樹立	あなたならどうする	整理した問題点について，具体的な改善策，解決策などをあげる。
4. 目標設定	私たちはこうする	あがった解決策を討議して，合意し，行動目標にまとめる。

表 10.14　**リスクアセスメントの基本手順**（中央労働災害防止協会（編），2015b をもとに作成）

手順	内容
1. 危険性または有害性の特定	機械・設備，作業行動や環境などについて，危険性または有害性を特定する。
2. リスクの見積もり	特定した危険性または有害性についてリスクの大きさ（負傷・疾病の重篤度と発生可能性の組合せ）の見積もりを行う。
3. リスク低減のための優先度設定・リスク低減措置内容の検討	リスクの見積もりに基づき，低減措置を講じる優先度を設定する。
4. リスク低減措置の実施	具体的な低減措置，改善策を実施する。実施した措置や対策の有効性や改善効果を評価する。

10.14）。危険な要因の抽出には，ヒヤリ・ハット報告やインシデントレポートの情報が活用されます。2006年の労働安全衛生法の改正により，リスクアセスメントは事業者の努力義務とされ，各産業分野で普及しています。

6. 労働安全衛生マネジメントシステム

　安全性の向上を図るために，一連の手続きを定め，実施すべきことを明文化・記録化し，安全活動を継続的に進めるための組織的な仕組みです（図 10.12）。リスクアセスメントの結果を踏まえて，安全衛生に関する目標や計画の策定を行い，それに基づく活動を継続的に実施します。さらに，活動の実施状況に関する日常的な点検と改善に取り組み，定期的な監査と仕組みそのものの見直しや改善も行い，より効果的な事故防止のための仕組みを構築・整備していきます。

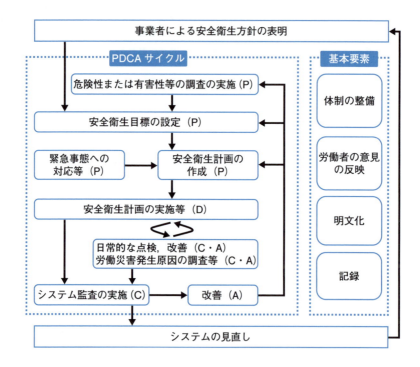

図 10.12　**労働マネジメントシステム**（厚生労働省・中央労働災害防止協会，2006）
図中の（P），（D），（C），（A）はそれぞれ「計画（Plan）」「実行（Do）」「確認（Check）」
「処置（Action）」を表しています。

復 習 問 題

1. あなた自身が最近起こした失敗体験を思い出してみましょう。その失敗は，どのようなタイプのヒューマンエラーに分類されるでしょうか？

2. 表 10.2 にあげた産業事故の事例を 1 つ選び，文献やインターネットで情報を集め，事故の発生経緯を調べてみてください。その事故には，どのような不安全行為や背後要因が関与しているか，吟味してください。

参 考 図 書

芳賀　繁（2003）．失敗のメカニズム――忘れ物から巨大事故まで――　角川書店

　　日常の小さな失敗から産業事故まで多くの例を取り上げ，ヒューマンエラーをわかりやすく解説しています。基礎を学ぶのにぜひ勧めたい一冊です。

リーズン，J.　佐相邦英（監訳）電力中央研究所ヒューマンファクター研究センター（訳）（2010）．組織事故とレジリエンス――人間は事故を起こすのか，危機を救うのか――　日科技連出版社

　　組織事故の考え方，また人間が危機の克服に重要な貢献を果たした事例を紹介しており，組織のレジリエンスに関する理解が深まります。同著者の『組織事故――起こるべくして起こる事故からの脱出――』もあわせて読むことをお勧めします。

ホルナゲル，E.　北村正晴・小松原明哲（監訳）（2015）．Safety-Ⅰ & Safety-Ⅱ――安全マネジメントの過去と未来――　海文堂出版

　　「安全とは何か」というテーマを多角的に論じ，レジリエンス・エンジニアリングの基盤である Safety-Ⅱ の考え方を詳細に解説しています。

第 11 章

マーケティング と消費者行動

　マーケティング（marketing）とは，製品が売れ続けるために企業が行っているさまざまな工夫の総称です。たとえば，人気タレントを起用したかっこいいテレビCMを作成したり，繰返し来店してもらえるようにポイントカードを発行したり，渋谷でアンケートを行って女子高生が何を欲しがっているかを調べて製品開発をしたり……。これらはすべて企業の「マーケティング」活動です。つまり，マーケティングでは，お客様となり得る人たちが何を考えているのかを理解し，彼らの買いたいという気持ちを引き起こすことが重要となります。マーケティングや経営学では，この「お客様となり得る人たち」のことを，「商品を消費する人」という意味で「消費者（consumer）」とよびます。私たち一人ひとりは，みんな「消費者」です。

　消費者の心理を理解し，消費者の心理に効果的に訴えかけるにはどうすればよいか。この問いに応えるために，「マーケティング論」や「消費者行動論」の研究分野では，古くから心理学の知見が活用されてきました。本章では，消費者の心理に関する重要な研究を紹介しながら，消費者の行動を理解することを目指したいと思います。

　本章では，大きく3つのトピックを取り上げます。まず11.1では，消費者の「記憶」について考えます。私たち消費者は，商品に関するこれまでの自分自身の経験や，広告などから得た情報を記憶し，それに基づいて購買意思決定をします。それでは，私たちの記憶はどう作られるのでしょうか。11.2では，私たちの意思決定の特徴について学びます。消費者はできるだけ安くて品質の良いものを買いたいと考えますが，現実には私たちの判断にはさまざまなバイアス（歪み）がかかっていることが知られています。11.3では，広告や口コミなどの情報の影響力について取り上げます。なぜ私たちは，テレビCMや友達からのおすすめに従って，商品を買いたいと思うのでしょうか。そのプロセスを理解することができれば，今度は，効果的な広告や販売促進活動を計画することができるようになります。

11.1　商品に関する知識はどう作られるか——消費者の記憶

11.1.1　記憶の種類

「記憶」とは，情報を受けとり，蓄積し，組織化し，変容させ，回復させる心の機能のことです（Baddeley, 1990）。記憶がなければ，私たちは商品を知ることも，理解することもできませんし，買うという意思決定さえできません。記憶の働きは図11.1に示す3種類に分けることができます。

①感覚記憶（sensory memory）とは，私たちの五感でとらえられ，非常に短い間しか保持されない記憶のことです。たとえばスーパーマーケットの店内を歩いているとき，私たちの耳には実演販売中の店員さんの声や周囲のお客さんの会話が届き，目には棚に陳列されたたくさんの商品が映っています。しかしそれらの情報は，とくに気にとめなければ頭から一瞬で消え去っていきます。もし気になる商品があったとすると，私たちはその情報に注意（意識）を向けます。そのとき，その情報は短期記憶（short-term memory）に転送されます。

②短期記憶は，まさに今処理中の情報を短い間だけとどめておく記憶システムです。時間にすると，せいぜい数十秒程度の間と考えられています。食べてみたいお菓子が3つあって，どれを買おうか迷っているというのが，短期記憶で情報処理している状況と考えればよいでしょう。しかしこの短期記憶には厳しい容量制限があることが知られており，あまりたくさんの情報を処理することはできません。だいたい数字で7桁（±2）程度ということが知られています（Miller, 1956）。消費者が購買意思決定の際にどれにしようか検討する商品群を「考慮集合」（Howard & Sheth, 1969）とよびますが，短期記憶の容量が限られているため，たくさんの数の商品を同時に迷うことは不可能です。たとえば飲料の購入では，多くの消費者が1〜3個程度のブランドしか検討してい

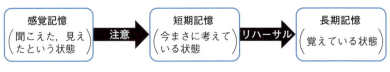

図11.1　記憶の概念図

なかったことが示されています（竹村，2006）。

　③長期記憶は，私たちが日常的に使う「記憶」の意味に近い言葉です。短期記憶で処理されている情報が，消費者にとって意味のある情報だと判断され，すでに自分がもっている記憶と関連づけられた場合には，その情報は，数十秒しか保持されない短期記憶から，長期記憶に転送されて蓄えられます。この蓄積された情報が，私たちの「知識」となります。長期記憶は短期記憶と異なり，容量に制限がなく，半永久的に維持されると考えられています。しかし，このように聞くと，「私は一度覚えた（長期記憶に入った）英単語を忘れてしまうことがしばしばあるけれども……」と思われる方もいるかもしれません。しかし，長期記憶に一度貯蔵された情報は，永久に消えないと考えられています。私たちが「忘れてしまった」と思うのは，長期記憶から情報が消えたのではなく，「思い出せなくなっている」状態にすぎないのです。長期記憶から情報を検索して思い出すことを「再生」といいます。マーケティングでは，商品を買ってもらうために，できるだけ自社の商品名が「再生」されやすい状況を作り，考慮集合に含まれるようにすることが重要となります。

　なお，記憶の再生時の特徴として，順序効果（McCrary & Hunter, 1953）がみられることが知られています。複数の単語を提示して，その記憶の程度を測定したテストでは，最初のほうで提示された単語と最後のほうで提示された単語の再生率が良かったことが知られています（Glanzer & Cunitz, 1966）。最初に提示された情報の記憶が優れることを初頭効果（primacy effect），最後に提示された情報の記憶が優れることは新近性効果（recency effect）とよびます。つまり，消費者は最初あるいは最後に提示された広告や商品のことをよく記憶するので，企業はそれらの提示順に注意を払う必要があります。

11.1.2　記憶の連想ネットワーク

　私たちの長期記憶（知識）は，タンスに収納された荷物のように整理されてしまわれているのではなく，まるで蜘蛛の巣のように密に結びつきあって頭の中に貯蔵されていると考えられています（図 11.2）。これを記憶の連想ネットワークとよびます（Anderson, 1983, 1993）。知識と知識は，思いがけないと

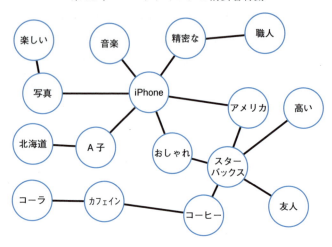

図 11.2　連想ネットワークの例

ころで間接的につながっています。たとえば，街中でスターバックスを目にし，
「アメリカ」や「おしゃれ」というイメージを思い出したとします。すると，
「アメリカ」「おしゃれ」というイメージと結びついた「iPhone」を思い出し，
最近 iPhone に機種変更した A 子を思い出し，A 子の出身地である北海道のこ
とを思い出して北海道に旅行に行こうと思いつく……というようなことを経験
します。

　スターバックスと北海道，一見まったく関係がないと思われる概念同士が，
間接的にはつながっているのです。このように，頭の中である知識が活性化す
ることで，ネットワークでつながれた周辺の知識が連鎖的に思い出されること
を，連想（association）といいます。どんな知識と知識が密接につながってい
るかは，単語を見た後の反応の速さを測定するテストによって調べることがで
きます。つながっている知識（例：A 子と北海道）は，つながっていない知識
（例：A 子と神奈川県）よりも，情報処理がスムーズなので反応が速くなりま
す。

11.1.3 カテゴリゼーションとポジショニング

　私たちは買い物に行けば，これまで買ったことのない新商品にたくさん出会います。しかし，それらについて，どう使っていいのかがわからなかったり，値段がまったく想像もできなくて戸惑ったりすることは，そう多くはありません。なぜならば，私たち消費者は，新しい情報を理解したり判断したりする際に，長期記憶にある知識を事前知識（prior knowledge）として活用することができるからです。

　たとえば，あなたがスーパーの飲料売り場に行き，「炭酸ドリンク A」という商品を初めて見たとします。初めて見た商品なので，あなたはドリンク A の味は知りません。しかし，あなたの記憶の中では，ドリンク A はまったく新しい知識として蓄えられるのではなく，これまでの事前知識をうまく生かしながら整理され，理解されます。このことをカテゴリゼーション（categorization）といいます。図 11.3 をご覧ください。

　あなたは確かに，ドリンク A のことは今日初めて知ったかもしれませんが，パッケージを少し見れば，ドリンク A が自分の知っている知識の中でどう位置づけられるかをすぐに把握し，味や値段などはそんなに心配しなくても，類似品から推測することができます。炭酸飲料というのはだいたいこんな味で，冷やして飲めばいいのだとか，値段は 150 ml のペットボトルならば 100〜150

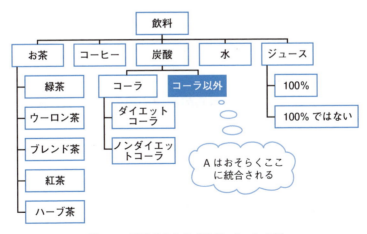

図 11.3　消費者のカテゴリゼーションの例

円程度だろうと思うでしょう。初めて見たからといって不安にならずに，買っ
てみようという意思決定をすることができます。

　ここでマーケティング上重要となってくるのは，新しい商品を企画開発する
際，消費者がその商品をどのようにカテゴライズしているかを正しく把握する
ことです。図 11.3 であげた知識階層は一つの例にすぎません。人によって異
なることもあれば，大ヒット商品の登場によって新しいカテゴリーができ上が
ることもあります。たとえば炭酸ドリンク A が大ヒットすれば，炭酸ドリン
クから「コーラ」「ノンコーラ」というカテゴリー名が消え，「A」「A 以外」に
置き換わるかもしれません。あるいは，炭酸ドリンクが大嫌いな人は，そもそ
も飲料を「炭酸」「炭酸以外」で分類しており，「炭酸以外」の中にお茶や水や
ジュースが入っているという別の構造をもつかもしれません。多くの消費者が
どんなカテゴリーで商品を考えているのかを正しく把握し，市場に新商品を位
置づけること（これを，ポジショニングといいます）は，マーケティングにお
いては非常に重要です。たとえば図 11.3 でいえば，お茶カテゴリーはライバ
ルが多く競争が激しいといえます。茶葉を用いた新しい商品を出すときには，
できるだけそのカテゴリーを避け，ライバルが少ないカテゴリーに入るような
ポジショニングを行うことが必要です。たとえば，「ティーラテ」は，紅茶な
ので本来は「お茶」カテゴリーですが，そのネーミングから「カフェラテ」を
推測させて「コーヒー」カテゴリーに入ることで，新しいファンをつかむこと
に成功しました。

11.2　どうやって買うものを決めるのか──消費者の意思決定

11.2.1　意思決定におけるヒューリスティック

　あなたは買い物をする際，どんなふうに考えて，レジに持っていく商品を決
めているでしょうか。値段に見合う価値があるかどうかを考えたり，あるいは，
自分がすでにもっている商品と似すぎていないかを気にしたり，信頼できる友
達がおすすめしてくれたことを思い出したり，いろいろなことを考えるでしょ
う。その商品がきわめて高額だったり，考える時間が十分にある場合などは，

じっくり吟味することもあると思います。しかし，私たちの日常的な買い物を考えてみると，一つひとつの商品を買うかどうかを決めるのに，何日も何時間もかけて調べるということは，実はあまり多くありません。そんな面倒なことは避けるために，いままでの経験や知識に基づいて，すみやかに意思決定することのほうが多いのではないでしょうか。

　このようなときに使われる，過去の経験や知識に基づいた簡便なルール（rules of thumb）のことを，「ヒューリスティック」とよびます（Shah & Oppenheimer, 2008）。ヒューリスティックは，基本的には私たちのこれまでの成功経験に基づいて作られるので，ヒューリスティックに基づいて判断をすれば，たいていの場合は良い結果（消費行動でいえば，満足度の高い買い物）をもたらしてくれることが期待できます。しかし，先入観として私たちの適切な判断をゆがめる可能性もあります。

　よく知られたヒューリスティックには以下のものがあります。

1. 代表性ヒューリスティック (representativeness heuristic)

　つい何事も典型的な事例と比較して判断してしまうことを「代表性ヒューリスティック」（Tversky & Kahneman, 1983）といいます。たとえばマクドナルドの商品というと，ハンバーガーのイメージが強い（代表性が高い）ので，ハンバーガー以外の商品を発売しても，ハンバーガーと同じく高カロリーで不健康なイメージをもたれてしまう，などが例としてあげられます。これは，マクドナルド＝ハンバーガーレストランという推論によって，本来ならばサラダやジュースなどの健康的な商品も扱っているにもかかわらず，それが認知されにくいなどの歪み（バイアス）を生んでいます。

2. 利用可能性ヒューリスティック (availability heuristic)

　思い出しやすい情報に頼って判断をしてしまうことを「利用可能性ヒューリスティック」（Tversky & Kahneman, 1973）といいます。たとえば，ある店をメディアが「安い店」として頻繁に取り上げていると，消費者は安い店はどこだろうと考えたときに，その店の名前を思い出しやすくなります。実際にはもっと安い店が他にあるにもかかわらず，その店をもっとも安い店と感じるようになってしまいます。これは，私たちが，「飛行機事故と自動車事故のどち

らが怖いか」を問われたときの反応と同じです。実際には，自動車事故のほう
が発生確率が高く，巻き込まれる可能性は高いのですが，飛行機事故のほうが
メディアでセンセーショナルに報道されることが多く，それを思い出しやすい
ので，私たちは飛行機に乗るほうを怖いと感じやすいのです。

3. 係留と調整のヒューリスティック (the anchoring-adjustment heuristic)

　最初の判断によって，その後の判断が影響を受けてしまうことを「係留と調
整のヒューリスティック」といいます。私たちの最終決定は，多くの場合，最
初に下した判断に近くなることが知られています。これは，いったん下した判
断（係留ポイント）を後に調整することには困難を伴うからだろうと考えられ
ています。たとえば，不動産業者に査定金額を見せた上で，ある物件を査定さ
せます。このとき，高い査定金額を見せられる不動産業者，中くらいの金額を
見せられる不動産業者，安い査定金額を見せられる不動産業者の3グループを
設けました。すると，まったく同じ物件を査定したにもかかわらず，いずれの
不動産業者も，事前に見せられた金額に近い金額の査定結果を出しました
(Northcraft & Neale, 1987)。プロであっても，あらかじめ与えられた係留ポ
イントから十分に調整を行うことができなかったのです。

　この他にも，購買意思決定のヒューリスティックには，感情依拠型（好意的
感情をもつものを良しとする）や辞書編纂型（優先順位に基づいて属性を評価
していく）など，さまざまな方略が存在することがわかっています（杉本，
2012）。

11.2.2　価格の認識——参照価格

　買うか買わないかの意思決定には，商品の価格も重要な情報でしょう。しか
し，私たち消費者は，価格情報を数値通りに正しく評価できていないことが，
多くの研究から知られています。まずは，以下の例をご覧ください。これは，
ある同じ飲食店の和食コースの2種類の値段表です（表11.1）。

　ケースAのメニュー表を見せると3,200円のコース竹が，ケースBのメニ
ュー表を見せると2,100円のコース竹が，もっとも良く売れることが知られて
います。もし消費者がきちんと価格情報に基づいて判断を行っているのならば，

表 11.1　和食メニュー表の例

【ケース A】

松	竹	梅
4,500 円	3,200 円	2,100 円

【ケース B】

松	竹	梅
3,200 円	2,100 円	1,000 円

ケース A でもケース B でも，「この店の和食コースならばこの価格が妥当」と判断された価格帯のコースがもっとも売れるはずです。しかし，消費者は価格を数値ではなく文脈でとらえているのです。すなわち，自分が選択する商品（コース）の価格の妥当性を，他に与えられた 2 つの価格情報との相対性から判断しているために，他に与えられる価格情報が変われば意思決定も変わってしまうのです。このように，意思決定の際に参照される価格情報のことを参照価格（Monroe, 1973；Thaler, 1985）とよび，このケースのように外から与えられた参照価格のことをとくに「外的参照価格」といいます。これに対して，「内的参照価格」は，消費者の心の中にある参照価格です。たとえば，何の気なしにふらっと入ったアパレルショップで，綿製の T シャツが 2 万円という価格で売られていたら，多くの人が「高いな」と感じることでしょう。これは私たちの心の中に，一般的なアパレルショップの綿製の T シャツであるならばこれくらいが妥当だ，という価格（内的参照価格）をもっているために生じます。

11.2.3　フレーミング効果

さらに，私たち消費者の価格判断がいかに安定的でないかを示す研究（Tversky & Kahneman, 1981）を紹介しましょう。以下のストーリーを想像してみてください。

　あなたの国で，600名の人間を死に至らしめると予想される特殊な病気が発生しました。2つの対策が提案され，それぞれ次のような結果が科学的に予想されています。あなたなら，どちらの対策を採用しますか。

　対策A：もしこの対策を採用すれば，200人が助かると見込まれます。

　対策B：もしこの対策を採用すれば，3分の1の確率で600人が助かりますが，3分の2の確率で誰も助けることができないと見込まれます。

　さらに，もう一つの選択肢ペアをご紹介します。次の2つの対策では，あなたはどちらを選択しますか？

　対策C：もしこの対策を採用すれば，400人が死亡すると見込まれます。

　対策D：もしこの対策を採用すれば，3分の1の確率で600人が死なずにすむかもしれませんが，3分の2の確率で全員が死亡すると見込まれます。

　研究では，対策AとBでどちらを採用するか問われた場合ではA，対策CかDかを問われた場合にはDを選ぶ人の割合が多いことが知られています。

　しかし，この4つの選択肢は，よく読めばわかりますが，まったく同じことを言い換えているにすぎません。いずれの選択肢も，生きられる人は200人，死亡する人は400人といっています。にもかかわらず，私たちは，各対策はそれぞれ異なった効果をもつような印象を受け，望ましいと思う選択肢を選んだと思います。この研究は，私たちは，いかに数値の意味するところを客観的にとらえることが苦手で，その情報がどう提示されるかということ（文脈，context）によって影響を受けやすいという事実をわかりやすく示しています。

　このように，情報が提示される文脈によって私たちの意思決定が影響を受けることを「フレーミング効果（framing effect）」といいます。対策AとBのように，「助かる」という肯定的な文脈で情報が提示されることを「ポジティブフレーム（positive frame）」とよびます。対策CとDのように「死亡する」という否定的な文脈で情報が提示されることを「ネガティブフレーム（negative frame）」とよびます。一般に，ポジティブフレームでは，できる限りリ

スクを避ける方向の意思決定が，ネガティブフレームではチャンスにかけてみようとリスクをとる方向の意思決定が生じやすいことが知られています。消費者行動に当てはめると，商品を説明する際に，どちらのフレームを用いれば消費者に好まれやすいかという問題を考えることができます。たとえば化粧品のうたい文句などで，「効果が1カ月間持続します」「3分の1の人では効果が3カ月間持続しますが，3分の2の人では効果がまったく持続しません」という表現では，期待できる持続期間は同じ1カ月ですが，印象が変わり，選ばれる商品も変わるでしょう。

11.2.4　意思決定と感情

　私たちの購買意思決定は，感情によっても大きく影響を受けることが知られています。感情に影響されて買い物をする，というと，「衝動買い」をイメージされる方もあるでしょう。確かに，その場の雰囲気に流されて買い物をしてしまい，後になってよく考えたら後悔するという経験は誰にでもあることだと思います。しかし一方では，衝動的に買ったけれどもそれが本当に良い買い物だった，ということもあるでしょう。感情は，私たちの意思決定をゆがめることもあれば，私たちに良い意思決定をもたらすこともあります。

　私たちは，目の前に提示された商品の良し悪しを判断する際，無意識に自分の感情状態を利用しているといわれます。これは，「気分一致効果」とよばれます。たとえば，晴れた日に「あなたは自分の生活にどれくらい満足していますか？」と尋ねると，雨の日に同じことを尋ねるより，満足感が高く回答されることが知られています（Schwarz & Clore, 1983）。本来ならば，天候と自分の生活満足感は関係ないにもかかわらず，その日たまたま天気が良くて気分がいいことを，自分の生活への満足感と無意識に関連づけてしまっているのです。消費者行動に当てはめれば，たまたまいいことがあって機嫌が良い消費者は，嫌なことがあって落ち込んでいる消費者よりも，目の前の商品を肯定的に評価することが予測できます。

　ただし，この効果は，感情状態が非常に悪くてそれを改善したいと思っている場合や，ある程度時間が経った後には，生じなくなることも知られます

(Forgas & Ciarrochi, 2002)。人はできるならば良い感情状態（気分）でいたいと思うものです。したがって，悲しい気分のときには，より楽しいことを考えたり行ったりして気分を改善しようとします。これを「感情制御（affect regulation）」といいます。実際，消費者は悲しいときには，自分を明るくしてくれるような消費を積極的に行おうとします（Cohen et al., 2008）。たとえば，自分に「ご褒美」を買ったり，お笑い番組を見たり，贅沢な旅行をしたり……といったように。このため，企業は自社の製品を，できる限り「明るく幸せな気持ちにさせてくれる存在」としてポジショニングしていくことが重要といえます。

　また，肯定的な感情状態（楽しい気分，幸せな気分）の消費者は，先に示した「ヒューリスティック」を用いる傾向が強まることも知られています（Bless et al., 1990）。これは，肯定的な感情（楽しい，嬉しい）は，周辺環境が安全であることのシグナルであり，否定的な感情（悲しい，怖い）は安全ではないことを知らせるシグナルであるためだと考えられています（感情シグナル説；Schwarz, 1990）。安全な状況では，ヒューリスティックに頼って安易な判断をして，万が一間違っていたとしても，自らの身が危険にさらされることはありませんが，安全ではない状況では，周囲にしっかりと注意を払って慎重に判断する必要があり，人はヒューリスティックに依存した簡便な判断を避けようとするのです。したがって，消費者は幸せな気分のときには，価格が高いことやブランドの知名度などでヒューリスティック的に製品の良し悪しを判断して購買意思決定をしがちですが，落ち込んだ気分のときは，ブランドなどの安易な手がかりには頼らずに，製品の品質などをよく調べ，購入するかどうかを慎重に判断します。

11.3　消費者を説得する──広告の心理学

11.3.1　消費者の態度

　「態度（attitude）」とは，人・物・考えに対する全体的評価のことです（Allport, 1935；Eagly & Chaiken, 1998）。たとえば，ある人が「ブランド A をい

いなと思っている（あまり良くないと思っている）」という状態は，「ブランドAに好意的態度をもっている（非好意的態度をもっている）」と表現します。このように，態度とは，好意的か非好意的かという1次元で示される概念です。消費者の「態度」を理解することは，マーケティング上，非常に重要です。広告や製品開発などのマーケティング活動の目標は，すべて，自社製品に対して消費者から好意的態度をもってもらうための努力，といっても過言ではありません。

　態度は，「認知的要素」と「感情的要素」から形成されます（Crano & Prislin, 2006）。認知的要素とは，事実の認識に基づいた評価のことです。たとえば，自動車に好意的態度を抱いているとき，その理由が，燃費の良さや，エアバッグが装備されていること，最大スピードが速いことなどの特徴に基づいているとなると，これは自動車の品質に関する「事実」に基づいているので認知的要素とよばれます。感情的要素とは，その対象をその人がどう感じているか，ということです。これは消費者一人ひとりの価値観に依存しています。たとえば，製品のデザインが好みであるとか，日本製だから日本人としてこのブランドが好きだ，といったような評価です。感情的要素のほうが，認知的要素よりも思い出されるのが速いといわれていますが（Verplanken et al., 1998），いずれの要素も好意的態度の形成には重要と考えられています。

　また，態度には，「顕在的態度（explicit attitude）」と「潜在的態度（implicit attitude）」があるといわれています。顕在的態度とは，本人にも自覚があって，自己報告可能な態度です。「あなたはブランドAが好きですか？」と問われて，「はい」「いいえ」と回答できるのは顕在的態度です。一方，潜在的態度は，非意図的で無意識的に抱いている態度のことです。したがって本人は聞かれても答えることができませんが，しかし，潜在的態度はその人の行動にも影響力をもちます。ある研究では，実験参加者に左側のページに記事，右側のページにブランド広告が表示された雑誌を読ませました。すると，左側の記事を集中して読んでいて広告は見た記憶がないと答えた人も，ブランドへの態度が広告によって影響を受けていたことがわかりました（Janiszewski, 1988）。つまり，本人は見た自覚さえなくても，潜在的態度は形成されていたのです。このよう

な現象は私たちの日常でも経験されます。「ブランド A が好きか」と尋ねても「好きではない」と答えるくせに，ブランド A をしばしば購入したりする人がいます。その人は，ブランド A に潜在的には好意的態度を抱いているけれども，顕在的態度はその逆（好きではない）である人と考えることができます。潜在的態度は自覚がないので，聞かれても答えることはできません。意図的に嘘をついているのではなく，本人は正直に顕在的態度を答えているだけなのです。

　マーケティングでは，市場調査（消費者へのアンケート調査）を行って，そのニーズを把握し，新製品の企画や広告戦略に生かしたりします。しかし，自分で回答を記入するアンケート調査では，消費者の顕在的態度しか測ることができません。その回答には，潜在的態度は反映されておらず，そして，上記の例のように，顕在的態度と潜在的態度は必ずしも一致しないことを知っておくことが重要です。

11.3.2　態度の変容——認知的不協和理論

　態度は，ある程度の期間，安定的に持続するものと考えられます。今は好きだけど明日になれば嫌い，というような不安定な状態は，「態度」がまだ形成されていないと考えるのが妥当です。しかし，態度は必ず一生続くというものでもありません。たとえば，ブランド A の商品が好きで長年ずっと繰返し購入し続けていたけれども，ここ 2〜3 回立て続けに購入後すぐ壊れてしまうということを経験し，お客様センターに相談しても対応が悪く，すっかり嫌いになってしまった，というようなことも起こり得るでしょう。あるいは，好きだったブランド B の CM に大嫌いなタレントが起用されてしまい，イメージが悪くなった，というようなこともあり得ます。このように，私たちの態度は，さまざまなきっかけで変容する可能性があります。

　態度が変容する理由の一つは，私たちの認知の特徴から理解することができます。私たちは，自分が知っていること，感じること，他人が言っていること，社会の状況など，複数の認知内容が，すべてつじつまが合い，矛盾なく成り立つ状態にあることを望む傾向があるといわれています。そのような考え方を

「認知的斉合性理論」とよびます。たとえば，自分が正しいと思っていることが社会的にも支持されているほうが，自分が間違っていると思っていることが社会的に支持されている状態よりも，望ましく感じ，そうあるように行動したり考え方を変えようとしたりします。

　ここでは，認知的斉合性理論の中の代表的な理論の一つとして，「認知的不協和理論」（Festinger, 1957）について説明しましょう。私たちは，ある対象に対する自分の「態度」と自分の「行動」が一貫する状態を求めるものだといわれています（Festinger, 1957）。態度と行動が一貫した状態のことを，「協和（consonance）」とよび，それは私たちにとって心地よく安心できる状態です。一方で，自分の態度と自分の行動が一貫しない状態を，「不協和（dissonance）」とよび，不協和状態では私たちは不快感や緊張を覚えるとされています。不協和状態となった場合，人はその不快感をなくしたいので，自分の行動を変えるか，さもなければ自らの態度を変容させることで，何とか協和状態へもっていこうと動機づけられます。

　ヘビースモーカーを例にとりましょう。ヘビースモーカーにとって，自分の態度（タバコは癌を引き起こす身体に悪いもの）と自分の行動（私はタバコをたくさん吸っている）は不協和状態です。もし，「タバコは身体に良いもの」という態度をもっていれば，タバコを吸うという行動は協和状態を作りますが，実際にはタバコは身体に悪いことはみんな知っています。ただし，このままの不協和状態では心地が悪いので，ヘビースモーカーは何とか協和状態にもっていこうと動機づけられます。一つの方法は，タバコを吸うのをやめることです。そうすれば，「タバコは身体に悪い（態度）」と「私はタバコを吸わない（行動）」が協和状態となります。しかし，禁煙に成功できない場合もあります。そうすると，もう一つの方法として，人は自分の態度を変容させることで協和状態を作り出します。すなわち，「自分の祖父はヘビースモーカーだったけれども長生きだった」「タバコを吸わないストレスのほうがよっぽど身体に悪い」といった都合のいい事例を集め，「タバコは必ずしも身体に悪くない」というように自分の態度を変えることで，協和状態を作り出すのです。

　喫煙者と非喫煙者にタバコの害について説明したメッセージを聞かせると，

喫煙者よりも，非喫煙者のほうが一生懸命聞こうとすることが知られています。一方で，タバコは肺癌と関係ないというメッセージを聞かせると，非喫煙者よりも，喫煙者のほうがそのメッセージに一生懸命注意を払います（Brock & Balloun, 1967）。また，教会に通うのをサボりがちで日常的に祈祷を行っていない人は，熱心に教会に通う人たちよりも，キリスト教は有害な宗教だというメッセージを熱心に聞こうとします（Brock & Balloun, 1967）。このように，私たちは無意識のうちに自分に都合がいい情報だけを積極的に入手しようとします。これを情報への「選択的接触（selective exposure）」といいます。

　この理論は消費者行動にさまざまな示唆をもたらします。たとえば，人気ブランドとしての地位を確立させることの重要性もここにあります。ブランドはいったん人気が出ると，多少の品質の劣化や悪い口コミが広がっても，一定の人気を保ち続けることができます。多くの人にとって，「自分はそのブランドの製品を所有し，使用している（行動）」と「そのブランドの品質が劣化した（態度）」が不協和状態となります。しかし製品を所有しているという行動が変えられない以上，「品質はそれほど劣化していない」というように態度を変容させて，協和状態を作り出すしかないためと考えられます。また，テレビ CM や広告は，通常は，まだその商品をもっていない人に対して，その商品の存在や良さを知らせることを目的として行われることが多いですが，選択的接触の観点で考えれば，実はその商品をもっている人のほうがよく見ていると考えることができます。迷った末に買わなかった商品が良い商品だったという不協和状態を避け，購入した商品の良さを実感すること（協和状態）を求めるためです。

11.3.3　消費者の説得——精緻化見込みモデル

　態度が変容するもう一つの理由は，他者から説得されることです。ある態度をもっている人に対して，働きかけをし，こちらが意図した方向へ態度を変容させることを「説得的コミュニケーション（persuasive communication）」といいます。広告研究においては，しばしば広告活動を消費者の説得活動であるとみなし，説得研究の知見が応用されてきました。その中でももっとも著名な

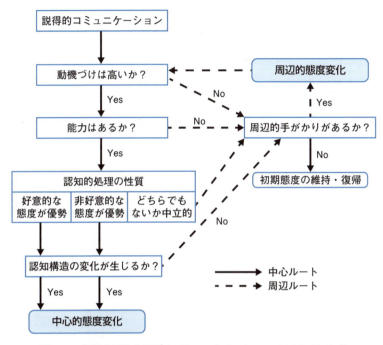

図 11.4　**精緻化見込みモデル**（Petty & Cacioppo, 1986 より作成）

モデルの一つが「**精緻化見込みモデル**（elaboration likelihood model）」（Petty & Cacioppo, 1986）です（図 11.4）。

　精緻化見込みモデルの特徴は，私たちがどれくらい一生懸命に情報に注意を払ってその内容を吟味したかによって，説得されるプロセスが 2 つのルートに分かれるとした点です。「**精緻化**（elaboration）」とは，「情報を一生懸命吟味すること」です。情報が精緻化された場合は図 11.4 に示す「**中心ルート**（central route）」を通り，時間が経っても変化しにくい強い態度変化を起こすとされます。広告に置き換えて説明すると，広告で提示された商品情報に隅々まで注意深く目を通し，一つひとつの情報について自分なりによく考えた上で，その商品への自らの評価（態度）を決定するというのが中心ルートです。中心ルートを通ると強い態度が形成されますので，長い間その商品を愛し，買い続けてくれる消費者を作ることができるといえます。

　しかし，情報が中心ルートを通るには，次の 2 つの条件がそろう必要があり

ます。一つは「精緻化しようとする動機づけ」，もう一つは「精緻化する能力」です。

①「精緻化しようとする動機づけ」とは，情報を精緻化しようという意欲です。提示された情報について，個人的に関わりがある，重要である，自分にも責任があるなどと判断された場合に動機づけが生じます。

②「精緻化する能力」とは，精緻化できるかどうかということです。考える時間が十分にある，他の刺激によって思考を妨害されない，情報を理解するだけの事前知識があるなどの条件が満たされる必要があります。

たとえば，ずっと欲しいと思っていたノートパソコンの CM が流れてきた場合には，個人的関わりがあるので動機づけは高まりますし，もしあなたがノートパソコンのスペック情報を理解できるだけの事前知識があれば，その広告情報は中心ルートを通って，強い態度を形成すると予測できます。

しかしながら，CM の商品がまったく興味のないものだったり，自分に関連があっても知識がなくて理解できなかったり，考える時間的余裕がなかったりする場合には，中心ルートではなく周辺ルート（peripheral route）を通ることになります。

周辺ルートは，情報が精緻化されないルートです。情報の内容についてよく考えることなしに，一時的な態度を形成します。その際には，「周辺的手がかり」といわれる，あまり本質的ではない手がかりを用いて態度形成を行います。たとえば，きちんと内容を読まずに，情報量が多いことで説得力があると判断したり，早口で語られるメッセージを信用したり（Smith & Shaffer, 1995），情報の発信者が専門家であること（Hovland & Weiss, 1951）や魅力的な人物であること（Mills & Aronson, 1965）に影響されやすくなったりします。だから広告には，美しいモデルや人気タレント，医師や弁護士などがよく起用されるのです。しかしながら，周辺ルートを通じた態度変化は一時的なものにすぎません。商品について十分に理解して好きになっているわけではないので，ちょっとしたきっかけ（たとえば，CM タレントが好きじゃない人に変わってしまった）によって，すぐに買うのをやめてしまうと考えられます。

11.3.4 さまざまな広告表現の効果

テレビ CM や広告では，さまざまな演出や表現を用いて，消費者を説得することが試みられています。よく用いられる手法として，ユーモア，音楽，恐怖喚起の表現について考えてみましょう。

1. ユーモア広告

広告ではユーモラスな表現がしばしば用いられます。たとえば日本では，携帯キャリアがユーモアに富んだストーリー広告をシリーズで放映し，広告好感度調査でも長い間上位を獲得し続けています（CM 総合研究所，2015）。面白い広告は消費者の注意を引くことに長けており（Weinberger et al., 1995），ユーモアは周辺的手がかりとして作用するために低関与の消費者においてとくに有効であるとされています（Zhang & Zinkhan, 2006）。

一方で，難しい側面もあります。なにが「面白い」「ユーモラスだ」と感じるかは国によって，地域によって，人によっても異なります。ある人が面白いと思うものを不快に思う人がいるかもしれません。また，表現が面白すぎると，その面白さにだけ注目が行ってしまい，肝心の広告内容（何の広告だったのか）が記憶に残らないということも知られています（Belch & Belch, 1984）。さらに，たとえば銀行や高級ブランドなど，ユーモアが適切でない商品やサービスもあるので，一様にユーモアが良いか悪いかを決めることはできません。

2. 広告における音楽

広告では音楽もよく用いられます。広告とよく合っている心地よい音楽は，商品の評価を高めることができます。AとBの2つの商品の広告を見せ，商品Aの広告ではあらかじめ心地よいと評価されていた音楽を，商品Bの広告では心地よくないと評価されていた音楽を流したところ，79% の人が商品Aのほうが欲しいと答えました（Gorn, 1982）。しかし，理由を尋ねても，音楽が良かったからと回答した人はおらず，無意識に影響を与えていたものと考えられます。ただし，どんな音楽が望ましいのかは，個人の嗜好もありますし，製品やサービスとの組合せで決まるものなので，ユーモアと同じで一概にどれが良いかを議論することができません。

3. 恐怖喚起——消費者を怖がらせる広告

　生命保険やカビ取り洗剤などの CM では，しばしば，消費者を怖がらせて商品の購買を促すような表現が用いられます。「あなたが亡くなったら家族が路頭に迷います」「洗濯槽はカビ取りをしないとこんなに汚れています」といった表現で，商品やサービスの購入を促す戦略です。このような説得方法は「恐怖喚起コミュニケーション」とよばれます。

　一般的に，恐怖感情を喚起すれば，その脅威に対処しようとして消費者はその商品の購入を強く動機づけられます。しかし，単に何が何でも怖がらせればよいのではなく，恐怖喚起による説得を成功させるには，恐怖が中程度であること，対処法が明示されていること，この 2 つが必須条件です（Leventhal et al., 1967）。恐怖がきわめて小さい状況では対処行動が促されませんし，逆にあまり怖がらせすぎると，人は注意をそらしてそのことを考えないようにしようとするので，かえって対処行動がとられなくなります。したがって喚起する恐怖のレベルは図 11.5 に示す通り，中程度がもっとも効果的だといわれています。また，怖がらせるだけで，対処行動が明示されていない場合も効果が弱まってしまいます。対処法を示さないと，人は恐怖から逃れる方法がないので，忘れることで対処しようとし，結果的に対処行動をとらないようになってしまいます。

　恐怖喚起広告は効果的といえますが，消費者を過度に怖がらせないこと，どうすればよいか対処法を明示する（広告の場合は，商品の購入で問題が十分に解決されることを強調する）ことが必要です。

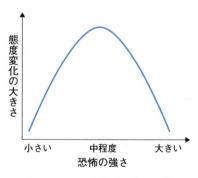

図 11.5　恐怖と態度変化の関係

11.3.5　口コミの効果

口コミ（Word-of-Mouth communication；WOM）とは，本来は「口伝えのコミュニケーション」という意味ですが，消費者行動やマーケティング領域では，商品やサービスに関する消費者同士の個人的な会話のことを指して使われます。

口コミが消費者の購買意思決定において，大きな影響力をもつことは古くから知られています（Arndt, 1967；Brown & Reingen, 1987）。しかし，近年では口コミがインターネット上で交わされるようになり，従来よりも大きなインパクトをもち始めています。

インターネット上の口コミは，日常生活での対面での口コミと区別して e 口コミ（eWOM）とよばれます。e 口コミの大きな特徴は，その影響範囲や活用範囲の広さです。従来の口コミは，家族や友人のような直接の知り合いの間のみで交わされることが一般的で，企業からは見えないのでそれらを利用することもできませんでした（Park et al., 2007）。しかし e 口コミは，全世界の人が交わすもので，その影響範囲は格段に広いといえます。また，企業のマーケティング担当者も読むことができますので，消費者の意見を活かして新しい商品を開発することもできます。このように，消費者を「企業が作った製品を消費する存在」ではなく，「市場において共に新しい価値を作り出すパートナー」ととらえるマーケティングは，価値共創（Co-creation）（Prahalad & Ramaswamy, 2004）とよばれ，近年注目を集めています。

e 口コミは，会ったこともない不特定多数の人の発言であるにもかかわらず，なぜ消費者から信頼され，購買意思決定にまで影響を与えるのでしょうか。メッセージの信頼性は，「専門性」と「誠実な意図」からなるといわれています（Hovland & Weiss, 1951）。e 口コミの発信者は，たとえば医師や法律家などの専門性の高い人ばかりではなく，大半は素人ですし，匿名性が高いので，その人が誠実な意図をもっている（嘘をつかない）とは限りません。にもかかわらず，信頼される理由は，口コミの数と質が「専門性」と「誠実な意図」を補てんするためと考えられます。口コミサイトには無数の書き込みがあり，また，無数の人たちが日夜それを読んでいます。一種の監視状態が成立しているとい

えるのです。たとえば悪意のある人が根拠のない悪口を書き込んだり，知識の
ない人がいい加減なことを書いたとしても，大多数が肯定的かつ正しい知識に
基づいて口コミをしてくれれば，私たちは良い商品なのだと判断することがで
きます。したがってe口コミが効果をもつには，ある程度の口コミ数があり，
訪れる人数も多いサイトであるという認識が重要といえます。一方で，口コミ
の数が少なくても，文章の内容が非常に説得的であったり，認証されたユーザ
ーの口コミである場合には，信頼されます。たとえばYahoo! 知恵袋のカテゴ
リーマスターのようにユーザーに称号を与えることで，その分野に詳しい人
（専門性が高い）とみなされ，また，ユーザーの匿名性も弱まるので嘘はつか
ないだろう（誠実な意図）という期待も高まります。このようにして，e口コ
ミは十分に消費者から信頼される情報源として機能しているのです。

　しかし，e口コミには確かに消費者の商品購入を促す効果がありますが，そ
の影響力には注意も必要です。たとえば，人は一般に悪い口コミよりも良い口
コミをしやすい傾向があるので（East et al., 2007），私たちが目にするe口コ
ミも，大半は良い内容のものと考えられます。したがって悪い口コミのほうが，
情報として目立ちやすく，参考にされやすい側面があります（Herr et al.,
1991）。

　近年では，「口コミマーケティング」が盛んに行われ，企業が割引やポイン
トを与えて消費者に良い口コミを書き込んでもらうことを促したり，SNS上
で「いいね！」を押させるなど，さまざまな戦略を実行しています。人気のブ
ロガーを新作発表イベントに招待することもその試みの一つです。しかし，こ
のような施策は商業的になりすぎると，いわゆる「ステルスマーケティング」
（やらせ，なりすまし広告）とみなされて否定的な口コミを誘発しかねません。
口コミマーケティングにおいては，口コミは消費者間の自由なコミュニケーシ
ョンであるからこそ，効果が高いのだという点に留意する必要があります。

コラム 11.1　きっかけはテレビ，検討は口コミサイト

　私たちは日頃，テレビ CM，新聞広告，雑誌，口コミサイトなど，さまざまなメディアを通じて商品やブランドについての情報を入手します。近年では，とくに若年層を中心に，テレビや新聞よりも，インターネットを用いた宣伝活動の影響力のほうが大きくなってきていると考えられています。しかしながら，若い人がインターネットしか見ていないかというと，やはりテレビを見たり雑誌を買ったりもします。それでは，実際に私たちは，さまざまあるメディアをどうやって使い分けているのでしょうか。

　メディアの使い分け調査では，次のような面白い結果が出ています（清水，2013）。まず，日本人全体の結果からみてみましょう（表11.2）。普段から私たちがよく目にしているのは，テレビ番組やテレビ CM だということがわかります。そして，商品に関心をもつきっかけになるのも，テレビ CM が 1 番，テレビ番組が 2 番です。つまり，普段からよく目にしていて，関心をもつきっかけになるのがテレビなのです。しかしながら，興味をもった商品について調べる（情報収集をする）段階

表 11.2　**意思決定段階と各種メディアの利用率（全体）**（清水，2013）

	普段から利用している	関心をもつきっかけとなる	調べるために利用する	購入時に参考にする
新聞記事	58.1%	20.9%	7.9%	6.3%
新聞広告	36.8%	25.3%	10.5%	8.6%
テレビ番組	70.8%	38.5%	8.9%	7.6%
テレビ CM	60.6%	55.7%	10.6%	11.8%
ラジオ	17.8%	6.7%	1.4%	1.2%
雑誌	21.3%	18.8%	9.5%	6.8%
企業 HP	10.5%	6.8%	25.3%	14.7%
バナー広告	9.1%	8.1%	11.5%	6.1%
クチコミサイト	15.1%	11.6%	23.0%	18.3%

になると，テレビを参考にしている人はほとんどいません。一番多くの人が訪れるのが企業のサイトで，その次が口コミサイトです。さらに，購入意思決定をする最後の段階になると，口コミサイトをもっとも参考にしています。

さらに，若年層（30歳未満）に絞って結果をみてみましょう（**表11.3**）。テレビをよく見ているところは全体と変わりありませんが，違うのは，新聞記事や新聞広告を見ている割合が大幅に減り，その代わりに口コミサイトを見ている人が多くなるところです。関心をもつきっかけ，調べる段階，最終的な購買意思決定の段階と，あらゆる場面で口コミサイトを利用する人が大変多いことがわかります。

この調査結果は，インターネット，とりわけe口コミの役割の大きさと将来性を示すものといえるでしょう。しかしその一方で，テレビ番組やCM，および雑誌は，若い人の間でも「普段から見るメディア」「関心をもつきっかけ」として定着していることも示しています。消費者は，自らの目的に応じてメディアを使い分けていることがわかります。したがって企業は，メディアごとに消費者の目的に合わせたメッセージを発信していくことが重要といえるでしょう。

表11.3　意思決定段階と各種メディアの利用率（30歳未満）（清水，2013）

	普段から利用している	関心をもつきっかけとなる	調べるために利用する	購入時に参考にする
新聞記事	29.9%	8.9%	3.9%	2.0%
新聞広告	17.7%	11.0%	4.2%	3.2%
テレビ番組	73.3%	46.5%	13.5%	7.7%
テレビCM	67.6%	58.4%	12.0%	9.9%
ラジオ	11.3%	3.8%	2.1%	1.4%
雑誌	32.0%	31.4%	14.6%	10.1%
企業HP	15.2%	11.6%	34.7%	20.6%
バナー広告	19.8%	14.7%	15.3%	8.7%
クチコミサイト	42.3%	32.3%	45.2%	37.4%

復習問題

1. 身の回りの商品を取り上げ，自分がどのようにカテゴリゼーションしているか，図にしてみましょう。また，それを周囲の人と比較してみましょう。

2. 大学生に対して効果的な CM を作るとしたら，どんなことを心がければよいか，考えてみましょう。

3. SNS 上の口コミは効果があると考えられますか。あなたの考えをまとめてみましょう。

参考図書

杉本徹雄（編著）（2012）．新・消費者理解のための心理学　福村出版

　本章を読んで消費者心理学についてもっと知りたいと思った方に。本章の内容を含め，詳しく解説したテキストです。

久保田進彦・澁谷　覚・須永　努（2013）．はじめてのマーケティング　有斐閣

　マーケティングの考え方がわかりやすく解説してある入門書です。これからマーケティングを勉強される方に。

杉本徹雄（編）（2013）．マーケティングと広告の心理学　朝倉書店

　消費者心理学をもっと専門的に学びたい方に。研究者と実務家が集まって執筆した専門書です。

引用文献

第 1 章

Bass, B. M. (1965). *Organizational psychology*. Boston : Allyn & Bacon.

古川久敬 (1996). 「組織行動」研究の動向 産業・組織心理学研究, **10** (1), 15-26.

March, J. G., & Simon, H. A. (1958/1993). *Organizations*. New York : John Wiley & Sons ; Cambridge, MA : Blackwell.
(マーチ, J. G.・サイモン, H. A. 土屋守章 (訳) (1977). オーガニゼーションズ ダイヤモンド社)

日経ビジネス (編) (1989). 会社の寿命——盛者必衰の理—— 新潮社

Porter, L., & Schneider, B. (2014). What was, what is, and what may be in OP/OB. *Annual Review of Organizational Psychology and Organizational Behavior*, **1**, 1-21.

Schein, E. H. (1965). *Organizational psychology*. Englewood Cliffs, NJ : Prentice-Hall.

Schein, E. H. (1980). *Organizational psychology* (3rd ed.). Englewood Cliffs, NJ : Prentice-Hall.
(シェイン, E. H. 松井賚夫 (訳) (1981). 組織心理学 岩波書店)

渡辺直登 (2012). 産業・組織心理学 日本労働研究雑誌, **54** (4), 46-49.

Whyte, W. H. (1956). *The organization man*. New York : Simon & Schuster.
(ホワイト, W. H. 岡部慶三・藤永 保 (訳) (1959). 組織のなかの人間——オーガニゼーション・マン——(上・下) 東京創元社)

山口裕幸 (2007). 産業・組織心理学の歴史とテーマ 山口裕幸・金井篤子 (編) よくわかる産業・組織心理学 (pp.2-23) ミネルヴァ書房

第 2 章

濱口桂一郎 (2009). 新しい労働社会——雇用システムの再構築へ—— 岩波書店

服部泰宏 (2013). 日本企業の心理的契約 [増補改訂版]——組織と従業員の見えざる約束—— 白桃書房

服部泰宏 (2016). 採用学 新潮社

Huffcut, A. I., & Cullbertson, S. S. (2010). Interviews. In Z. Sheldon (Ed.), *APA handbook of industrial and organizational psychology*. Vol.2. *Selecting and developing members for the organization* (pp.185-203). American Psychological Association.

Katz, R. (1982). The effects of group longevity on project communication and performance. *Administrative Science Quarterly*, **27** (1), 81-104.

永野 仁 (編著)(2004). 大学生の就職と採用——学生1143名、企業658社、若手社員211名、244大学の実証分析—— 中央経済社

労働政策研究・研修機構 (2006). 大学生の就職・募集活動等実態調査結果Ⅰ——大卒採用に関する企業調査——

Schneider, B. (1987). The people make the place. *Personnel Psychology*, **40** (3), 437-453.

Spector, P. E. (2008). *Industrial and organizational psychology : Research and practice* (5th ed.). New York : John Wiley & Sons.

竹内 洋 (1995). 日本のメリトクラシー——構造と心性—— 東京大学出版会

Wanous, J. P. (1992). *Organizational entry : Recruitment, selection, orientation, and socialization of newcomers*. Addison-Wesley.

Wright, O. R. (1969). Summary of research on the selection interview since 1964. *Per-

sonnel Psychology, **22**, 391-413.

八代充史 (2009). 人的資源管理論——理論と制度—— 中央経済社

第3章

Arvey, R. D., & Murphy, K. R. (1998). Performance evaluation in work settings. *Annual Review of Psychology*, **49**, 141-168.

Bernardin, H. J., & Buckley, M. R. (1981). Strategies in rater training. *Academy of Management Review*, **6**, 205-212.

Bowen, C. C., Swim, J. K., & Jacobs, R. R. (2000). Evaluating gender biases on actual job performance of real people : A meta-analysis. *Journal of Applied Social Psychology*, **30**, 2194-2215.

Cardy, R. L., & Kehoe, J. F. (1984). Rater selective attention ability and appraisal effectiveness : The effect of a cognitive style on the accuracy of differentiation among ratees. *Journal of Applied Psychology*, **69**, 589-594.

Conway, J. M., & Huffcutt, A. I. (1997). Psychometric properties of multisource performance ratings : A meta-analysis of subordinate, supervisor, peer, and self-ratings. *Human Performance*, **10**, 331-360.

DeNisi, A. S., & Peters, L. H. (1996). The organization of information in memory and the performance appraisal process : Evidence from the field. *Journal of Applied Psychology*, **81**, 717-737.

Greenberg, J. (1986). Determinants of perceived fairness of performance evaluations. *Journal of Applied Psychology*, **71**, 340-342.

Heidemeier, H., & Moser, K. (2009). Self-other agreement in job performance ratings : A meta-analytic test of a process model. *Journal of Applied Psychology*, **94**, 353-370.

Jawahar, I. M., & Williams, C. R. (1997). Where all the children are above average : The performance appraisal purpose effect. *Personnel Psychology*, **50**, 905-925.

Levy, P. E. (2012). *Industrial organizational psychology*. New York : Worth.

Levy, P. E., & Williams, J. R. (2004). The social context of performance appraisal : A review and framework for the future. *Journal of Management*, **30**, 881-905.

Liden, R. C., & Mitchell, T. R. (1983). The effects of group interdependence on supervisor performance evaluations. *Personnel Psychology*, **36**, 289-300.

Longenecker, C., Sims, H. P., Jr., & Gioia, D. A. (1987). Behind the mask : The politics of employee appraisal. *Academy of Management Executive*, **1**, 183-193.

Mabe, P. A., & West, S. G. (1982). Validity of self-evaluation of ability : A review and meta-analysis. *Journal of Applied Psychology*, **67**, 280-296.

Murphy, K. R., & Cleveland, J. N. (1995). *Understanding performance appraisal*. London : Sage.

Mushin, L., & Byoungho, S. (1998). The effects of appraisal review content on employees' reactions and performance. *International Journal of Human Resource Management*, **9**, 203-214.

Nathan, B. R., Mohrman, A. M., & Milliman, J. (1991). Interpersonal relations as a context for the effects of appraisal interviews on performance and satisfaction : A longitudinal study. *Academy of Management Journal*, **34**, 352-369.

Ohland, M. W., Loughry, M. L., Woehr, D. J., Finelli, C. J., Bullard, L. G., Felder, R. M., & Schmucker, D. G. (2012). The comprehensive assessment of team member effectiveness : Development of a behaviorally anchored rating scale for self and peer evaluation. *Academy of Management Learning and Education*, **11**, 609–630.

Ostroff, C., Atwater, L. E., & Feinberg, B. J.（2004）. Understanding self-other agreement : A look at rater characteristics, context, and outcomes. *Personnel Psychology*, **57**, 333–375.

Riggio, R. E., & Cole, E. J.（1992）. Agreement between subordinate and superior ratings of supervisory performance and effects on self and subordinate job satisfaction. *Journal of Occupational and Organizational Psychology*, **65**, 151–158.

Robbins, T. L., & DeNisi, A. S.（1994）. A closer look at interpersonal affect as a distinct influence on cognitive processing in personal evaluation. *Journal of Applied Psychology*, **79**, 341–353.

Roch, S. G., Woehr, D. J., Mishra, V., & Kieszczynska, U.（2012）. Rater training revisited : An updated meta-analytic review of frame-of-reference training. *Journal of Occupational and Organizational Psychology*, **85**, 370–395.

労務行政研究所（編）（2011）．今が分かる！悩みに答える！　最新 人事考課制度──13 社の企業事例、最新実態調査、専門家の解説と Q & A──　労務行政

Stauffer, J. M., & Buckley, M. R.（2005）. The existence and nature of racial bias in supervisory ratings. *Journal of Applied Psychology*, **90**, 586–591.

Viswesvaran, C., Ones, D. S., & Schmidt, F. L.（1996）. Comparative analysis of the reliability of job performance ratings. *Journal of Applied Psychology*, **81**, 557–574.

Viswesvaran, C., Schmidt, F. L., & Ones, D. S.（2005）. Is there a general factor in ratings of job performance? A meta-analytic framework for disentangling substantive and error influences. *Journal of Applied Psychology*, **90**, 108–131.

Wayne, S. J., & Kacmar, K. M.（1991）. The effects of impression management on the performance appraisal process. *Organizational Behavior and Human Decision Processes*, **48**, 70–88.

Woehr, D., & Roch, S. G.（1996）. Context effects in performance evaluation : The impact of ratee gender and performance level. *Organizational Behavior and Human Decision Processes*, **66**, 31–41.

柳澤さおり（2013）．人事評価プロセスにおけるアカウンタビリティと公的自己意識の効果　中村学園大学・中村学園大学短期大学部研究紀要，**45**，129–139.

柳澤さおり・古川久敬（2004）．人事評価に及ぼす評価目的の影響　実験社会心理学研究，**43**，185–192.

第 4 章

Allen, N. J., & Meyer, J. P.（1990）. The measurement and antecedents of affective,continuance and normative commitment to the organization. *Journal of Occupational and Organizational Psychology*, **63**（1）, 1–18.

Bauer, T. N., Bodner, T., Erdogan, B., & Truxillo, D. M., & Tucker, J. S.（2007）. Newcomer adjustment during organizational socialization : A meta-analytic review of antecedents, outcomes and methods. *Journal of Applied Psychology*, **92**, 707–721.

Borman, W. C., & Motowidlo, S. J.（1993）. Expanding the criterion domain to include elements of contextual performance. In N. Schmitt, & W. C. Borman（Eds.）, *Personnel selection in organizations*（pp.71–98）. San Francisco, CA : Jossey-Bass.

Borman, W. C., Penner, L. A., Allen, T. D., & Motowidlo, S. J.（2001）. Personality predictors of citizenship performance. *International Journal of Selection and Assessment*, **9**, 52–69.

Brief, A. P., & Motowidlo, S. J. (1986). Prosocial organizational behaviors. *Academy of Management Review*, **11**, 710–725.

Campbell, J. P. (1990). Modeling the performance prediction problem in industrial and organizational psychology. In M. D. Dunnette, & L. M. Hough (Eds.), *Handbook of industrial and organizational psychology*. Vol.1. (2nd ed., pp.687–732). Palo Alto, CA : Consulting Psychologist Press.

Coleman, V. I., & Borman, W. C. (2000). Investigating the underlying structure of citizenship performance domain. *Human Resource Management Review*, **10**, 25–44.

Cooper-Thomas, H. D., Anderson, N., & Cash, M. L. (2011). Investigating organizational socialization : A fresh look at newcomer adjustment strategies. *Personnel Review*, **41** (1), 41–55.

Hackman, J. R., & Oldham, G. R. (1975). Development of the job diagnostic survey. *Journal of Applied Psychology*, **60** (2), 159–170.

Iaffaldano, M. T., & Muchinsky, P. M. (1985). Job satisfaction and job performance : A meta-analysis. *Psychological Bulletin*, **97** (2), 251–273.

Jones, G. R. (1986). Socialization tactics, self-efficacy, and newcomers' adjustments to organizations. *Academy of Management Journal*, **29**, 262–279.

Judge, T. A., Thoresen, C. J., Bono, J. E., & Patton, G. K. (2001). The job satisfaction-job performance relationship : A qualitative and quantitative review. *Psychological Bulletin*, **127** (3), 376–407.

Katz, R. (1980). Time and work : Toward an integrative perspective. In B. M. Staw, & L. L. Cummings (Eds.), *Research in organizational behavior*. Vol.2. (pp.81–127). Greenwich, CT : JAI Press.

Kolb, D. A. (1984). *Experimental learning : Experience as the source of learning and development*. Prentice-Hall.

Locke, E. A. (1976). The nature and causes of job satisfaction. In M. D. Dunnette (Ed.), *Handbook of industrial and organizational psychology* (pp.1297–1343). Chicago : Rand McNally.

Miller, V. D., & Jablin, F. M. (1991). Information seeking during organizational entry : Influences, tactics, and a model of the process. *Academy of Management Review*, **16** (1), 92–120.

Motowidlo, S. J., Borman, W. C., & Scmit, M. J. (1997). A theory of individual differences in task and contextual performance. *Human Performance*, **10**, 71–83.

Organ, D. W. (1988). *Organizational citizenship behavior : The good soldier syndrome*. Lexington, MA : Lexington Books.

Pulakos, E. D., Arad, S., Donovan, M. A., & Plamonodon, K. E. (2000). Adaptability in the workplace : Development of taxonomy of adaptive performance. *Journal of Applied Psychology*, **85**, 612–624.

Van Maanen, J., & Schein, E. H. (1979). Toward a theory of organizational socialization. In B. M. Staw (Ed.), *Research in organizational behavior*. Vol.1. (pp.209–264). Greenwich, CT : JAI Press.

第5章

Adams, J. S. (1965). Inequity in social exchange. *Advances in Experimental Social Psychology*, **2**, 267–299.

Barrick, M. R., Stewart, G. L., & Piotrowski, M. (2002). Personality and job performance : Test of the mediating effects of motivation among sales representatives. *Journal of Applied Psychology*, **87**, 43–51.

Deci, E. L.（1971）. Effects of externally mediated rewards on intrinsic motivation. *Journal of Personality and Social Psychology*, **18**（1）, 105–115.

Dweck, C. S., & Leggett, E. L.（1988）. A social-cognitive approach to motivation and personality. *Psychological Review*, **95**（2）, 256–273.

Hackman, J. R., & Oldham, G. R.（1976）. Motivation through the design of work : Test of a theory. *Organizational Behavior and Human Performance*, **16**, 250–279.

Locke, E. A., & Latham, G. P.（1984）. *Goal setting : A motivational technique that works!* : Prentice-Hall.
（ロック，E. A.・ラザム，G. P.　松井賚夫・角山　剛（訳）（1984）. 目標が人を動かす──効果的な意欲づけの技法──　ダイヤモンド社）

Maslow, A. H.（1970）. *Maslow on management*. New York : John Wiley & Sons.
（マズロー，A. H.　金井壽宏（監訳）大川修二（訳）（2001）. 完全なる経営　日本経済新聞社）

McClelland, D. C.（1962）. Business drive and national achievement. *Harvard Business Review*, **40**, 99–112.

McGregor, D.（1960）. *The human side of enterprise*. McGraw-Hill.
（マグレガー，D.　高橋達男（訳）（1970）. 新版 企業の人間的側面──統合と自己統制による経営──　産業能率短期大学出版部）

Mitchell, T. R.（1997）. Matching motivational strategies with organizational contexts. *Research in Organizational Behavior*, **19**, 57–150.

高橋　潔（2002）. 社会科学におけるモティベーションの諸理論　南山経営研究，**17**，35–51.

Murray, H. A.（Ed.）.（1938）. *Explorations in personality : A clinical and experimental study of fifty men of college age*. New York : Oxford University Press.
（マァレー，H. A.（編）　外林大作（訳編）（1961）. パーソナリティ 1　誠信書房）

Porter, L. W., & Lawler, E. E.（1968）. What job attitudes tell about motivation. *Harvard Business Review*, **46**, 118–126.

Ryan, R. M., & Deci, E. L.（2000）. Self-determination theory and the facilitation of intrinsic motivation, social development, and well-being. *American Psychologist*, **55**, 68–78.

Wrzesniewski, A., & Dutton, J. E.（2001）. Crafting a job : Revisioning employees as active crafters of their work. *Academy of Management Review*, **26**, 179–201.

第6章

Abramson, L. Y., Seligman, M. E. P., & Teasdale, D.（1978）. Learned helplessness in humans : Critique and reformulation. *Journal of Abnormal Psychology*, **87**, 49–74.

Bakker, A. B., Demerouti, E., & Sanz-Vergel, A. I.（2014）. Burnout and work engagement : The JD-R approach. *Annual Review of Organizational Psychology and Organizational Behavior*, **1**, 389–411.

Baldwin, A. L., Baldwin, C. P., Kasser, T., Zax, M., Sameroff, A., & Seifer, R.（1993）. Contextual risk and resiliency during late adolescence. *Development and Psychopathology*, **5**, 741–761.

Bandura, A.（1977）. Self-efficacy : Toward a unifying theory of behavioral change. *Psychological Review*, **84**, 191–215.

Barrera, M., Jr.（1986）. Distinction between social support concepts, measures, and models. *American Journal of Community Pcychology*, **14**, 413-445.

Carver, C. S., & Scheier, M. F. (1981). *Attention and self-regulation : A control theory approach to human behavior*. Springer-Verlag.

Cohen, S., & Wills, T. A. (1985). Stress, social support, and the buffering hypothesis. *Psychological Bulletin*, **98** (2), 310-357.

福岡欣治 (2003). 他者依存性と心理的苦痛の関係に及ぼすソーシャル・サポートの影響 対人社会心理学研究, **3**, 9-14.

芳賀道匡・高野慶輔・坂本真士 (2015). 大学生活における主観的ソーシャル・キャピタルが, 抑うつや主観的ウェルビーイングに与える影響──ネットワーク・サイズとの比較から── ストレス科学研究, **30**, 102-110.

Hampes, W. P. (1992). Relation between intimacy and humor. *Psychology Reports*, **71**, 127-130.

橋本 剛 (2005). ストレスと対人関係 ナカニシヤ出版

House, J. S. (1981). *Work stress and social support*. Addison-Wesley.

井隼経子・中村知靖 (2008). 資源の認知と活用を考慮した Resilience の 4 側面を測定する 4 つの尺度 パーソナリティ研究, **17**, 39-49.

北村俊則 (2000). 精神・心理症状学ハンドブック 日本評論社

Luthans, F., & Youssef, C. M. (2004). Human, social and now positive psychological capital management : Investigating in people for competitive advantage. *Organizational Dynamics*, **33**, 124-160.

Martin, R. A. (2002). Is laughter the best medicine? Humor, laughter, and physical health. *Current Directions in Psychological Science*, **11**, 216-220.

Maslach, C., & Jackson, S. E. (1981). The Maslach Burnout Inventory Manual (with a special supplement "Burnout in education" by R. L. Schwab). Palo Alto, CA : Consulting Psychologists Press.

Maslach, C., Jackson, S. E., & Leiter, M. P. (1996). *The Maslach Burnout Inventory* (3 rd ed.). Palo Alto, CA : Consulting Psychologists Press.

宮戸美樹・上野行良 (1996). ユーモアの支援的効果の検討──支援的ユーモア志向尺度の構成── 心理学研究, **67** (4), 270-277.

宮内 健 (2011). 絶好調チームが実践する「笑いのマネジメント」 PRESIDENT, No.10.3, 76-81.

小塩真司・中谷素之・金子一史・長峰伸治 (2002). ネガティブな出来事からの立ち直りを導く心理的特性──精神的回復力尺度の作成── カウンセリング研究, **35**, 57-65.

Putnam, R. D. (2000). *Bowling alone : The collapse and revival of American community*. New York : Simon & Schuster.
（パットナム, R. 柴内康文 (訳) (2006). 孤独なボウリング──米国コミュニティの崩壊と再生── 柏書房）

坂本真士・佐藤健二 (編) (2004). はじめての臨床社会心理学──自己と対人関係から読み解く臨床心理学──(pp.62-65) 有斐閣

佐藤琢志・祐宗省三 (2009). レジリエンス尺度の標準化の試み──『S-H 式レジリエンス検査 (パート 1)』の作成および信頼性・妥当性の検討── 看護研究, **42**, 45-52.

Seligman, M. E. P., & Maier, S. F. (1967). Failure to escape traumatic shock. *Journal of Experimental Psychology*, **74**, 1-9.

島津明人 (編著) (2015). 職場のポジティブメンタルヘルス──現場で活かせる最新理論── 誠信書房

田中宏二 (1997). ソーシャルサポート 日本健康心理学会 (編) 健康心理学辞典 実務教

育出版

田尾雅夫（1989）．バーンアウト──ヒューマン・サービス従事者における組織ストレス
　　──　社会心理学研究，**4**，91-97．

田尾雅夫・久保真人（1996）．バーンアウトの理論と実際──心理学的アプローチ──　誠
　　信書房

上野行良（1992）．ユーモア現象に関する諸研究とユーモアの分類化について　社会心理学
　　研究，**7**，112-120．

上野行良（2003）．ユーモアの心理学──人間関係とパーソナリティ──　サイエンス社

内田由紀子・竹村幸祐（2012）．農をつなぐ仕事──普及指導員とコミュニティへの社会心
　　理学的アプローチ──　創森社

Wortman, C. B., & Lehman, D. R. (1985). Reactions to victims of life crises : Support at-
　　tempts that fail. In I. G. Sarason, & B. R. Sarason (Eds.), *Social support : Theory, re-
　　search and applications* (pp.463-389). Dordrecht : Martinus Nijhoff.

Ziv, A. (1980). *Personality and sense of humor*. Springer.
　　（ジップ，A．高下保幸（訳）（1995）．ユーモアの心理学　大修館書店）

Zung, W. W. K. (1965). A self-rating depression scale. *Archives of General Psychiatry*, **12**,
　　63-70.

第 7 章

Bandura, A. (1977). Self-efficacy : Toward a unifying theory of behavioral change. *Psycho-
　　logical Review*, **84**, 191-215.

Bandura, A. (1986). *Social foundations of thought and action : A social cognitive theory*.
　　Englewood Cliffs, NJ : Prentice-Hall.

Bridges, W. (1980). *Transitions : Making sense of life's changes*. Addison-Wesley.
　　（ブリッジズ，W．倉光　修・小林哲郎（訳）（1994）．トランジション──人生の転機
　　──　創元社）

Bross, I. D. J. (1953). *Design for decision*. Oxford : Macmillan.

Gelatt, H. B. (1962). Decision-making : A conceptual frame of reference for counseling.
　　Journal of Counseling Psychology, **9**, 240-245.

Holland, J. L. (1985). *Making vocational choices : A theory of vocational personalities and
　　work environments* (2nd ed.). Prentice-Hall.
　　（ホランド，J. L.　渡辺三枝子・松本純平・舘　暁夫（訳）（1990）．職業選択の理論
　　雇用問題研究会）

Holland, J. L., Whitney, D. R., Cole, N. S., & Richards, J. M. (1969). An empirical oc-
　　cupational classification derived from a theory of personality and intended for prac-
　　tice and research. *ACT Research Reports*, **29**, 1-22.

金井壽宏（2002）．働くひとのためのキャリア・デザイン　PHP 研究所

Lent, R. W., Brown, S. D., & Hackett, G. (1994). Toward a unifying social cognitive
　　theory of career and academic interest, choice, and performance. *Journal of Voca-
　　tional Behavior*, **45**, 79-122.

Mitchell, K. E., Levin, A. S., & Krumboltz, J. D. (1999). Planned happenstance : Con-
　　structing unexpected career opportunities. *Journal of Counseling and Development*,
　　77, 115-123.

Nicholson, N., & West, M. (1988). *Managerial job change : Men and women in transition*.
　　Cambridge University Press.

二村英幸（2009）．個と組織を生かすキャリア発達の心理学──自律支援の人材マネジメン

ト論―― 金子書房

Schein, E. H. (1978). *Career dynamics : Matching individual and organizational needs*. Addison-Wesley.
　（シャイン, E. H.　二村敏子・三善勝代（訳）（1991）. キャリア・ダイナミクス――キャリアとは、生涯を通しての人間の生き方・表現である。――　白桃書房）

Schein, E. H. (1990). *Career anchors : Discovering your real values* (Rev. ed.). University Associates ; Jossey-Bass.
　（シャイン, E. H.　金井壽宏（訳）（2003）. キャリア・アンカー――自分のほんとうの価値を発見しよう――　白桃書房）

Schlossberg, N. K. (1989). *Overwhelmed : Coping with life's ups and downs*. Lexington Books.
　（シュロスバーグ, N. K.　武田圭太・立野了嗣（監訳）（2000）.「選職社会」転機を活かせ――自己分析手法と転機成功事例33――　日本マンパワー出版）

Super, D. E. (1980). A life-span, life-space approach to career development. *Journal of Vocational Behavior*, **16**, 282-298.

Super, D. E. (1990). A life-span, life-space approach to career. In D. Brown, L. Brooks, & Associates (Eds.), *Career choice and development : Applying contemporary theories to practice* (2nd ed., pp.197-261). San Francisco : Jossey-Bass.

Super, D. E., Savickas, M. L., & Super, C. M. (1996). The life-span, life-space approach to careers. In D. Brown, L. Brooks, & Associates (Eds.), *Career choice and development : Applying contemporary theories to practice* (3rd ed., pp.121-178). Jossey-Bass.

第8章

Athanassiades, J. C. (1973). The distortion of upward communication in hierarchical organizations. *Academy of Management Journal*, **16** (2), 207-226.

Beal, D. J., Cohen, R. R., Burke, M. J., & McLendon, C. L. (2003). Cohesion and performance in groups : A meta-analytic clarification of construct relations. *Journal of Applied Psychology*, **88**, 989-1004.

Berkowitz, L. (1954). Group standards, cohesiveness, and productivity. *Human Relations*, **7**, 509-519.

Carron, A. V., & Brawley, L. R. (2000). Cohesion conceptual and measurement issues. *Small Group Research*, **31**, 89-106.

DeChurch, L. A., & Marks, M. A. (2001). Maximizing the benefits of task conflict : The role of conflict management. *International Journal of Conflict Management*, **12** (1), 4-22.

DeChurch, L. A., Mesmer-Magnus, J. R., & Doty, D. (2013). Moving beyond relationship and task conflict : Toward a process-state perspective. *Journal of Applied Psychology*, **98** (4), 559-578.

Dreu, C. K. W., & Gelfand, M. J. (2008). *The psychology of conflict and conflict management in organizations*. New York, NY : Lawrence Erlbaum Associates.

古川久敬（1990）. 構造こわし――組織変革の心理学――　誠信書房

古川久敬（2003）. 新版 基軸づくり――創造と変革を生むリーダーシップ――　日本能率協会マネジメントセンター

古川久敬（2004）. チームマネジメント　日本経済新聞社

Hackman, J. R. (1992). Group influences on individuals in organizaitios. In M. D. Dunnette, & L. M. Hough (Eds.), *Handbook of industrial and organizational psychology*.

Vol.3.（2nd ed., pp.199-267）. Consulting Psychology Press.

Hirschfeld, R. R., Jordan, M. H., Feild, H. S., Giles, W. F., & Armenakis, A. A.（2006）. Becoming team players : Team members' mastery of teamwork knowledge as a predictor of team task proficiency and observed teamwork effectiveness. *Journal of Applied Psychology*, **91**（2）, 467-474.

本間道子（2011）. 集団行動の心理学――ダイナミックな社会関係のなかで――　サイエンス社

池田謙一（2000）. コミュニケーション　小林良彰（編集代表）社会科学の理論とモデル5　東京大学出版会

Jehn, K. A.（1995）. A multimethod examination of the benefits and detriments of intragroup conflict. *Administrative Science Quarterly*, **40**, 256-282.

Latané, B., Williams, K., & Harkins, S.（1979）. Many hands make light the work : The causes and consequences of social loafing. *Journal of Personality and Social Psychology*, **37**, 822-832.

三沢　良（2012）.「チームワーク力」とは　教育と医学, **60**, 4-11.

Morgan, B. B., Jr., Salas, E., & Glickman, A. S.（1993）. An analysis of team evolution and maturation. *Journal of General Psychology*, **120**, 277-291.

村山　綾・大坊郁夫（2008）. 上司のリーダーシップ機能, 作業チーム内の葛藤, および対処行動の影響過程に関する検討　応用心理学研究, **33**（2）, 120-127.

大坪庸介・島田康弘・森永今日子・三沢　良（2003）. 医療機関における地位格差とコミュニケーションの問題――質問紙調査による検討――　実験社会心理学研究, **43**（1）, 85-91.

Rahim, M. A., & Magner, N. R.（1995）. Confirmatory factor analysis of the styles of handling interpersonal conflict : First-order factor model and its invariance across groups. *Journal of Applied Psychology*, **80**, 122-132.

Rousseau, V., Aubé, C., & Savoie, A.（2006）. Teamwork behaviors a review and an integration of frameworks. *Small Group Research*, **37**（5）, 540-570.

繁桝江里・今城志保・菅原育子（2009）. 上司からのポジティブ/ネガティブ・フィードバック――部下の職務満足に与える効果, および, 調整要因の検討――　産業・組織心理学会第25回大会発表論文集, 67-70.

Simons, T. L., & Peterson, R. S.（2000）. Task conflict and relationship conflict in top management teams : The pivotal role of intragroup trust. *Journal of Applied Psychology*, **85**（1）, 102-111.

Tjosvold, D., Hui, C., Ding, D. Z., & Hu, J.（2003）. Conflict values and team relationships : Conflict's contribution to team effectiveness and citizenship in China. *Journal of Organizational Behavior*, **24**（1）, 69-88.

Tuckman, B. W.（1965）. Developmental sequence in small groups. *Psychological Bulletin*, **63**, 384-399.

Tuckman, B. W., & Jensen, M. A. C.（1977）. Stages of small-group development revisited. *Group and Organization Management*, **2**（4）, 419-427.

West, M., Borrill, C. A., & Unsworth, K. L.（1998）. Team effectiveness in organizations. In C. L. Cooper, J. Lee, Y. Liu, & I. T. Robertson（Eds.）, *International review of industrial and organizational psychology*（pp.1-48）. Chichester, England : John Wiley.

山口裕幸（1997）. 組織内葛藤の発生　大渕憲一（編著）現代応用社会心理学講座3　紛争解決の社会心理学（pp.278-297）　ナカニシヤ出版

山口裕幸（2008）. チームワークの心理学――よりよい集団づくりをめざして――　サイエ

　　シス社

山浦一保・堀下智子・金山正樹（2009）．上司による効果的なほめ方・叱り方等に関する研
　　究Ⅲ——アクション・リサーチによる上司の意識・行動の変容——　産業・組織心理学
　　会第25回大会発表論文集，71-74.

第9章

Avolio, B. J.（1999）. *Full leadership development : Building the vital forces in organizations*.
　　Thousand Oaks, CA : Sage.

Bales, R. F.（1950）. *Interaction process analysis : A method for the study of small groups*.
　　Cambridge : Addison-Wesley.
　　（ベイルズ，R. F.　友田不二男（編）手塚郁恵（訳）（1971）．グループ研究の方法　岩
　　崎学術出版社）

Fiedler, F. E.（1967）. *A theory of leadership effectiveness*. New York : McGraw-Hill.
　　（フィードラー，F. E.　山田雄一（監訳）（1970）．新しい管理者像の探究　産業能率短
　　期大学出版部）

French, J. R. P., Jr., & Raven, B. H.（1959）. The bases of social power. In D. Cart-
　　wright（Ed.），*Studies in social power*（pp.150-167）. Ann Arbor, MI : Institute for So-
　　cial Research.

古川久敬（2011）．組織心理学——組織を知り活躍する人のために——　培風館

Greenleaf, R. K.（1970）. *The servant as leader*. Indianapolis, IN : Greenleaf Center.

Gronn, P.（2002）. Distributed leadership as a unit of analysis. *Leadership Quarterly*, **13**,
　　423-451.

Halpin, A. W., & Winer, B. J.（1957）. A factorial study of the leader behavior descrip-
　　tions. In R. M. Stogdill, & A. E. Coons（Eds.），*Leader behavior : Its description and
　　measurement*（pp.39-51）. Columbus, OH : Ohio State University Bureau of Buisness
　　Research.

Haslam, S. A., Reicher, S. D., & Platow, M. J.（2011）. *The new psychology of leadership :
　　Identity, influence and power*. Hove : Psychology Press.

Hersey, P., & Blanchard, K. H.（1977）. *The management of organizational behavior*.
　　Englewood Cliffs, NJ : Prentice-Hall.

Hollander, E. P.（1978）. *Leadership dynamics : A practical guide to effective relationships*.
　　New York : Free Press.

House, R. J.（1971）. A path-goal theory of leader effectiveness. *Administrative Science
　　Leadership Review*, **16**, 321-339.

Judge, T. A., Bono, J. E., Ilies, R., & Gerhardt, M. W.（2002）. Personality and leader-
　　ship : A qualitative and quantitative review. *Journal of Applied Psychology*, **87**, 765-780.

金井壽宏（2005）．リーダーシップ入門　日本経済新聞社

Katz, R. L.（1955）. Skills of an effective administrator. *Harvard Business Review*, **33**（1），
　　33-42.

Kerr, S., & Jermier, J. M.（1978）. Substitutes for leadership : Their meaning and mea-
　　surement. *Organizational Behavior and Human Performance*, **22**, 375-403.

Kouzes, J. M., & Posner, B. Z.（1993）. *Credibility : How leaders gain and lose it, why
　　people demand it*. San Francisco, CA : Jossey-Bass.

Lord, R. G., DeVader, C. L., & Alliger, G. M.（1986）. A meta-analysis of the relation be-
　　tween personality traits and leadership perceptions : An application of validity gener-
　　alization procedures. *Journal of Applied Psychology*, **71**, 402-410.

McCall, M. W., Lombardo, M. M., & Morrison, A. M. (1988). *The lessons of experience: How successful executives develop on the job*. Lexington, MA: Lexington Books.

三隅二不二 (1984). リーダーシップ行動の科学［改訂版］　有斐閣

Padilla, A., Hogan, R., & Kaiser, R. B. (2007). The toxic triangle: Destructive leaders, susceptible followers, and conducive environments. *Leadership Quarterly*, **18**, 176-94.

Pearce, C. L., & Conger, J. A. (Eds.). (2003). *Shared leadership: Reframing the hows and whys of leadership*. Thousand Oaks, CA: Sage.

Stogdill, R. M. (1948). Personal factors associated with leadership: A survey of the literature. *Journal of Psychology*, **25**, 35-71.

Stogdill, R. M. (1974). *Handbook of leadership: A survey of theory and research*. New York: Free Press.

Tajfel, H., & Turner, J. C. (1986). The social identity theory of intergroup behaviour. In S. Worchel, & W. G. Austin (Eds.), *Psychology of intergroup relations* (2nd ed., pp.7-24). Chicago: Nelson-Hall.

White, R., & Lippitt, R. (1960). Leader behavior and member reaction in three "social climates". In D. Cartwright, & A. Zander (Eds.), *Group dynamics: Research and theory* (2nd ed., pp.527-553). New York: Harper.

第10章

Barnes, R. M. (1980). *Motion and time study: Design and measurement of work* (7th ed.). John Willey & Sons.
　　(バーンズ，R. M.　大坪　檀 (訳) (1990). 最新 動作・時間研究——人間性志向の仕事設計法——　産能大学出版部)

中央労働災害防止協会 (編) (2015a). 危険予知訓練　中央労働災害防止協会

中央労働災害防止協会 (編) (2015b). 安全の指標［平成27年度］　中央労働災害防止協会

中央労働災害防止協会 (編) (2016). 安全の指標［平成28年度］　中央労働災害防止協会

Gilbreth, F. B., & Gilbreth, L. M. (1918). *Applied motion study: A collection of papers on the efficient method to industrial preparedness*. Routledge & Sons.
　　(ギルブレス，F. B.・ギルブレス，L. M.　都筑　栄 (訳) (1965). 応用動作研究——産業的準備のための効果的方法論文集——　風間書房)

芳賀　繁 (2000). 失敗のメカニズム——忘れ物から巨大事故まで——　日本出版サービス

芳賀　繁 (2006). 仕事の能率と安全　山口裕幸・髙橋　潔・芳賀　繁・竹村和久　経営とワークライフに生かそう！ 産業・組織心理学 (pp.58-76)　有斐閣

芳賀　繁・赤塚　肇・白戸宏明 (1996).「指差呼称」のエラー防止効果の室内実験による検証　産業・組織心理学研究，**9**，107-114.

Health and Safety Executive (1995). *Improving compliance with safety procedures: Reducing industrial violations*. HSE Books.

Heinrich, H. W. (1959). *Industrial accident prevention: A scientific approach* (4th ed.). McGraw-Hill.
　　(ハインリッヒ，H. W.　総合安全工学研究所 (訳) (1982). ハインリッヒ産業災害防止論　海文堂出版)

Hollnagel, E. (2011). The scope of resilience engineering. In E. Hollnagel, J. Pariès, D. D. Woods, & J. Wreathall (Eds.), *Resilience engineering in practice*. Farnham: Ashgate.
　　(北村正晴・小松原明哲 (監訳) (2014). 実践レジリエンスエンジニアリング——社会・技術システムおよび重安全システムへの実装の手引き——　日科技連出版社)

Hollnagel, E.（2014）. *Safety-Ⅰ and Safety-Ⅱ：The past and future of safety management*. Farnham：Ashgate.
　　（ホルナゲル，E. 北村正晴・小松原明哲（監訳）（2015）. Safety-Ⅰ & Safety-Ⅱ——安全マネジメントの過去と未来—— 海文堂出版）
井上紘一・高見 勲（1988）. ヒューマン・エラーとその定量化 システムと制御，**32**，152-159.
International Atomic Energy Agency（1991）. *Safety culture：A report by the International Nuclear Safety Advisory Group*（Safety series, No.75-INSAG-4）. IAEA.
鎌形剛三（編著）（2001）. エピソード 安全衛生運動史 中央労働災害防止協会
厚生労働省・中央労働災害防止協会（2006）. 労働安全衛生マネジメントシステム——効果的なシステムの実施に向けて—— 中央労働災害防止協会
三沢 良・長谷川尚子（2015）. 不測の事態に強い高信頼性組織に関する実証的知見の現状と課題 奈良大学紀要，**43**，161-174.
Münsterberg, H.（1913）. *Psychology and industrial efficacy*. Boston：Houghton Mifflin.
Rasmussen, J.（1986）. *Information processing and human-machine interaction：An approach to cognitive engineering*. Elsevier Science.
　　（ラスムッセン，J. 海保博之・加藤 隆・赤井真喜・田辺文也（訳）（1990）. インタフェースの認知工学——人と機械の知的かかわりの科学—— 啓学出版）
Reason, J.（1990）. *Human error*. Cambridge University Press.
　　（リーズン，J. 十亀 洋（訳）（2014）. ヒューマンエラー［完訳版］ 海文堂出版）
Reason, J.（1997）. *Managing the risks of organizational accidents*. Ashgate.
　　（リーズン，J. 塩見 弘（監訳）高野研一・佐相邦英（訳）（1999）. 組織事故——起こるべくして起こる事故からの脱出—— 日科技連出版社）
Roberts, K. H.（1990）. Managing high reliability organizations. *California Management Review*, **32**, 101-113.
佐相邦英（2009）. ヒューマンファクター概論 オーム社
申 紅仙（2006）. 安全と労働の質 古川久敬（編）朝倉心理学講座13 産業・組織心理学（pp.150-172） 朝倉書店
Swain, A. D., & Guttmann, H. E.（1983）. *Handbook of human reliability analysis with emphasis on nuclear power plant application*. NUREG/CR-1278.
Taylor, F. W.（1911）. *The princilples of scientific management*. New York：Harper & Row.
　　（テーラー，F. W. 上野陽一（訳編）（1957）. 科学的管理法 技報堂）
通商産業省産業構造審議会管理部会（編）（1962）. 作業研究［新版］ 日刊工業新聞社
Weick, K. E., & Sutcliffe, K. M.（2001）. *Managing the unexpected*. San Francisco：Jossey-Bass.
　　（ワイク，K. E.・サトクリフ，K. M. 西村行功（訳）（2002）. 不確実性のマネジメント——危機を事前に防ぐマインドとシステムを構築する—— ダイヤモンド社）
Weick, K. E., & Sutcliffe, K. M.（2007）. *Managing the unexpected*（2nd ed.）. San Francisco：Jossey-Bass.
山内桂子・山内隆久（2000）. 医療事故——なぜ起こるのか，どうすれば防げるのか—— 朝日新聞社

第11章

Allport, G. W.（1935）. Attitudes. In C. Murchison（Ed.）, *A handbook of social psychology*（pp.789-844）. Worcester, MA：Clark University Press.
Anderson, J. R.（1983）. *The architecture of cognition*. Cambridge, MA：Harvard University

Press.

Anderson, J. R. (1993). *Rules of the mind*. Hillsdale, NJ : Lawrence Erlbaum Associates.

Arndt, J. (1967). Role of product-related conversations in the diffusion of a new product. *Journal of Marketing Research*, **4** (3), 291–295.

Baddeley, A. (1990). *Human memory*. Needham Heights, MA : Allyn & Bacon.

Belch, G. E., & Belch, M. A. (1984). An investigation of the effects of repetition on cognitive and affective reactions humorous and serious television commercials. In T. Kinnear (Ed.), *Advances in consumer research*. Vol.11. (pp.4–10). Ann Arbor, MI : Association for Consumer Research.

Bless, H., Bohner, G., Schwarz, N., & Strack, F. (1990). Mood and persuasion : A cognitive response analysis. *Personality and Social Psychology Bulletin*, **16**, 331–345.

Brock, T. C., & Balloun, J. E. (1967). Behavioral receptivity to dissonant information. *Journal of Personality and Social Psychology*, **6**, 413–428.

Brown, J. J., & Reingen, P. H. (1987). Social ties and word-of-mouth referral behavior. *Journal of Consumer Research*, **14** (3), 350–362.

CM 総合研究所 (2015). CM 好感度データブック 2015

Cohen, J. B., Tuan Pham, M., & Andrade, E. B. (2008). The nature and role of affect in consumer behavior. In C. P. Haugtvedt, P. M. Herr, & F. R. Kardes (Eds.), *Handbook of consumer psychology* (pp.297–348). New York : Lawrence Erlbaum Associates.

Crano, W. D., & Prislin, R. (2006). Attitudes and persuasion. *Annual Review of Psychology*, **57**, 345–74.

Eagly, A. H., & Chaiken, S. (1998). Attitude, structure and function. In D. T. Gilbert, S. T. Fisk, & G. Lindsey (Eds.), *Handbook of social psychology* (pp.269–322). New York : McGraw-Hill.

East, R., Hammond, K., & Wright, M. (2007). The relative incidence of positive and negative word of mouth : A multi-category study. *International Journal of Research in Marketing*, **24**, 175–184.

Festinger, L. (1957). *A theory of cognitive dissonance*. Evanston, IL : Row & Peterson.

Forgas, J. P., & Ciarroch, J. V. (2002). On managing moods : Evidence for the role of homeostatic cognitive strategies in affect regulation. *Personality and Social Psychology Bulletin*, **28** (3), 336–345.

Glanzer, M., & Cunitz, A. R. (1966). Two storage mechanisms in free recall. *Journal of Verbal Learning and Verbal Behavior*, **5**, 351–360.

Gorn, G. J. (1982). The effects of music in advertising on choice behavior : A classical conditioning approach. *Journal of Marketing*, **46**, 94–101.

Herr, P. M., Kardes, F., & Kim, J. (1991). Effects of word-of-mouth and product-attribute information on persuasion : An accessibility-diagnosticity perspective. *Journal of Consumer Research*, **17**, 454–462.

Hovland, C. I., & Weiss, W. (1951). The influence of source credibility on communication effectiveness. *Public Opinion Quarterly*, **15**, 635–650.

Howard, J. A., & Sheth, J. N. (1969). *The theory of buyer behavior*. John Wiley & Sons.

Janiszewski, C. (1988). Preconscious processing effects : The independence of attitude formation and conscious thought. *Journal of Consumer Research*, **15**, 199–209.

Leventhal, H., Watts, J. C., & Pagano, F. (1967). Effects of fear and instructions on how to cope with danger. *Journal of Personality and Social Psychology*, **6**, 313–321.

McCrary, J. W., Jr., & Hunter, W. S. (1953). Serial position curves in verbal learning. *Science*, **117**, 131-134.

Miller, G. (1956). The magical number seven, plus or minus two : Some limits on our capacity for processing information. *Psychological Review*, **63**, 81-87.

Mills, J., & Aronson, E. (1965). Opinion change as a function of the communicator's attractiveness and desire to influence. *Journal of Personality and Social Psychology*, **1**, 173-177.

Monroe, K. B. (1973). Buyers' subjective perceptions of price. *Journal of Marketing Research*, **10**, 70-80.

Northcraft, G. B., & Neale, M. A. (1987). Experts, amateurs, and real estate : An anchoring and adjustment perspective on property pricing decisions. *Organizational Behavior and Human Decision Processes*, **39**, 84-97.

Park, D. H, Lee, J., & Han, I. (2007). The effect of on-line consumer reviews on consumer purchasing intention : The moderating role of involvement. *International Journal of Electronic Commerce*, **11** (4), 125-48.

Petty, R. E., & Cacioppo, J. T. (1986). *Communication and persuasion : Central and peripheral routes to attitude change*. New York : Springer-Verlag.

Prahalad, C. K., & Ramaswamy, V. (2004). *The future of competition : Co-creating unique value with customers*. Harvard Business School Press.
（プラハラード，C. K.・ラマスワミ，V. 有賀裕子（訳）(2004)．価値共創の未来へ──顧客と企業の Co-Creation── 武田ランダムハウスジャパン）

Schwarz, N. (1990). Feeling as information : Information and motivational functions of affective states. In E. T. Higgins, & R. M. Sorrentino (Eds.), *Handbook of motivation and cognition : Foundations of social behavior*. Vol.2. (pp.527-561). New York : Guilford Press.

Schwarz, N., & Clore, G. L. (1983). Mood, misattribution and judgments of well-being : Informative and directive functions of affective states. *Journal of Personality and Social Psychology*, **45**, 513-523.

Shah, A. K., & Oppenheimer, D. M. (2008). Heuristics made easy : An effort-reduction framework. *Psychological Bulletin*, **134**, 207-222.

清水　聰 (2013)．日本発のマーケティング　千倉書房

Smith, S. M., & Shaffer, D. R. (1995). Speed of speech and persuasion : Evidence for multiple effects. *Personality and Social Psychology Bulletin*, **21**, 1051-1060.

杉本徹雄 (2012)．消費者の意思決定過程　杉本徹雄（編著）新・消費者理解のための心理学（pp.39-55）　福村出版

竹村和久 (2006) 消費者の意思決定過程　山口裕幸・髙橋　潔・芳賀　繁・竹村和久　経営とワークライフに生かそう！　産業・組織心理学（pp.197-220）　有斐閣

Thaler, R. (1985). Mental accounting and consumer choice. *Marketing Science*, **4** (3), 199-214.

Tversky, A., & Kahneman, D. (1973). Availability : A heuristic for judging frequency and probability. *Cognitive Psychology*, **5**, 207-232.

Tversky, A., & Kahneman, D. (1981). The framing of decisions and the psychology of choice. *Science*, **211**, 453-458.

Tversky, A., & Kahneman, D. (1983). Extensional versus intuitive reasoning : The conjunction fallacy in probability judgement. *Psychological Review*, **90**, 293-315.

Verplanken, B., Hofstee, G., & Janssen, H. J. W. (1998). Accessibility of affective versus cognitive components of attitudes. *European Journal of Social Psychology*, **28**, 23–35.

Weinberger, M. G., Spotts, H. E., Campbell, L., & Parsons, A. L.（1995）. The use of humor in different advertising media. *Journal of Advertising Research*, **35**, 44–56.

Zhang, Y., & Zinkhan, G. M.（2006）. Responses to humorous ads. *Journal of Advertising*, **35**, 113–127.

人名索引

事 項 索 引

執筆者紹介

【編者略歴】

池田　浩 （まえがき，第1章，第9章執筆）
いけ　だ　　ひろし

2006年　九州大学大学院人間環境学府博士後期課程修了
現　在　九州大学大学院人間環境学研究院准教授
　　　　博士（心理学）

主要著書

『職場のポジティブメンタルヘルス——現場で活かせる最新理論——』（分担執筆）
　　（誠信書房，2015）

『〈先取り志向〉の組織心理学——プロアクティブ行動と組織——』（分担執筆）
　　（有斐閣，2012）

『人的資源マネジメント——「意識化」による組織能力の向上——』（共著）（白桃書房，
　　2010）

「朝倉実践心理学講座6」『コンピテンシーとチーム・マネジメントの心理学』（分担
　　執筆）（朝倉書店，2009）

【執 筆 者】名前のあとの括弧内は執筆担当章を表す。

服 部 泰 宏（第2章）神戸大学大学院経営学研究科准教授
はっ とり やす ひろ

柳澤さおり（第3章）西南学院大学人間科学部教授
やなぎさわ

吉 原 克 枝（第4章）福岡工業大学短期大学部情報メディア学科教授
よし はら かつ え

森 永 雄 太（第5章）武蔵大学経済学部教授
もり なが ゆう た

菊 地 　 梓（第6章）サイバー大学講師
きく ち あずさ

藤村まこと（第7章）福岡女学院大学人間関係学部准教授
ふじむら

田 原 直 美（第8章）西南学院大学人間科学部准教授
た ばる なお み

三 沢 　 良（第10章）岡山大学学術研究院教育学域准教授
み さわ りょう

杉 谷 陽 子（第11章）上智大学経済学部教授
すぎ たに よう こ

ライブラリ 心理学を学ぶ＝9

産業と組織の心理学

2017 年 10 月 25 日 ©	初 版 発 行
2022 年 3 月 10 日	初版第 3 刷発行

編 者　池 田　　浩　　発行者　森 平 敏 孝
　　　　　　　　　　　　印刷者　加 藤 文 男
　　　　　　　　　　　　製本者　松 島 克 幸

発行所　**株式会社　サイエンス社**

〒151-0051　東京都渋谷区千駄ヶ谷 1 丁目 3 番 25 号
営業 ☎(03)5474-8500(代)　　　振替 00170-7-2387
編集 ☎(03)5474-8700(代)
FAX ☎(03)5474-8900

印刷　加藤文明社　　　　　　製本　松島製本
《検印省略》

サイエンス社のホームページのご案内
http://www.saiensu.co.jp
ご意見・ご要望は
jinbun@saiensu.co.jp　まで.

ISBN978-4-7819-1410-7

PRINTED IN JAPAN

セレクション社会心理学 24

チームワークの心理学
よりよい集団づくりをめざして

山口裕幸 著

四六判・168 ページ・本体 1,600 円（税抜き）

近年，組織の犯す過ちや職場での成果主義導入の弊害が注目されるようになり，社会の様々な局面でチームワークの重要性が再認識されています．本書は，社会心理学で再び脚光を浴びつつある集団研究の成果を踏まえ，「個人」「集団」を超えた優れたチームワークを発揮するための様々な方法を指南します．ビジネスマンやスポーツ関係者にもおすすめの一冊です．

【主要目次】

サイエンス社